Esoterik

Herausgegeben von Gerhard Riemann

Ute York war nach einem Studium der Kommunikationswissenschaften und der Philologie jahrelang als Journalistin und Redakteurin bei verschiedenen Zeitschriften tätig. Heute lebt sie mit Mann und vier Kindern in München und schreibt Bücher. In der Knaur-Esoterik-Reihe erschienen von ihr bisher »Maskenball der Seele – Neue Wege der esoterischen Reinkarnationstherapie« (gemeinsam mit dem Reinkarnationstherapeuten Mathias Wendel), »Mondstrahlen. Ein praktischer Ratgeber zur Nutzung der geheimnisvollen Kräfte des Mondes« und »Engel werfen keine Schatten«.

W0048612

Von Ute York sind außerdem erschienen:

Mondzeit (TB 86042)
Engel werfen keine Schatten (TB 86076)
Maskenball der Seele (TB 86027)

Dieses Buch wurde auf chlor- und säurefreiem Papier gedruckt.

Originalausgabe Dezember 1995
Copyright © 1995 Droemersche Verlagsanstalt
Th. Knaur Nachf., München
Das Werk einschließlich aller seiner Teile ist urheberrechtlich
geschützt. Jede Verwertung außerhalb der engen Grenzen des
Urheberrechtsgesetzes ist ohne Zustimmung des Verlages
unzulässig und strafbar. Das gilt insbesondere
für Vervielfältigungen, Übersetzungen, Mikroverfilmungen
und die Einspeicherung und Verarbeitung
in elektronischen Systemen.
Umschlagillustration: Peter F. Strauss
Satz: Ventura Publisher im Verlag
Druck und Bindung: Ebner Ulm
Printed in Germany
ISBN 3-426-86099-6

2   4   5   3   1

Ute York

Eine Reise zu den indischen Palmblattbibliotheken

Inhalt

Übrigens …
Ein Vorwort für die Skeptiker

Leute, die, wie auch ich, Bücher über etwas ungewöhnliche oder gar esoterische Themen schreiben, über Engel, Palmblattbibliotheken, Rückführungen in frühere Leben oder darüber, welchen Einfluß der Mond auf Liebe, Gemüsegarten und Rechtsberatung hat, gelten in ihrem Freundeskreis häufig als ein bißchen exotisch – um es mal milde auszudrücken. Kein Mensch, die eigene Familie oft eingeschlossen, nimmt einen richtig ernst, wenn man mal wieder hinter einem von diesen Themen her ist, die für »vernünftige« Menschen nicht nachvollziehbar sind, und seriös schon mal gar nicht. (Meiner eigenen Mutter, die sich eigentlich eisern solidarisch mit mir zeigt, ist erst neulich bei einem Gespräch über die Palmblattbibliotheken das Wort »Kokolores« über die Lippen gerutscht.) Aber trotz der immer wieder betonten Skepsis und obgleich sie sehr stolz auf ihren rationalen Verstand sind, unterhalten sich die meisten Freunde und Bekannte gern mit mir über das Thema, an dem ich gerade schreibe. Denn auch wenn es ihrer Meinung nach unzweifelhaft »verrückt« oder »abgehoben« ist, so finden sie es nichtsdestoweniger faszinierend und spannend.

Die meisten Bücherschreiber, ich eingeschlossen, lieben es, wenn man sie zu ihrer Arbeit befragt. Nicht etwa, weil sie sich besonders wichtig nehmen, sondern weil das Schreiben eine höllisch einsame Angelegenheit ist. Da ist man heilfroh, wenn das, was einem monatelang Tag und Nacht durch den Kopf geht und einen nie losläßt, einen anderen Menschen interessiert und man ein bißchen darüber reden kann. Drei Dinge sind es, die die meisten wissen wollen: »Worüber schreibst du jetzt gerade?« – »Wie um alles in der Welt kommst du denn darauf?« – »Ja, glaubst du denn an so etwas?«

Die Antwort auf Frage eins ist natürlich kein Problem. In letzter Zeit habe ich immer ungefähr das gesagt: »Diesmal geht es um Palmblattbibliotheken im Süden Indiens. Dort kann angeblich jeder, den das Schicksal dorthin führt, präzise Einzelheiten über sein Leben erfahren – über die Vergangenheit ebenso wie über die Zukunft, bis hin zum Zeitpunkt des Todes. Ich will wissen, was an der Sache dran ist, und bin deshalb auch selbst dort gewesen.« Fast alle sagen dann halb fasziniert, halb kopfschüttelnd: »Gibt es so etwas tatsächlich?«, um dann schnell hinzuzufügen: »Also, wann ich sterben werde, das will ich lieber nicht wissen.«

Die Antwort auf die zweite Frage ist schon schwieriger. Trotzdem ist das, was ich dann sage, die reine Wahrheit: »Ich komme nicht von selbst darauf. Ich werde immer mit der Nase darauf gestoßen. Wenn ein Thema ansteht, werde ich auf geheimnisvolle Weise plötzlich von allen Seiten mit Hinweisen und Impulsen darüber bombardiert. So lange, bis ich die Botschaft verstanden habe und weiß: Darüber muß ich ein Buch schreiben. C. G. Jung hat dieses Phänomen übrigens Synchronizität genannt.« Ich berufe mich gern auf den großen Psychoanalytiker, dessen Prestige den Dingen, mit denen ich mich beschäftige, gleich etwas Glanz und eine gewisse Seriosität verleiht.

Aber weil andererseits kaum ein Mensch weiß, was Synchronizität ist, und weil sie sich außerdem nur schwer erklären läßt, belasse ich es meist beim »Name-dropping« und füge lieber meine eigene Erklärung hinzu: »Bücher sind wie Kinder. Wenn sie entschieden haben, daß sie zur Welt kommen wollen, kann sie nichts davon abhalten. Sie suchen sich dann ihre Eltern selber aus.« Das glauben mir die meisten zwar auch nicht, zumindest nicht diejenigen, die keinen esoterischen Background haben, aber darüber können wir dann zumindest heftig diskutieren.

Übrigens sträube ich mich jedesmal ziemlich lange vorm Schreiben. Ich tue, was ich kann, um solche Impulse zu ignorieren und mich vor dem schwierigen Thema zu drükken. Ich traue es mir einfach nicht zu, daß ich es in den Griff kriegen könnte. Und überhaupt: Warum gerade ich? Aber irgendwann fange ich dann doch mit dem Recherchieren und viel später mit dem Schreiben an, und dann ist dieses Thema für eine Weile die wichtigste Sache auf der Welt.

Die Antwort auf die dritte Frage ist wieder jedesmal gleich und ganz einfach: Solange ich an einem Buch schreibe, weiß ich selbst noch nicht, welche Meinung ich am Ende zu diesem Thema haben werde. Das macht die Sache ja gerade so spannend. Und deshalb habe ich auch nicht das geringste Bedürfnis, meine skeptischen Freunde oder irgend jemanden von irgend etwas überzeugen zu müssen. Ich versuche, ehrlich, kritisch und engagiert alles Wichtige zu einem Thema zusammenzutragen, die Spreu vom Weizen zu trennen (wobei die Spreu manchmal übrigens viel attraktiver ist). Und dabei halte ich es immer wieder für ein Privileg, daß ich zwar alles glauben darf, aber nichts glauben muß.

Genauso ging es mir mit den geheimnisvollen indischen Schicksalsbibliotheken. In Indien gehören sie seit Jahrhunderten zum selbstverständlichen Alltag. Wer dort bestimmte Fragen über seine Zukunft hat, geht zu dem Palmblattleser, der sein Schicksalsblatt verwaltet, und läßt sich sagen, wie dieses oder jenes Ereignis ausgehen wird. Es heißt, daß diese Voraussagen fast immer zutreffen und um vieles präziser sind als jeder westliche Versuch, dem Schicksal mittels Hellsichtigkeit, Tarot, Numerologie oder Kaffeesatz in die Karten zu schauen. Unglaublich? Schwindel? Scharlatanerie? Volksverdummung? – Oder vielleicht doch eine Kunst, die manche Auserwählte beherrschen, auch wenn sie niemand befriedigend erklären kann?

Viele Dinge, die in diesem Buch zur Sprache kommen werden, mögen Ihnen zunächst unwahrscheinlich, unvorstellbar, unglaublich vorkommen – so wie anfangs auch mir. Wenn Sie der festen Überzeugung sind, daß es nur eine einzige Wirklichkeit gibt und daß nur sein darf, was sein kann, und nur gültig ist, was mit den Methoden der Logik oder der Naturwissenschaft bewiesen werden kann, dann werden Sie mit diesem Buch nicht viel anfangen können. Aber vielleicht halten Sie es grundsätzlich für denkbar, daß es außer dieser sichtbaren Welt noch andere Welten gibt und daß diese nicht alle im Bereich von Raum und Zeit angesiedelt sein müssen. Dann kann die Reise zu den indischen Schicksalsbibliotheken, die wir mit diesem Buch gemeinsam unternehmen werden, ein weiterer Schritt auf dem Weg zum Verständnis für das sein, was Shakespeare so unnachahmlich ausgedrückt hat: Es gibt mehr Dinge zwischen Himmel und Erde … (Sie wissen schon, wie's weitergeht!) Es gibt so unendlich viel Spannendes auf dieser Welt zu erleben, gehen wir's an – mit offenen Augen und mit offenem Herzen.

Mona

Eines Abends ruft unser Freund Viktor an. Er selbst, nicht, wie sonst immer, Elke, seine Frau. Viktor ist einer von den Menschen, mit denen man ganze Nächte lang reden kann, aber Privatgespräche am Telefon meidet er wie die Pest. Deshalb denke ich mir schon, daß etwas im Busch ist. Viktor kommt auch ohne Umschweife zur Sache. »Du verstehst doch etwas von esoterischen Dingen. Kann ich meiner Geschäftspartnerin Mona mal deine Telefonnummer geben? Sie interessiert sich neuerdings für Esoterik und kommt gerade aus Indien zurück. Sie war da bei einem Palmblattleser und hat sich ihre Zukunft sagen lassen, sogar ihr Todesdatum. Verrückt. Sie sagt, alles, was der ihr über ihre Vergangenheit gesagt hat, hätte gestimmt. Aber irgend etwas scheint sie maßlos beunruhigt zu haben. Sie sucht dringend jemanden, mit dem sie über die Sache reden kann. Ich habe ihr von dir erzählt. Kann sie dich mal anrufen?«

Ich sage, daß ich mich gern mit Mona unterhalten würde. Aber ich wüßte leider selbst nicht viel über die indischen Palmblattbibliotheken. Ich erinnere mich vage, daß ich mal einen Zeitschriftenartikel darüber gelesen habe: Im Süden Indiens gäbe es einen Tempel, dessen Priester den Besuchern, die etwas über ihre Zukunft erfahren wollten, ihr Schicksal von jahrtausendealten Blättern ablesen würde. Achtzigtausend solcher Palmblätter gäbe es angeblich. Sie erführen dort Dinge aus ihrer Vergangenheit, die kein Mensch außer ihnen selbst wissen könnte. Ich hatte das Ganze als eine der vielen Merkwürdigkeiten abgetan, die in Indien noch häufiger verbreitet sind als in jedem anderen

Land der Welt. Dort gehören Menschen, die angeblich Dinge materialisieren können, anhand des Schattens, den ein Mensch wirft, sein Horoskop deuten oder an zwei Orten gleichzeitig erscheinen, zum Alltag. Warum sollen sie dann nicht auch das Schicksal von Palmblättern ablesen können? Wer daran glauben mag – warum nicht?

Ich selbst glaube zwar auch daran, daß es Menschen gibt, die Zugang zu der Dimension jenseits von Zeit und Raum haben und dort im großen Buch des Schicksals lesen dürfen – oder zumindest darin blättern. Aber ich selbst habe nie das Bedürfnis gehabt, dem Schicksal in die Karten zu gukken. Ich will gar nicht wissen, ob meine Ehe hält. Oder was aus den Kindern wird. Oder ob ich ein Buch schreiben werde, das mich überdauert, und ob ich auf meinem langen Weg der einen allumfassenden Wahrheit ein wenig näherkomme. Nicht nur, daß ich es nicht wissen will – ich habe eine geradezu panische Angst davor, seitdem mir einmal eine unbekannte Frau im Aufzug begegnet ist, die mich ansah und mir Dinge über die unmittelbare Zukunft weissagte, die wenig später eintrafen und die mein Leben völlig auf den Kopf gestellt haben. Fast alle meine Freunde, vor allem die aus der Eso-Szene, haben sich schon mal die Karten lesen lassen, oder sie waren bei einer Wahrsagerin oder bei einem Handleser, oder sie haben sich zumindest beim Astrologen das Solarhoroskop fürs nächste Jahr berechnen lassen. Ich habe um solche Dinge immer einen großen Bogen gemacht, und ich beabsichtige auch nicht, je etwas daran zu ändern.

»Ich habe zwar, wie du weißt, schon alle möglichen ›okkulten‹ Dinge ausprobiert«, sagte ich zu Viktor. »Aber vor Prognosen für die Zukunft, ganz besonders meine eigene, habe ich mich immer gedrückt. Vielleicht bin ich dafür zu feige.«

Elke, Viktors Frau, schaltet sich vom zweiten Telefon aus in das Gespräch ein: »Ich wünschte mir nur eins«, sagt sie bitter, »daß Viktor damals auch zu feige gewesen wäre!«

Ich weiß genau, wovon sie spricht. Als Viktor noch Student war, ist er einmal bei einer Wahrsagerin gewesen – aus Jux, sagte er, alle Freunde wären mitgekommen. Die Zigeunerin hatte seine Hand genommen und sorgsam die Linien studiert. »Du wirst erfolgreich und wohlhabend sein«, hatte sie schließlich gesagt. »Du wirst viele deiner Träume erfüllen und ein gefragter Architekt sein. Aber in deinem sechsundfünfzigsten Jahr wirst du sterben.« Damals hatte Viktor nur gelacht, er war zweiundzwanzig, und das ganze Leben lag vor ihm.

Heute ist Viktor ein gefragter Architekt, kerngesund und glücklich verheiratet. Er hat viel von der Welt gesehen und jede Menge Freunde. Alle mögen ihn gern. Letzten Monat haben wir seinen neunundvierzigsten Geburtstag gefeiert. »Siebenmal noch, Freunde«, hatte Viktor lachend gesagt und eine neue Flasche Champagner geöffnet. »Dann müßt ihr ohne mich feiern!«

Elke und ich standen zu dem Zeitpunkt gerade in der Küche und räumten die Spülmaschine aus.

»Manchmal hasse ich ihn dafür«, sagte sie leise. »Er hat sich selbst aufgegeben. Er ist felsenfest davon überzeugt, daß er seinen siebenundfünfzigsten Geburtstag nicht erleben wird. Neulich hat er ein Grundstück am Tegernsee gekauft, du weißt ja, daß ich daher stamme. Wenn er gerade mal Zeit hat, sitzt er an den Plänen für unseren Alterssitz. Aber er rechnet nie im Leben damit, daß er selbst mit mir dort einziehen wird. Weißt du, daß er neulich ganz beiläufig gefragt hat: ›Nach welcher Himmelsrichtung möchtest du denn dein Schlafzimmer haben?‹ *Dein* Schlafzimmer hat er gesagt! Ich hätte ihn umbringen können! Aber ich schwöre dir: An seinem siebenundfünfzigsten Geburtstag wecke ich ihn mit einem Glas Champagner. Und dann haue ich ihm eine runter.«

»Laß uns mal wieder zusammen essen gehen«, sage ich zu Elke. »Nur wir Frauen.« Wir verabreden uns für den nächsten Mittag. Als ich den Hörer auflege, habe ich eine Gänsehaut. Ich weiß schon, warum ich von der Wahrsagerei die Finger lasse.

Als ich am frühen Nachmittag des nächsten Tages vom Treffen mit Elke nach Hause komme, ist Monas Botschaft bereits auf meinem Anrufbeantworter. Elke hat mir ein bißchen über sie erzählt. »Rolls-Royce und Golfklub. Der Mann ist Künstler, sie verdient das Geld. Viel Geld. Ich kenne sie nicht sehr gut. Aber ich finde sie sympathisch.« In meinem Bekanntenkreis kommen Leute mit Golfschläger und Rolls-Royce nicht vor, deshalb bin ich neugierig auf Mona. Nach außen hin hat sie die Stimme einer selbstbewußten Karrierefrau – Mona gehört zu den erfolgreichsten Antiquitätenhändlerinnen des Landes. Nur wer sehr genau hinhört, kann den Hilferuf erkennen, der sich hinter der nüchtern-sachlichen Stimme versteckt. Ich rufe gleich zurück.

Mona, das bekennt sie freimütig, hat Angst. »Der Palmblattleser hat mir so viele richtige Dinge über meine Vergangenheit gesagt, daß ich befürchten muß, auch das, was er über die Zukunft prophezeit hat, trifft zu. Er sagte, daß mein Mann mich in zwei Jahren verlassen wird. Und er hat mir einen schweren Verkehrsunfall prophezeit. Er hat auch gewußt, daß ich schon zwei Unfälle hinter mir habe – und wann das war. Es stimmte aufs Jahr genau. Ich glaube, er sprach aber auch von einem Ritual, durch das ich den Unfall verhindern könnte, aber das habe ich nicht genau verstanden. Ich habe überhaupt vieles nicht richtig verstanden. Ich kann nicht sehr gut Englisch und indisches Englisch schon mal gar nicht. Könntest du das Band einmal abhören?«

Wir verabreden uns für den nächsten Nachmittag bei ihr zu Hause. Daß dieses Haus eine Villa an einem der schönsten Seen Bayerns ist, habe ich schon erwartet. Viktors golfspielender Freundeskreis wohnt nur dort. Die Frau, die mir, in Jeans, Sweatshirt und Turnschuhen, die Tür öffnet, ist Anfang Vierzig. Offenes, sympathisches Gesicht. Wache, dunkle Augen unter einem Schopf schulterlanger blonder Haare. Und ein Mund, der deutlich zeigt, daß sie sich von niemandem etwas vormachen läßt. Genausowenig versucht sie allerdings auch, mir etwas vorzumachen. Mir imponiert die fast schonungslose Offenheit, mit der sie über sich selbst spricht – auch über ihre Neigung, dem Schicksal in die Karten zu schauen.

»Du mußt wissen, daß ich das nicht zum erstenmal tue. Ich gehe vor jeder wichtigen Auktion zu einer Wahrsagerin und ziehe das Geschäft nur dann durch, wenn die Karten dafür gut sind. Bisher hat sie immer recht gehabt. Aber dann habe ich neulich in einer Fernsehsendung von einer indischen Palmblattbibliothek erfahren, die in Bangalore sein sollte …«

Mona hatte kurz entschlossen ihre Freundin Annamaria eingeladen mitzukommen (»Allein habe ich mich nicht getraut«) und per Fax zwei Flüge nach Bangalore über Madras gebucht, den Rückflug drei Tage später. Eine knappe Woche nach der Sendung saßen die beiden Frauen im Bangalore Hilton und versuchten, einen Termin bei dem Palmblattleser zu bekommen, von dem im Fernsehen die Rede gewesen war.

Nach zahllosen Telefongesprächen erfuhren sie schließlich, daß die Bibliothek für die kommenden zwei Wochen geschlossen war. Der Leser sei mit unbekanntem Ziel verreist. Alles schien umsonst gewesen zu sein.

Schließlich hatte der Hotelmanager Mitleid mit den beiden enttäuschten Europäerinnen. Er führte mehrere Telefongespräche in indischer Sprache, nickte schließlich zufrieden und teilte ihnen mit, daß es in einem kleinen Ort an der Ostküste Indiens noch einen anderen Palmblattleser gäbe. Wenn sie einverstanden wären, würde er für die beiden Ladies einen Termin vereinbaren und einen zuverlässigen Taxifahrer auftreiben, der sie in das mehrere hundert Kilometer entfernte Vaithisvarankoil im südindischen Bundesstaat Tamil Nadu bringen würde – und möglichst noch am gleichen Tag auch wieder zurück.

»Natürlich war ich ein bißchen skeptisch«, berichtet Mona. »Aber schließlich habe ich zugestimmt. Ich hasse es, aufzugeben und unverrichteterdinge heimkehren zu müssen!«

Bereits am nächsten Morgen saßen die beiden im Warteraum von Vashistar C. Poosamuthus »Nadi Astrological Center«. Monas Mißtrauen wuchs ins Uferlose. Nichts deutete darauf hin, daß sich in dem unauffälligen Gebäude am Rande einer staubigen Dorfstraße, in einem Nest, das an Trostlosigkeit kaum zu überbieten war, einer der berühmtesten Schätze des Landes verbergen sollte: achtzigtausend Palmblätter, auf denen das Schicksal der Menschen niedergeschrieben war, die je hierherkommen würden. Demnach müßte also auch ihres darunter sein. Müßte. Mona wagte nicht, sich vorzustellen, daß ihr Palmblatt womöglich dabei wäre.

Trotz des frühen Vormittags war es bereits glühend heiß. Im April liegt Südindien unter einer lähmenden Hitzeglocke. Ein englischsprechender Inder nahm sie in Empfang und schleuste sie an zwanzig, dreißig geduldig wartenden Einheimischen vorbei zum Empfangsraum für privilegierte Gäste

(»Das Wartezimmer für Privatpatienten«, sagte Mona ironisch). Auf dem Tisch stand der unvermeidliche Ventilator, ohne den in Indien gar nichts geht. An den Wänden hingen farbenprächtige Bilder zahlloser indischer Götter und, mit bunten Blumengirlanden umkränzt, das Bild des legendären Weisen Vashista, der angeblich vor fünftausend Jahren diese Bibliothek begründet hatte.

Eine Stunde lang passierte gar nichts. Doch schließlich erschien der Besitzer Poosamuthu persönlich, um die Gäste aus Europa zu begrüßen: ein hochgewachsener älterer Mann in weißem Gewand, auf der Stirn, mit geweihter Asche gemalt, die Querstreifen zu Ehren Gott Shivas. Zu Monas geheimem Schrecken sprach er kein Wort Englisch. Er lud sie mit einer Handbewegung zu einer kleinen religiösen Zeremonie ein, überließ alles Weitere jedoch einem Schwarm von Mitarbeitern und Assistenten. Die beiden Frauen gaben ihr Geburtsdatum an, ließen sich einen Daumenabdruck nehmen, durften einen Blick in die Bibliothek werfen, die zu ihrer Erleichterung tatsächlich Tausende von Palmblättern zu enthalten schien, und wagten nicht, darüber nachzudenken, daß ihres womöglich nicht darunter sein könnte.

Schließlich, kaum zwanzig Minuten später, erschien mit offenkundiger Genugtuung ein junger Inder und zeigte Mona ein Palmblatt, zirka sechs Zentimeter breit, fünfundvierzig Zentimeter lang, das eine Menge winzig kleiner unbekannter Schriftzeichen enthielt.

»That your palmleaf«, erklärte er knapp. Aber um sicherzugehen, daß es sich dabei wirklich um ihres handele, würde er ihr jetzt einige Fragen stellen. Beantworte sie alle mit Ja, so handele es sich ohne jeden Zweifel um ihr Palmblatt.

Mona hatte mit den Fragen keine Probleme. Sie lauteten beispielsweise: »Bist du die älteste Tochter?« – »Ist dein

Vater tot?« – Lebt deine Mutter noch?« – »Hast du zwei jüngere Brüder?« – »Ist dein Mann jünger als du?« – »Hast du zwei Töchter?«

Als sie sämtliche Fragen mit Ja beantwortet und die Vornamen ihrer Eltern und den ihres Mannes auf ein Blatt Papier geschrieben hatte, nickte der Inder zufrieden und teilte ihr mit, daß er ihr Palmblatt nun abschreiben müsse. Wieder vergingen Stunden. Dann wurde sie schließlich in einen anderen Raum gebeten, ein Kassettenrecorder wurde eingeschaltet, die Lesung begann.

»Der sogenannte Übersetzer sprach ein grauenhaftes Englisch«, sagt Mona. »Aber nach allem, was ich verstanden habe, werde ich in zwei Jahren …«

»Sag mir bitte nichts darüber«, bat ich. »Ich möchte mir die Kassette völlig unvoreingenommen anhören. Bis dahin möchte ich auch sowenig wie möglich über dich wissen. Wenn ich die Kassette angehört habe, treffen wir uns wieder und reden darüber.«

Die nächsten vier Tage und einen großen Teil der Nächte verbringe ich zwischen Computer und Kassettenrecorder – in dem verzweifelten Bemühen, Monas Band zu transkribieren. Ich hatte immer gedacht, ich beherrschte Englisch wie meine Muttersprache. Und nun sitze ich vor dem Gerät und verstehe kein Wort. Unzählige Male spule ich das Band vor und zurück, bis sich schließlich, wie bei einem Puzzle, einzelne Wörter zu einem Satz zusammenfügen. Zu meiner insgeheimen Genugtuung geht es meinem Mann, den ich um Hilfe bitte, auch nicht besser, obgleich seine Muttersprache wirklich Englisch ist.

In einem seltsam feierlichen Sprechgesang in einer absolut fremden Sprache, von der mir Mona gesagt hatte, es handele sich um Alt-Tamil, rezitierte der Palmblattleser einen

Text, der dann schließlich, nach einigen Sätzen, in dem gleichen Singsang wie dem des Vorbeters von einem Übersetzer in die Sprache übertragen wurde, die Indien-Insider »Indglisch« nennen – und die »echtem« Englisch nur in glücklichen Ausnahmefällen ähnelt. Dieses ist kein glücklicher Ausnahmefall. Es dauert mehr als eine ganze Woche, bis ich schließlich den englischen Text annähernd vollständig vor mir habe. Die Übersetzung ins Deutsche ist dann nur noch eine Kleinigkeit.

Einen Tag später kommt Mona, im Arm eine Flasche Champagner. »Ich wollte eigentlich noch einen Kuchen für dich backen«, erklärt sie. »Aber ich konnte es nicht abwarten herzukommen. Weißt du, daß ich noch aufgeregter bin als neulich in Indien vor der Lesung?«

Ich bin ähnlich gespannt, aber zugleich auch überaus skeptisch. Gerade weil ich fast nichts über Mona weiß, fehlt mir jede Vorstellung darüber, wie ich das, was nun auf vielen Blättern Papier vor mir liegt, einordnen soll.

»Laß uns den Text durchgehen, so wie bei der Lesung«, bitte ich. »Und zu jedem Passus sagst du mir, ob an dem, was ich dir vorlese, etwas dran ist. Oder ob du zumindest etwas damit anfangen kannst. Bist du damit einverstanden?« Mona nickt, und ich beginne:

»Mit Gottes Segen wurdest du als erstes Kind deiner Mutter in dieses Universum geboren. Du kamst in einem Krankenhaus zur Welt. Dein Vater mußte arbeiten, denn deine Vorfahren waren nicht sehr wohlhabend, und selbst wenn einige von ihnen es gewesen waren, bist du nie in den Genuß ihres Besitzes gekommen.«

Mona nickt. »Das ist richtig. Mein Vater war ziemlich spät aus dem Krieg zurückgekehrt und hatte Schwierigkeiten, beruflich wieder auf die Füße zu kommen. Er stammte aus einfachen Verhältnissen. Meine Mutter war zwar eine wohlhabende Gutsbesitzerstochter aus dem Osten, aber ihre

Familie hatte durch den Krieg ihren gesamten Besitz verloren.«

»*Wenn du zehn Jahre alt bist*«, fahre ich fort, »*geht es euch finanziell besser. Deine Mutter ist wieder berufstätig und hat eine Stelle als Lehrerin angenommen. Nicht nur deine beiden Brüder, die nach dir geboren wurden, haben die Möglichkeit, eine gute Ausbildung zu bekommen. Auch du darfst weiter zur Schule gehen, sogar noch, nachdem du mit fünfzehn Jahren die körperliche Reife erreichst.*«

Wir müssen beide lächeln über das indische Wertsystem, das aus diesem Abschnitt spricht. Höhere Bildung für eine Frau ist auch im modernen Indien alles andere als eine Selbstverständlichkeit.

»Mit sechzehn bin ich dann aber von der Schule geflogen«, erklärt Mona. »Wegen miserabler Leistungen. Sie haben zwar noch einen Intelligenztest mit mir gemacht und dabei festgestellt, daß mein Versagen andere Gründe haben mußte, aber ich habe trotzdem nach der zehnten Klasse mit der Schule aufgehört. Du kannst dir vorstellen, welches Theater meine Mutter gemacht hat!«

»Dann haben wir hier schon den ersten Fehler«, stelle ich befriedigt fest. »Da steht nämlich: *Auch nach deinem zwanzigsten Lebensjahr setzt du deine Studien fort. Aber du wirst sie nicht zu Ende führen können, denn in deinem zweiundzwanzigsten Jahr hast du einen Autounfall, bei dem du deine Wiedergeburt vorwegnimmst.*«

»Das ist völlig richtig«, erklärt Mona. »Nachdem ich die Schule verlassen hatte, habe ich einige wilde Jahre verbracht und versucht, mich allein durchzuschlagen. Ich habe alles mögliche gemacht, eine Zeitlang habe ich als Avon-Lady Kosmetik an der Haustür verkauft. Dabei habe ich übrigens wahnsinnig viel Geld verdient. Aber dann habe ich doch wieder die Kurve gekriegt, das Fachabitur nachgemacht und

mich an der Fachhochschule für Betriebswirtschaft einge-
schrieben.

Ein Jahr später passierte dann dieser Unfall. Ich war mit
meinen Freunden vom AStA auf einem Ball der Hochschule
gewesen und hatte die ganze Nacht durchtanzt. Meine Mutter war mal wieder sauer auf mich, meine Freunde waren ihr
nicht fein genug, und sie hat mir nichts Gutes gewünscht.
Um sechs in der Frühe wollte mich dann Jürgen, einer von
meinen Kommilitonen, in seinem Volkswagen nach Hause
bringen. Er ist wohl ein bißchen zu schnell gefahren. Und
dann kam uns jemand mit aufgeblendeten Scheinwerfern
entgegen. Jürgen hat noch versucht auszuweichen. Dabei
hat er dann die Kontrolle über das Auto verloren und ist
gegen einen Baum gefahren. Ihm ist praktisch nichts passiert. Aber ich habe einige Monate lang im Krankenhaus
gelegen.

Als alles überstanden war, habe ich mein Studium an den
Nagel gehängt. Ich habe mir damals eingebildet, jemand,
der dem Tod so knapp von der Schippe gesprungen ist, hat
ein Recht drauf, das Leben zu genießen. Für mich bedeutete
das damals: Geld haben, ein schnelles Auto fahren, mit
prominenten Leuten zusammenkommen und die Nächte
durchfeiern. Heute ist mir natürlich klar, daß das nicht
gerade die Lektion war, die ich durch den Unfall hätte
lernen sollen. Aber damals habe ich das wohl nicht kapiert.
Unter meinen zahllosen Bekannten war auch ein reicher
Antiquitätenhändler, gut zwanzig Jahre älter als ich. Ich bin
gelegentlich bei ihm eingesprungen, wenn viel zu tun war,
und habe dann sehr schnell gemerkt, daß ich ein fast un-
heimliches Gespür für kostbare alte Möbel und Bilder besaß. Das war fast so, als hätte ich den siebten Sinn für diese
Dinge.

Schließlich bin ich als Geschäftsführerin bei ihm eingestiegen. Frag mich nicht, wie das möglich war, aber innerhalb von zwei Jahren war aus dem mittleren Antiquitätengeschäft ein renommiertes Auktionshaus geworden. Wir hatten Kunden aus ganz Europa und schließlich sogar auch aus Übersee.

Mit dem Erfolg kam dann auch das Geld. Mein früherer Chef machte mich zu seiner Geschäftspartnerin, und natürlich hatten wir auch eine private Beziehung. Ich habe ihn maßlos bewundert und wollte ihn unbedingt heiraten, aber er war schon verheiratet und hatte einen Sohn, den er nicht aufgeben mochte, die alte Dreiecksgeschichte.

Nun ja: Um ihm zu zeigen, wie unabhängig ich von ihm war, habe ich mich in ein ziemlich wildes Leben gestürzt. Alkohol, Drogen und jede Menge Affären mit Leuten aus der Schickeria. Ich war ziemlich attraktiv damals und galt als geniale Senkrechtstarterin, als *die* Expertin auf dem Antiquitätensektor. So jemand ist in diesen Kreisen gefragt.

Scheinbar habe ich, wie der Palmblattleser sagt, in diesen wilden zwei Jahren wirklich eine Wiedergeburt vorweggenommen. Allerdings keine, auf die ich heute stolz bin. Und so kam dann wieder ein Warnschuß: der zweite Autounfall.«

Mit atemloser Spannung fahre ich fort: »*Mit dreiundzwanzig erlebst du einen weiteren Autounfall. Dieser Unfall bringt dich in Lebensgefahr und schafft dir viele zusätzliche Probleme. Du wirst eine Stelle, die du annehmen wolltest, nicht antreten können. Erst nach deinem fünfundzwanzigsten Jahr wirst du dich selbständig machen und eine eigene Firma gründen, die etwas mit Kunstschätzen und kostbaren Möbeln zu tun hat. Du wirst sehr erfolgreich sein.*

– Mona, das kann nicht mit rechten Dingen zugehen. Hast du dem Palmblattleser gesagt, daß du Antiquitätenhändlerin bist?«

Mona schüttelt den Kopf. »Ich schwöre dir, ich habe nichts gesagt. Ich weiß nicht mal, was Antiquitätenhändlerin auf englisch heißt«, sagt sie lachend. »Aber was da steht, stimmt.

Mit vierundzwanzig habe ich mich von meinem Liebhaber getrennt und eine Stelle in München angenommen. Das klingt so einfach. Aber in Wirklichkeit hat mir diese Entscheidung damals fast das Herz gebrochen. Ich hatte endlich kapiert, daß er seine Familie nie verlassen würde. Da machte mir ein renommiertes Münchner Auktionshaus ein gutes Angebot, und ich dachte, das ist die Chance, ein neues Leben anzufangen. Ich kündigte also und fuhr nach München, um den neuen Vertrag zu unterschreiben. Es goß in Strömen, ich hatte was getrunken und konnte, als mein schnelles Auto plötzlich durch Aquaplaning nur noch geradeaus fuhr, nicht gegensteuern und fuhr mit hoher Geschwindigkeit eine Böschung hinunter. Sechs Wochen lag ich im Krankenhaus, eine Zeitlang bestand die Gefahr, daß ich querschnittsgelähmt bleiben würde. Erst dachte ich, ich bringe mich um. Aber dann habe ich mir fest vorgenommen: Laß dich nicht unterkriegen. Du willst leben, und wenn es sein muß, dann lebst du eben anders als bisher. Antiquitäten kannst du notfalls auch vom Rollstuhl aus verkaufen. Aber daraus wurde erst mal nichts. Denn als ich endlich aus der Reha-Klinik kam, konnte ich zwar wieder laufen, aber meinen Job in dem Münchner Auktionshaus war ich los. Die hatten es aufgegeben, auf mich zu warten.

Also habe ich mich einige Zeit später selbständig gemacht. Zumindest in geschäftlicher Hinsicht hielt mein Glück an. Ich hatte einen fast unglaublichen Erfolg. Natürlich war das eine Zeit, in der es Deutschland wirtschaftlich sehr gut ging. Jeder, der etwas darstellte, wollte seine Villa oder seine Firma von mir einrichten lassen. Das waren gute Jahre damals. Ich bin viel durch die Welt gereist und habe wunderbare Schätze gefunden. Und dann habe ich mit neunundzwanzig …«

»Dann hast du deinen Mann kennengelernt, stimmt's?« unterbreche ich sie mit wachsender Spannung. »Hier steht's nämlich: *Mit neunundzwanzig Jahren wirst du heiraten und mit deinem Mann ein glückliches Leben führen. Dein Partner ist von Beruf Künstler. Du wirst weiterhin in deinem Beruf erfolgreich sein und sehr viel Geld verdienen. Mit dreißig Jahren wirst du ein Haus für dich selbst bauen und einrichten. Mit zweiunddreißig Jahren wirst du zwei Kinder haben. Dein Glück wird bis zu deinem fünfunddreißigsten Jahr anhalten.*«

Mona nickt. »Nico«, sagt sie. »Meine große Liebe. Ich muß dir mal ein Foto zeigen. Er sieht unglaublich gut aus. Wir haben uns beim Golfen kennengelernt. Ich machte damals gerade die Platzreife. Nico war mein Lehrer. Eigentlich war er Bildhauer, aber davon konnte er damals noch nicht leben.

Natürlich waren alle Frauen hinter ihm her. Aber ich glaube, für ihn war ich auch die große Liebe. Wir waren beide verletzte Seelen und haben aneinander Halt gesucht. Von meinen Eltern habe ich nie viel Liebe bekommen. Ihnen kam es immer nur darauf an, daß ich etwas hermachte. Von meinen Freunden war ihnen nie jemand gut genug gewesen. Als ich ihnen von Nico erzählen wollte, fragte meine Mutter nur: Wer ist er? Was verdient er? Sie haben ihn nie richtig anerkannt. Daraufhin ist es für lange Zeit zum Bruch mit meiner Familie gekommen. Ich habe meine Eltern nicht mal zu unserer Hochzeit eingeladen, so verletzt war ich. Heute habe ich zwar wieder Kontakt zu meiner Mutter, aber Nico kennt sie bis heute nicht.

Nico geht es mit seiner Familie ähnlich. Seine Mutter ist eine sehr kalte Frau, sie hätte nie Kinder haben dürfen. Nico hat von ihr nie die Zärtlichkeit bekommen, nach der er sich so gesehnt hat. Deshalb hat er sich wohl mit seinem Vater identifiziert: Der ist mit seinen fünfundsechzig Jahren immer noch ein schöner Mann, ein Playboy, der an keiner Frau vorübergehen kann und der trotzdem einen tiefen Haß auf alles Weibliche hat.

Aber damals war das alles für uns unwichtig. Ich fand in Nico die Familie, die ich nie gehabt hatte, und ihm ging es genauso. Zum erstenmal in meinem Leben war ich wirklich glücklich. Ich habe ein Haus für uns gebaut, und als die Kinder kamen, habe ich trotzdem weitergearbeitet. Ich habe ja immer viel mehr verdient als Nico. Aber das hat mir nie etwas ausgemacht. Nico hat den Job als Golflehrer an den Nagel gehängt und nur noch an seinen Skulpturen aus Marmor gearbeitet und sich mit dem Kindermädchen um unsere beiden Töchter gekümmert. Eine Haushälterin hatten wir sowieso.

Und im übrigen hat Nico das Geld mit vollen Händen ausgegeben: diverse Sportwagen, eine Harley Davidson. Sogar eine kleine Cessna wollte er sich kaufen. Alle haben damals gesagt: Das kann doch nie gutgehen! Aber mich hat das alles nicht gestört. Ich war immer noch total verliebt in ihn und vollkommen glücklich. Bis ich eines Tages mit einem früheren Flugzeug von einer Dienstreise nach Hause kam und Nico mit dem Kindermädchen im Bett fand. Das war der erste Schlag.

Kurz darauf stellte sich heraus, daß es sich bei einigen sensationellen Objekten aus Südostasien, für die ich einen sehr hohen Kredit aufgenommen hatte, um erstklassige Fälschungen handelte. Ich mit meinem untrüglichen Gespür war einem Schwindler aufgesessen! Die gesamte Branche zerriß sich das Maul vor Schadenfreude. Mein Ruf war schwer angeschlagen. Die Bank wollte ihr Geld, und so mußte ich Konkurs anmelden. Mein ganzes Leben lag mal wieder in Scherben da. Da war ich genau fünfunddreißig.«

»Aber wenn das, was hier steht, richtig ist«, sage ich, »dann hast du die Scherben zusammengefegt und wieder von vorn angefangen: *Mit sechsunddreißig Jahren arbeitest du als Angestellte. Aber bereits mit vierzig Jahren, nach dem Tode deines Vaters, der den Namen Willi trägt, wirst du wieder in deinem alten Beruf tätig sein und ein Unternehmen gründen, das sehr viel Erfolg haben wird. Du wirst vom sozialen Status deines Mannes profitieren, und deine beiden Töchter werden sich gut entwickeln.*«

»Nico und ich haben uns wieder ausgesöhnt«, berichtet Mona. »Er hatte in der Zwischenzeit einige sehr erfolgreiche Ausstellungen gehabt. Plötzlich rissen sich alle um ihn, wir waren wieder wer – und diesmal Nicos wegen! Nach dem Tode meines Vaters – er starb tatsächlich, als ich vierzig war, und Willi hieß er auch – habe ich zumindest den Pflichtteil bekommen, obgleich meine Eltern mich eigentlich enterbt hatten. Das war eine Menge Geld, denn meine Eltern hatten es in der Zwischenzeit wieder zu was gebracht. Meine Mutter ist heute Millionärin. Ich habe das Erbe in einige neue Geschäfte gesteckt, und diesmal ging's gut. Ich habe dir ja gesagt, daß ich jetzt nur noch dann Geschäfte in großem Stil abwickle, wenn meine Wahrsagerin mir grünes Licht gibt. Seitdem funktioniert's. Zumindest in finanzieller Hinsicht. Und das mit den Kindern stimmt auch. Sie machen mir viel Freude, alle beide.«

»Glücklich bist du aber trotz alledem nicht, steht hier«, sage ich. »*Die Planeten stehen nicht günstig für dich. Du hast zwar keinerlei finanzielle Sorgen, aber in deinem Privatleben gibt es eine Menge Probleme. Wenn du nur an deine jetzige Situation denkst, kommen dir die Tränen. Du bist deinem Gatten eine treue und aufrichtige Partnerin, aber er erwidert diese Liebe nicht, und so machst du dir Sorgen um deine Zukunft und um die deiner Töchter.*

Hinzu kommen gesundheitliche Probleme. Du hast es mit dem Magen, und auch deine Psyche ist nicht in Ordnung. Deshalb bist du in deinem dreiundvierzigsten Jahr hierhergekommen, um zu erfahren, wie es mit deinem Leben weitergehen wird.«

Mona schüttelt ungläubig den Kopf. »Wenn ich den Text nicht mit eigenen Augen mitlesen würde – nachdem ich es schon mit eigenen Ohren gehört habe, auch wenn ich vieles nicht verstanden habe –, ich würde nicht glauben, daß das wirklich alles da steht. Es stimmt natürlich. Nico betrügt mich mit jeder Frau, die ihm über den Weg läuft. Er kann's einfach nicht lassen. Ich sollte mich eigentlich längst damit abgefunden haben. Aber ich halte es nicht mehr aus. Trotzdem will ich keine Trennung. Denn irgendwie liebe ich ihn immer noch, und ich habe das Gefühl, ich muß ihn beschützen. Und die Mädchen vergöttern ihren Vater. Sie würden es mir niemals verzeihen, wenn ich ihn verließe. Aber ich habe keine Ahnung, wie es mit uns weitergehen soll. Deshalb bin ich ja nach Indien gefahren.«

»Aber du gehst doch immer zu einer Wahrsagerin. Konnte dir die nichts über deine Zukunft sagen?« will ich wissen. »Du sagst doch, daß sie immer recht hat.«

Mona lacht: »Nein, konnte sie nicht. Sie sieht leider nur Dinge, die mit Geschäften zu tun haben. Für Privates, sagt sie, hat sie kein Gespür. Aber der Palmblattleser hat gesagt, meine Probleme hätten mit meinem Karma zu tun. Ich muß wohl für irgend etwas büßen, was ich in einem früheren Leben verbrochen habe. Aber von solchen Dingen verstehe ich leider nicht viel. Kannst du mir erklären, was er genau gesagt hat?«

»Mit dreiundvierzig«, lese ich vor, *»bist du hierhergekommen, um die Zukunft zu erfahren, so wie sie dir der große Rishi Vashista geweissagt hat. Aber in diesem Zusammenhang hörst du auch von vergangener Schuld. In deinem letzten Leben vor diesem wurdest du*

in Südindien geboren, in der heutigen Provinz Tamil Nadu … am Cauvery-Fluß, in einer Kaste von Handelstreibenden. Du warst ein Mädchen und trugst den Namen Suzila. Später wurdest du Ärztin. In diesem Beruf hast du aus Geldgier zahlreiche Abtreibungen durchgeführt. Zur gleichen Zeit hattest du eine Liebesbeziehung mit dem Mann deiner Freundin. Du hast sie betrogen und ihr den Mann weggenommen. Sie nahm Gift und starb kurz darauf. Auf ihrem Sterbebett verfluchte sie dich. So lautete der Fluch: ›In deinem nächsten Leben wirst du einen Mann heiraten, den du liebst, aber eine enge Freundin wird ihn dir wegnehmen.‹ Du hast im Alter viel Gutes getan. Um diesen Fluch zu entkräften, hast du deinen gesamten Besitz für wohltätige Zwecke zur Verfügung gestellt, aber du bist ihn nicht losgeworden. Im vergangenen Leben betrogst du deine beste Freundin und nahmst ihr den Mann weg. In diesem Leben wird möglicherweise dein Mann dir Böses antun. Im vergangenen Leben hast du zahlreiche Babys abgetrieben. Deshalb wirst du in diesem Leben keinen Sohn haben. Trotz deines Reichtums hast du keinen Seelenfrieden. Dies ist dein Karma.«

Ich kenne diesen Wortlaut mittlerweile fast auswendig. Aber trotzdem muß ich zugeben, daß es mir wieder kalt über den Rücken läuft, als ich Mona diesen Passus nun aus ihrem Palmblatt vorlese. Wenn sie wüßte, wieviel hundertmal ich das Band an dieser Stelle vor- und wieder zurückgespult habe, um ganz sicherzugehen, daß ich kein einziges Wort falsch verstanden habe.

»Kannst du mir genau erklären, was Karma ist?« fragt Mona. »Ich weiß zwar, das es etwas mit dem Begleichen von Schuld zu tun hat, aber das ist auch schon alles.«

»Karma ist ein indisches Wort, das eigentlich ›Handeln‹ oder ›Tat‹ bedeutet«, sage ich. »Die Karmalehre ist untrennbar mit dem Gedanken an Reinkarnation verbunden und besagt: Jeder wird das ernten, was er gesät hat. Viele deuten das so, daß man im jetzigen Leben für Fehler bestraft wird, die man in einem früheren Leben begangen hat. Aber im eigentlichen Sinne hat Karma nichts mit Strafe zu tun, sondern nur mit Ursache und Wirkung. So wie es in der Bibel steht: ›Was du säst, wirst du ernten.‹ In der Physik heißt das: ›Jede Aktion bewirkt eine Reaktion.‹ Diese Reaktion kann gut sein oder schlecht, aber sie entspricht immer der Tat, die dafür verantwortlich war.«

»Und dagegen kann man nichts machen?« fragt Mona. »Gar nichts? Ich dachte, der Palmblattleser hätte etwas von einem Ritual gesagt, mit dem ich mein Karma verbessern könnte.«

»Das hat er auch«, sage ich. »Hier hast du es wörtlich: *Wenn du in naher Zukunft mehr Frieden haben möchtest, so geh zum Vishnutempel in …, und entzünde so viele Kerzen, wie du Jahre alt bist. Bete zu Vishnu, und berichte ihm, was dich quält. Dann geh zu einem Waisenhaus, und bring den Kindern dort Essen. Kehre zum Tempel zurück, und opfere dem großen Vishnu Früchte, Bienen und Honig, und schmücke sein Bildnis mit einer Blumengirlande. Danach sollst du für einundzwanzig hungrige Menschen ein Essen bereiten. Durch diese Taten werden die früheren Sünden und auch der Fluch neutralisiert. Bestehende Probleme, Hindernisse und Leiden werden sich auflösen. Frieden wird wieder in deine Seele einziehen, dein Leben wird wieder ruhiger verlaufen, deine psychischen Probleme werden abnehmen, deine Kinder werden gute Fortschritte machen, du wirst die Kredite, die du aufgenommen hast, zurückzahlen können und wirst auch die erwarteten Einnahmen haben. Ein bevorstehender Prozeß wird dir nichts anhaben können. Selbst die Probleme mit deinem Partner werden sich auflösen. Deine Mutter wird ein langes, friedliches Leben haben. Deine jüngste Tochter, die sich für Sport und Musik interessiert, wird berühmt werden und zahlreiche Ehrungen erleben …* Und wenn sie nicht gestorben sind, dann leben sie noch heute«, füge ich hinzu und kann nicht verhindern, daß meine Worte ein bißchen sarkastisch klingen. »Ganz so einfach, fürchte ich, geht es mit dem Karma doch nicht.«

»Wer weiß?« meint Mona hoffnungsvoll. »Vielleicht fliege ich noch mal eben schnell hin und erledige die Aufgaben, die er mir da genannt hat. Schaden kann's doch in keinem Fall. Wie hieß doch gleich der Tempel, in den ich gehen sollte?«

»Das ist das Problem«, antworte ich. »Es gibt in Indien Tausende von Tempeln, die Vishnu geweiht sind. Der Name des Ortes, den du aufsuchen solltest, ist auf der Kassette nicht drauf. Das Band, das du da verwendet hast, ist schon einige Male benutzt worden. An der Stelle, wo er möglicherweise den Ort genannt hat, zu dem du gehen sollst, hört man plötzlich Teile vom Wetterbericht für Südbayern und das Donaugebiet. Siehst du, auch das ist Karma. Aber ich an deiner Stelle würde darüber nicht allzu beunruhigt sein. Erstens läßt sich das Schicksal nicht durch ein paar Blumenkränze und gute Taten bestechen. Und zweitens hat er dir ja selber gesagt, wie dein Leben weitergehen wird, Wiedergutmachung hin, gute Taten her. Es steht doch alles hier:

Mit dreiundvierzig Jahren: keine besonderen Vorkommnisse. Das Leben wird völlig normal verlaufen.

Mit vierundvierzig Jahren: einige geschäftliche Veränderungen. Neben deiner eigenen Firma wirst du noch eine weitere übernehmen, gemeinsam mit einem Partner, und dabei gute Gewinne machen.

Mit fünfundvierzig Jahren: Die Aussichten sind sehr groß, daß du dich von deinem jetzigen Mann trennen wirst. Aber du wirst dich nicht von ihm trennen, sondern er wird dich verlassen. Eigentlich will er das gar nicht, aber durch den Einfluß einer Frau aus deinem Bekanntenkreis, die ganz allmählich deine Ehe zerstört, wird es dazu kommen. Du mußt also überaus vorsichtig sein und um die meisten deiner Freundinnen einen großen Bogen machen!«

»Das habe sogar ich verstanden«, sagt Mona bitter. »Spätestens in dem Augenblick, als das Palmblatt meiner Begleiterin verlesen wurde. Annamaria kam nach mir dran. Plötzlich sagt der Palmblattleser zu ihr, der Mann, mit dem sie verheiratet wäre, wäre aber nicht der Mann, den sie liebte. Da ist sie ganz dunkelrot geworden und hat genickt. Dann hat der Leser gebeten, sie möge den Namen des Geliebten auf einen Zettel schreiben. Da ist sie ganz verlegen geworden und hat sich so gewunden, daß ich gedacht habe, ihr wäre meine Gegenwart peinlich. Also habe ich zu ihr gesagt: ›Kein Problem, ich gehe solange raus.‹ Und draußen ist es mir dann wie Schuppen von den Augen gefallen, wer der heimliche Geliebte ist. Nico, wieder mal Nico. Ich bin zwar ziemlich sicher, daß er mit ihr nichts hat, mit der zumindest nicht. Sie ist nicht sein Typ. Aber ich dumme Kuh lade sie auch noch zu der Indienreise ein, kannst du dir das vorstellen?«

»Komm, Mona«, sage ich ungeduldig, »jetzt schwindelst du aber. Gib zu, daß du das erfunden hast.«

»Gar nichts habe ich erfunden«, entgegnet Mona wütend. »Weißt du, was sie hinterher im Taxi nach Bangalore zu mir gesagt hat? Sie wäre ganz sicher: Die Frau, der ich im letzten Leben den Mann weggenommen haben soll, das wäre sie. Der Palmblattleser habe ihr das nämlich angedeutet. Und Nico wäre viel zu gut für mich. Das war übrigens das letzte Wort, das wir miteinander gesprochen haben. Für den Rückflug habe ich auf erste Klasse umgebucht. Für mich allein!«

Ich muß über Monas Art, Probleme zu lösen, herzlich lachen. Diese nach außen hin so starke Frau, in deren Innerem eine tief verletzliche Seele wohnt, gefällt mir immer besser. Und im übrigen denke ich wieder einmal, daß das Leben die meisten Romane an Einfallsreichtum bei weitem übertrifft.

»Laß uns sehen, wie's weitergeht«, sage ich. *»Definitiv: Dein Mann wird dich in deinem fünfundvierzigsten Jahr verlassen. Nach der Trennung wirst du eine neue Ehe eingehen. Dies ist dann der Mann, der als Lebenspartner für dich vorgesehen ist, und er wird dich in eine glückliche Zukunft führen. Dein künftiger Mann oder Liebhaber ist im gleichen Beruf wie du tätig. Er stammt aus deinem Land, ist von deiner Rasse und wird von sich aus, ohne dein Zutun, mit dir Kontakt aufnehmen. Durch die Beziehung mit ihm wird es dir persönlich und auch in gesellschaftlicher Hinsicht viel bessergehen. Die zweite Ehe wird dein ganzes Leben verändern.«*

»Ich will aber keinen neuen Mann«, sagt Mona zornig. »Ich will Nico.«

»Hör zu, was hier steht«, fahre ich fort. *»Weil es dein Mann war, der dich verlassen hat, nicht du ihn, brauchst du moralische Unterstützung, deshalb wird dir dein zweiter Partner gewährt. Du hast nichts Unrechtes getan. Du hast deinen jetzigen Mann nicht enttäuscht, du hast nichts getan, was gegen das Gesetz, gegen deinen Gott oder gegen dein Gewissen verstößt. Aber zu deinem eigenen Guten und um die Änderung herbeizuführen, die nun in deinem Leben vorgesehen ist, wird er dir begegnen und dich heiraten. Gemeinsam werdet ihr einige gewinnträchtige Geschäfte abwickeln.«*

»Pfeif auf die Geschäfte«, sagt Mona. »Ich mag's nicht mehr hören. Es kann doch nicht meine Lebensaufgabe sein, immer noch mehr Geld zu verdienen!«

»Wenn dein Palmblatt stimmt, wird dir in den nächsten Jahren wohl nichts anderes übrigbleiben«, sage ich lachend. »Hör zu:

Im sechsundvierzigsten Jahr: Die Kredite, die du aufgenommen hast, sind abbezahlt.

Im siebenundvierzigsten Jahr: Du wirst weitere Unternehmen gründen. Finanzierungen. Baufirmen. Banken. Sei vorsichtig in der

*Wahl deiner Partner. Sie werden versuchen, dich zu betrügen. Sei
also auf der Hut.*

*Im achtundvierzigsten Jahr: Du wirst wieder einen Autounfall
haben. Sei also überaus vorsichtig. Aber in jedem Fall wird dein
Leben nicht in Gefahr sein, du wirst wieder gesund. Durch die Buße,
die du im Vishnutempel tust, kannst du in jedem Fall erreichen, daß
dein Leben nicht gefährdet ist.«*

»Glaubst du nicht, ich sollte doch noch mal zurück nach
Indien fahren, um herauszufinden, wo dieser Tempel ist?«
fragt Mona. »Mir reichen die zwei Unfälle, die ich hatte. Ich
habe Angst!«

»Ich weiß es nicht«, sage ich vorsichtig. »Aber auf alle Fälle
hast du bis dahin ja noch ein paar Jahre Zeit. Warte doch
erst einmal ab, ob das, was er dir bis dahin vorausgesagt hat,
auch wirklich eintrifft. Und auch nach deinem achtundvierzigsten Jahr sollen ja noch spannende Dinge passieren:
*Mit neunundvierzig eine Unterleibsoperation, die gut ausgeht. Mit
fünfzig erfolgreiche Geschäfte mit fremden Ländern. Du wirst im
Ausland Schlösser, Gutshöfe und alte Landhäuser verkaufen, sehr
viel Geld verdienen und neue Freundschaften schließen. Um beweg-
licher zu sein, wirst du dir ein eigenes Flugzeug zulegen.* – Hier
steht tatsächlich *air-vehicle*«, sage ich verblüfft. »Wenn du
bedenkst, daß dieser Text jahrtausendealt sein soll, ist das
eine ziemlich präzise Beschreibung.

*Mit zweiundfünfzig Jahren wird jemand einen Prozeß gegen dich
führen. Dieser Prozeß wird sich über zwei Jahre hinziehen, aber am
Ende geht es gut für dich aus. Du wirst abermals viel Geld bekommen
– die Rede ist hier von Gold. Trotzdem mußt du wieder auf der Hut
sein, denn du hast auch Feinde. Mit Feinden meinen wir: Dieser
Feind ist kein Mann, sondern eine Frau. Sie wird ganz in deiner
Nähe leben, sie wird sogar in dein Haus ziehen, und du hast ihr
gegenüber keinerlei Mißtrauen. Aber sie führt Böses im Schilde.
Deshalb mußt du bei jeder Frau, mit der du Kontakt hast, überaus*

vorsichtig sein und genau abwägen, ob du ihr trauen kannst oder nicht. Nur dann ist dein Leben nicht in Gefahr.«

»Mit Frauen scheine ich nicht viel Glück zu haben«, sagt Mona irritiert. »Aber vielleicht hat er das ja zeitlich durcheinandergebracht. Ich habe dir ja schon erzählt, daß Nico eine Affäre mit unserem Kindermädchen hatte. Aber Annamaria? Außerdem zieht sie nächsten Monat mit ihrem Mann nach England. Ich hoffe, dann ist dieser Punkt erledigt.«

»Wenn ich das richtig verstanden habe«, sage ich, »wartet auf dich aber noch ein weiterer Ehemann, ein dritter: *Mit einundfünfzig Jahren wird in Sachen Ehe eine weitere Veränderung eintreten, aber davor brauchst du keine Angst zu haben: In der Zukunft wirst du nicht mit einem Mann leben. Die Wahrscheinlichkeit ist sehr groß, daß du mehrere Ehemänner haben wirst, und dies ist dein Schicksal.«*

»Das kann ja heiter werden«, murmelt Mona. »Gibt es denn außer Geld und Männern in meiner Zukunft nicht noch etwas anderes? Ich sage dir doch, Geld interessiert mich nicht mehr so sehr wie früher, und ich will auch gar keinen anderen Mann. Ich will Nico behalten! Und ich würde mir wünschen, daß ich im Leben noch irgend etwas tue, das wirklich wichtig ist. Es kann doch nicht meine Lebensaufgabe sein, immer noch mehr Geld zu verdienen!«

»*Mit sechsundfünfzig Jahren«*, lese ich, »*wirst du nach Indien gehen und spirituelle Studien treiben. Du wirst einem heiligen Mann begegnen, einem Guru, und von ihm die Meditation erlernen. Dadurch wird es dir gelingen, deinen Ehrgeiz und deinen Hunger nach Erfolg und Reichtum zu kontrollieren und dich mit höheren Zielen zu beschäftigen. Danach kehrst du jedoch in dein eigenes Land zurück. Dort wirst du unter der spirituellen Führung deines Meisters vielen Menschen helfen können. Du wirst im sozialen Bereich viel auf die Beine stellen. Du wirst ein Zentrum gründen, in dem Arme und Kranke, vor allem Kinder, Aufnahme und Heilung finden und eine Ausbildung absolvieren können. In deinem siebenundfünfzigsten Jahr wird deine Regierung dich für deine Verdienste auf sozialem Gebiet auszeichnen. Zugleich wirst du weiterhin mit großem Erfolg deinen Geschäften nachgehen. Deine Töchter werden dich darin unterstützen. Mit einundsechzig Jahren wirst du ein glückliches Leben im Wohlstand führen, Reisen machen und Enkelkinder haben.«*

»Endlich mal etwas, auf das ich mich freuen kann«, sagte Mona zufrieden. »Ich hoffe, das bleibt ein paar Jahre so. Wenn ich es richtig verstanden habe, werde ich nämlich siebzig Jahre alt.«

»Im Prinzip ja«, sage ich. »Hier steht, daß du mit neunundfünfzig eine Augenoperation haben wirst, aber die verläuft erfolgreich. Mit siebzig wirst du dann allerdings krank werden. Bist du sicher, daß du das genau wissen willst?«

»Natürlich will ich das wissen«, sagt Mona entschieden. »Vor dem Tod habe ich keine Angst. Dann schon eher vor dem, was davor kommt.«

»Mit siebzig Jahren«, lese ich, *»wirst du Probleme mit dem Nervensystem im Rücken bekommen, und du wirst bettlägerig sein. Die neurologische Behandlung bleibt erfolglos. Und so wird deine Seele im Monat …* – welcher Monat das ist, habe ich nicht verstehen können, er hat den Monatsnamen in tamilischer Sprache genannt – *in der Morgenfrühe, am vierten Tag nach Neumond, an einem Montag bei zunehmendem Monde, dieses Universum verlassen und vor den goldenen Füßen des Allmächtigen niederknien und sich mit dem Allmächtigen vereinen. Du wirst frei von Schmerzen und von Sorgen sein und in Frieden und Wohlstand leben, wenn du diese Welt verläßt. Dies wird deine letzte Inkarnation sein. Doch zunächst, in der näheren Zukunft, erwartet dich noch eine sehr glückliche Ehe. Dies sind die Worte des großen Vashista.«*

Wir schweigen lange. »Glaubst du, daß er recht hat?« fragt Mona schließlich.

»Ich weiß es nicht«, sage ich. »Da sind so viele Dinge, über die ich erst nachdenken muß. Hast du eigentlich je ein Horoskop machen lassen?«

»Natürlich«, antwortet Mona. »Von mir selbst und auch von Nico, ich habe sogar ein Partnerschaftshoroskop.«

»Und?«

»Ich kann die Zeichnung nicht lesen«, sagt Mona bedauernd. »Und das Mädchen in dem Astro-Shop, wo der Computer das Horoskop ausgedruckt hat, konnte oder wollte mir auch nichts erklären.«

»Gib mir doch mal eure Geburtsdaten mit, wenn du möchtest«, bitte ich. »Ich kenne da ein paar Leute, die viel von Astrologie verstehen.

Du solltest wissen: Ich glaube, daß unser Schicksal zumindest in großen Zügen feststeht. Ich glaube auch daran, daß manche Menschen die Gabe – oder den Fluch, je nachdem – besitzen, in die Zukunft schauen zu können. Ich glaube an Karma. Und auch die Vorstellung, immer wieder geboren zu werden, so lange, bis wir alles gelernt haben, was wir im Leben lernen sollen, macht für mich Sinn. Aber da sind einige Punkte, über die ich mir nicht im klaren bin. Wie weit sind wir eigentlich Herr über unser eigenes Schicksal? Gibt es den freien Willen wirklich, oder bilden wir uns das nur ein? Aber eines weiß ich ziemlich genau: Wenn wir zuviel über unsere Zukunft wissen oder zu wissen glauben, ist die Gefahr riesengroß, daß wir uns haargenau an dieses Drehbuch halten und dadurch das, was wir für unser Schicksal halten, sklavisch hinnehmen.

Da gab es in Prag vor ein paar hundert Jahren mal einen Kaiser, an dessen Hof ein genialer dänischer Astrologe lebte, Tycho Brahe. Der Kaiser hatte in seinem Privatzoo einen Löwen. Das war sein Lieblingstier, nicht zuletzt deshalb, weil das Horoskop des Tiers mit dem des Kaisers fast identisch war. Der Löwe wurde von seinen Pflegern mit höchster Sorgfalt behandelt, denn der Kaiser wußte durch seinen Astrologen: Im Horoskop steht der Zeitpunkt des Todes. Stirbt das Tier, so ist auch sein Leben in Gefahr. Trotz aller Fürsorge lag der Löwe eines Morgens tot in seinem Käfig. Drei Tage später starb der Kaiser. Wir werden nie wissen, ob er starb, weil seine im Horoskop definierte Lebenszeit beendet war, oder ob er starb, weil er so fest von seinem Tod überzeugt war, daß er sich selbst aufgegeben hatte.

Ich persönlich bin immer zu feige gewesen, um dem Schicksal in die Karten zu schauen. Aber du steckst nun bis zu den Ohren drin. Laß mich versuchen, herauszufinden, was an den Palmblattbibliotheken dran ist. Dann sehen wir weiter.«

Mona nickt. »Da ist nur eins noch«, sagt sie zögernd. »Aus bestimmten Gründen gehört unser gesamtes Vermögen offiziell meinem Mann. Wenn es wirklich stimmt, daß er mich verläßt, dann stehe ich nicht nur ohne Mann da, sondern auch ohne Geld. Glaubst du, ich sollte sicherheitshalber versuchen, Teile unseres Besitzes auf meinen Namen umschreiben zu lassen?«

»Mona«, sage ich, »wenn das Palmblatt in diesem Punkt recht hat, dann werden vermutlich auch noch etliche andere Angaben stimmen. Und wenn du dir um eines in deinem Leben niemals Sorgen machen mußt, dann ist das Geld. Fast in jedem zweiten Satz ist davon die Rede, wie dein Vermögen größer und größer wird. Wenn es also wirklich vom Schicksal vorbestimmt sein sollte, daß eure Ehe in die Brüche geht, dann trägt doch niemand die Schuld daran: Wäre es dann nicht zumindest den Versuch wert, sich in Liebe zu trennen?«

Mona sieht mich erleichtert an: »Du hast recht. Ich werde von nun an um unsere Beziehung kämpfen. Dann hat diese Reise nach Indien wenigstens ihren Sinn gehabt. Wenn eine Trennung trotzdem unvermeidlich sein sollte, dann will es das Schicksal wohl wirklich so. Aber das Geld sollte dabei keine Rolle spielen. – Ruf mich an, wenn du etwas Neues weißt.« Und sie fügt halb scherzhaft hinzu: »Dafür schenke ich dir auch meine Geschichte – falls es eine Geschichte ist.« »Falls es eine Geschichte ist, nehme ich dich beim Wort, Mona«, sage ich. Und das ist auch nur halb im Scherz gemeint. Wir nehmen uns zum Abschied herzlich in die Arme.

Ich mag Mona gern. Aber ich möchte um nichts in der Welt in ihrer Haut stecken. Allerdings – sehr wohl fühle ich mich in meiner eigenen Haut auch nicht. Ich frage mich, warum mich das Schicksal ausgerechnet mit dem Thema konfrontiert, um das ich bisher mit großer Sorgfalt einen Bogen gemacht habe. Es sieht fast so aus, als ob ich mich nun nicht länger davor drücken könnte. Aber wer weiß, wenn ich brav meine »Hausaufgaben« erledige, dann ist das Schicksal möglicherweise damit zufrieden, daß ich das Thema sozusagen aus zweiter Hand angehe – durch die Beschäftigung mit Mona –, und ich selbst komme mit heiler Haut da heraus. Wir werden ja sehen.

Auf der Suche

Bereits am nächsten Morgen sitze ich in der Staatsbibliothek und suche im Katalog Material zu den Stichwörtern »Präkognition«, »Weissagung« und »Palmblattbibliotheken«. Eine Woche später sitze ich immer noch dort, obgleich die Ausbeute mehr als dürftig ist. Unter dem Stichwort »Palmblattbibliotheken« ist gar nichts zu finden. Schließlich rufe ich Gerhard Riemann an, den Herausgeber dieses Buches. Ich habe schon ein paar Bücher bei ihm veröffentlicht und hoffe: Wenn irgend jemand etwas darüber weiß, dann er.

»Haben Sie schon einmal etwas über die Palmblattbibliotheken in Indien gehört?« frage ich ihn.

»Kürzlich gab es eine Fernsehsendung darüber«, antwortet Gerhard Riemann. »Und ich selbst bin vor fünfundzwanzig Jahren auch einmal dort gewesen. Das war in Nordindien, im Punjab. Ein Swami hat mich dorthin geführt.«

»Und?« frage ich, aufs höchste gespannt. »Sind die Dinge, die man Ihnen über die Zukunft prophezeit hat, eingetreten?«

»Das ist ja das Dumme«, antwortet mein Herausgeber. »Ich kann mich beim besten Willen nicht daran erinnern, was sie mir dort gesagt haben. Ich bin eigentlich nur diesem Swami zuliebe mitgegangen, der ein sehr weiser, ehrenwerter Mann war. Das einzige, woran ich mich erinnern kann, ist dieses: Ich mußte mein Geburtsdatum auf einen Zettel schreiben. Daraus wurde dann eine Art Horoskop errechnet, und dann wurde in einem Buch ein Blatt aufgeschlagen, von dem es hieß, es sei das meine. Was dann kam, habe ich vergessen – oder verdrängt. Ich weiß nur noch eins: Auf dem

Blatt stand, in Sanskrit, mein Name. Und ich bin ganz sicher, daß ich meinen Namen nicht genannt hatte. Vielleicht finden Sie ja mehr darüber raus. Wenn es interessant ist, könnten wir ein Buch darüber machen. Waren Sie schon mal in Indien?«

War ich nicht. Dabei bin ich in meinem Leben sehr viel gereist. Seit Jahrzehnten treibt mich eine geheimnisvolle Macht, irgendwo auf der Welt, zwischen Hongkong und Harare, zwischen Bristol und Bangkok, zwischen Kirkenes und Kuala Lumpur nach etwas zu suchen, das ich, weil mir keine bessere Bezeichnung dafür einfällt, insgeheim »die Wahrheit« nenne.

Vom Kopf her weiß ich natürlich längst, daß ich im Außen nichts finden werde, was nicht auch in mir ist. Aber ich suche trotzdem weiter. Da ist diese tiefe Sehnsucht in mir, etwas, das ich weder erklären noch rechtfertigen kann und das mich zwingt, die Menschen, die ich am meisten auf der Welt liebe, für eine Weile zurückzulassen und loszuziehen. Ich vergieße jedesmal bittere Tränen, wenn ich meine Familie am Flughafen zurücklasse. Unterwegs bin ich oft krank vor Sehnsucht. Aber etwas zieht mich unaufhaltsam weiter.

Wenn ich dann schließlich wieder heimkomme, geht es eine Weile gut. Ich räume das Haus auf, pflanze Geranien in die Blumenkästen und jäte Unkraut im Garten, höre französische Vokabeln ab, spiele mit den Kindern Rommee oder »Mensch ärgere Dich nicht« und rede nächtelang mit meinem Mann. Ich koche regelmäßig gesundes Essen, schreibe ein neues Buch und führe ein völlig normales Leben – bis die Sehnsucht wieder einsetzt und die Ruhelosigkeit.

»Time to go?« fragt dann Bill, mein Mann. »Ist es mal wieder soweit?«

Und dann nicke ich und packe meine Sachen und steige heulend ins Flugzeug. Auf die Azoren oder zu den Anden.

Nach Bali oder nach Singapur, nach Djakarta oder Penang. Nur Indien habe ich bisher gemieden. Der Einfachheit halber sage ich immer, dafür hat mir bisher der Mut gefehlt. Das verstehen die meisten, und sie fragen nicht weiter. Aber in Wirklichkeit ist es natürlich nicht nur die Angst vor der Konfrontation mit Armut und Elend, vor Schmutz und sinnlosem Sterben, die mich bisher davon abgehalten hat, nach Indien zu fahren.

Ich fürchte mich davor, daß ich die Wahrheit, nach der ich suche, dort irgendwo finden könnte, oder mir einbilde, sie zu finden, und davor einem Meister oder einer Situation oder einer Erfahrung zu begegnen, die ich nicht kontrollieren kann und die mich möglicherweise davon abhalten könnte, am Ende meiner Reise nach Hause zurückzukehren, so wie immer. Ich weiß nicht, warum ich insgeheim befürchte, daß diese Gefahr in Indien größer ist als anderswo. Ich weiß nur, daß ich um diesen Subkontinent bisher einen ebenso großen Bogen gemacht habe wie um die Wahrsagerei.

Auch jetzt habe ich nicht die Absicht, daran etwas zu ändern. Ich ahne natürlich, daß Mona in meinem Leben nicht zufällig aufgetaucht ist, sondern daß ihre Suche nach dem Schicksal auch etwas mit mir selbst zu tun hat. Aber das bedeutet doch nicht, daß ich den gleichen Fehler machen muß wie sie. Ich muß ja nicht alles am eigenen Leib ausprobieren.

Aber deshalb kann ich doch trotzdem versuchen, ihr zu helfen, oder? Also mache ich mich weiter auf die Suche nach Informationen. Erster Stopp: die »Hermetische Truhe«, meine esoterische Buchhandlung. Dort kann ich mit den exotischsten Anfragen kommen, irgendeiner weiß fast immer Bescheid – oder zumindest weiter.

»Palmblattbibliotheken? Nie gehört«, sagt die nette Buchhändlerin. »Ich frage mal meinen Computer. Vielleicht weiß der mehr.«

Wir versuchen beide, dem Rechner das Thema mit allen möglichen Methoden – und unter allen möglichen Stichworten – schmackhaft zu machen. Als er zu »Palmblattbibliotheken« nichts zu sagen weiß, versuchen wir es mit »Schicksalsbibliotheken«.

»Nein? Wie wäre es mit ›Palmblattorakel‹? Dann vielleicht unter ›Nadi reading‹?« Aber so kreativ wir uns auch zeigen – der Bildschirm bleibt schwarz. Fehlanzeige.

»Ich schau' ab und zu mal nach«, sagt schließlich die nette Buchhändlerin. »Wenn ich irgend etwas entdecke, das nach Palmblattbibliotheken klingt, rufe ich Sie sofort an.«

Nächster Halt: die indische Botschaft. Bedauerndes Achselzucken. Daraufhin Telefonrundfrage bei meinen klugen Freunden aus der Esoterikszene: »Habt ihr vielleicht …?« Fehlanzeige. Anruf bei »Air India«: »Leider haben wir zu diesem Thema keinerlei Informationen. Aber Sie können ja hinfliegen. Wir haben da einen Flug ab München über Bombay …« Danke schön. Das ist noch zu früh.

Da ahne ich schon, was als nächstes auf mich zukommt. Nämlich das, was mir am schwersten fällt: eine der zahlreichen Geduldsproben, an denen das Schicksal soviel Spaß zu haben scheint. Denn mittlerweile kenne ich das Spiel schon. Wenn mir das Schicksal ein Thema präsentiert, dann bleibt es zwar hartnäckig am Ball. Rein »zufällig« laufen mir die Menschen, die Geschichten, die Fakten zu dem Thema, das künftig meine »Hausaufgabe« sein wird, über den Weg. Ich werde förmlich mit der Nase darauf gestoßen. Aber leider kommen die Informationen nie dann, wenn ich die Ärmel aufkrempele und mich auf die Suche mache. Im Gegenteil: Je hartnäckiger ich forsche, desto weniger finde ich heraus. Also bleibt mir nichts anderes übrig, als auf den nächsten

»Zufall« zu warten. Für jemanden, dessen zweitgrößte Untugend die Ungeduld ist, ist das alles andere als eine Kleinigkeit.

Der »Zufall« tritt einige Wochen später in Aktion, als der Schulchor, in dem unsere jüngste Tochter mitsingt, alle Eltern zum Sommerkonzert einlädt. Unsere Kinder besuchen eine internationale Schule, weil mein Mann und ich aus verschiedenen Ländern stammen und uns wünschen, daß sie in beiden Kulturen – und Sprachen – aufwachsen.
In der Schule sind Kinder aus vierzig Nationen, und deshalb bin ich eigentlich daran gewöhnt, daß es dort ziemlich exotisch zugeht. Aber den indisch aussehenden Vater, der dort mit seiner europäischen Frau zwei Plätze von uns entfernt sitzt und genauso enthusiastisch zuhört wie die zweihundert anderen Väter und Mütter, habe ich noch nie gesehen.
»Weißt du, wer das ist?« flüstere ich meinem Mann zu. Er unterrichtet an dieser Schule und kennt die meisten Eltern viel besser als ich.
»Das ist Dr. Chandra«, flüstert er zurück, »der Vater von Anjuli und Nalini, den Zwillingen aus Jennys Klasse. Sie sind erst seit diesem Jahr hier. Ich glaube, er ist Kernphysiker.«
»Glaubst du, ich kann ihn fragen, ob er etwas über Palmblattbibliotheken weiß?« frage ich aufgeregt.
»Warte bis zur Pause«, sagt mein Mann amüsiert. »Seine Frau ist übrigens die Deutschlehrerin deiner Tochter. Du kannst sie also ruhig mal begrüßen.«
Dr. Chandra lächelt freundlich, als ich ihn nach den Palmblattbibliotheken frage. »In Indien habe ich merkwürdigerweise nie davon gehört, aber von meinen deutschen Kollegen bin ich schon etliche Male dazu befragt worden. Daß man dort etwas über die Zukunft erfahren kann, habe ich

erst neulich aus einer Sendung im deutschen Fernsehen erfahren. Aber ich weiß, daß viele Inder, die ihren Geburtstermin nicht kennen, zu einem Palmblattleser gehen. Vor allem bei Mädchen machte sich früher oft niemand die Mühe, Jahr und Tag zu notieren, von der genauen Uhrzeit ganz zu schweigen. Diese Palmblattleser sind nicht nur in der Lage, den genauen Geburtstermin zu ermitteln, sondern auch, wer die Vorfahren ihrer Klienten sind. Das ist manchmal wichtig im Zusammenhang mit Heirat, Erbschaften und so weiter. Die Daten sollen so präzis sein, daß sie sogar von der überaus peniblen indischen Bürokratie anerkannt werden. Ich selbst habe auch keine Erklärung dafür. Aber ich habe gehört, daß speziell geschulte Handleser aus dem Daumenabdruck den genauen Geburtstag eines Menschen ablesen können – so wie man ja auch anhand der Jahresringe eines Baumes sein Alter bestimmen kann. Aber wenn Sie mehr darüber wissen möchten, kann ich Sie mit meinem Freund Singh bekannt machen. Er unterrichtet hier am Institut für Indologie. Seine besondere Liebe gilt den alten Hindumythen. Auf diesem Gebiet macht ihm niemand etwas vor.«

Nach der Pause singen die Kinder »With a little bit of luck« aus dem Musical »Anatevka«. Und dann gibt es immer noch Leute, die an den »Zufall« glauben ...

Palmblattbibliotheken:
Fakten und Legenden

Dr. Ramakrishna Singh ist schmal, hellhäutig und hat die edlen, feingeschnittenen Gesichtszüge, die so viele Inder auszeichnen. Als ich ihm gegenübersitze, muß ich unwillkürlich daran denken, was unser Freund John einmal über die Inder gesagt hat: »In diesem Land haben sie unendliche Probleme. Aber an Schönheit übertrifft sie niemand. Aus dem großen genetischen Pool haben sie eindeutig die besten Gene mitgekriegt.«

Dr. Singh sieht nicht nur phantastisch aus, er ist auch von einer geradezu unglaublichen Belesenheit, die nur noch von der Begeisterung übertroffen wird, mit der er meine Fragen beantwortet.

»Ich muß Sie um Nachsicht bitten, Doktor«, sage ich. »Ich habe tausend Fragen zu einem Thema, über das ich so gut wie nichts weiß – und bisher auch nichts herausfinden konnte. Und Ihr Land ist mir ebenso fremd wie Ihre Kultur.«

»Es wird mir eine Ehre sein, Ihnen die Kultur meines Landes ein wenig näherzubringen«, sagt Dr. Singh liebenswürdig. »Und ich werde es so tun, wie es im Hinduismus seit Jahrtausenden üblich ist. Die alten Weisen, die Rishis, die Pandits und die Swamis, liebten es schon immer, das Wissen durch Legenden und Mythen zu verbreiten, und so wird es in unserem Land noch heute gehalten. Zahlen, Fakten und wissenschaftliche Beweisbarkeit mögen im Westen eine wichtige Rolle spielen. Nicht so bei uns. Warum sollten sie auch, wenn der Hinduismus doch lehrt, daß die ganze Welt nur Maya ist – nichts weiter als eine Illusion?

Selbstverständlich gibt es die Palmblattbibliotheken, für die Sie sich interessieren. Soweit ich informiert bin, existieren sie nur in Indien. Ich habe zwar Gerüchte gehört, mittlerweile gäbe es auch eine in Colombo auf Sri Lanka und neuerdings sogar in London. Aber ich zweifle daran.

Natürlich wäre es theoretisch ohne weiteres möglich, daß südindische Emigranten, die Palmblätter besaßen, bei der Auswanderung einen Teil des Familienschatzes mitgenommen haben. Aber alle Inder wissen, daß das ein äußerst riskantes Unterfangen wäre. Die Göttin Lakschmi hat nämlich ausdrücklich darauf bestanden, daß die Palmblätter niemals aus dem Lande gebracht werden dürften. Und alle Hindus fürchten sich vor dem Zorn der Göttin.«

»Was hat denn die Göttin mit den Palmblattbibliotheken zu tun?« frage ich.

»Sie war es, die sie den Menschen zum Geschenk gemacht hat«, erklärt Dr. Singh. »Genauer gesagt: Sie schenkte sie Brighu, dem Sohn des Varun. Das war so:

Vor langer, langer Zeit, als die Menschen noch keine Schrift besaßen, lebte in Indien Brighu, der geniale, aber aufbrausende Sohn eines großen Weisen namens Varun. Wohl aufgrund seines berühmten Vaters hatte Brighu das Privileg, mit den Göttern zu verkehren. Eines Tages wollte er Vishnu besuchen, den großen Bewahrer, den Gott des Universums ... Sie haben sicher schon Bilder von Vishnu gesehen. Meist wird er vierarmig dargestellt, auf einem Thron sitzend, in den Händen hält er die Symbole seiner Macht: eine Muschel, eine Scheibe, eine Keule und eine Lotusblume. Vishnu wird als der allumfassende Gott angesehen, von dem alle anderen Götter lediglich Aspekte oder Inkarnationen sind. Zu diesem größten aller Götter kam also Brighu, und hochmütig befahl er Vishnus Diener, ihm umgehend Einlaß zu gewähren. Aber Vishnu war nicht willens, ihn sogleich zu empfangen, denn er schlief gerade mit seiner Gattin Lakschmi, und so ließ er den jungen Mann warten. Darüber war Brighu so empört, daß er den Gott ins Gesicht schlug. Wie Vishnu auf diese Ungeheuerlichkeit reagiert hat, ist nicht überliefert. Seine Frau, die Göttin Lakschmi, war jedoch so erzürnt, daß sie den jähzornigen Brighu mit einem furchtbaren Fluch belegte – und nicht nur ihn, sondern seine ganze Kaste: ›Du und deine gesamte Generation von Brahmanen‹, so sprach die Göttin, ›ihr sollt künftig ein armseliges Leben führen, und Lakschmi wird sich immer von den Brahmanen fernhalten.‹

Brighu merkte, daß er zu weit gegangen war, er brachte seine tiefe Reue zum Ausdruck und bat um Vergebung. Schließlich ließ sich die Göttin erweichen. Den Fluch konnte sie nicht mehr zurücknehmen, aber um Brighu vor der Armut zu bewahren, befahl sie ihm, die Brighu Samhita zu schreiben, ein astrologisches Buch, mit dem er den Lebensunterhalt für sich und alle Brahmanen seiner Zeit verdienen sollte. Um sicherzustellen, daß die angesehene Priesterkaste auch weiterhin keinen Hunger zu leiden brauchte, gestattete die Göttin Brighu, Einblick in die Akasha-Chronik zu nehmen. Wissen Sie, was die Akasha-Chronik ist?«

Ich nicke: »Das ist die legendäre Schriftrolle in der astralen Welt, auf der die Geschichte der gesamten Menschheit in Vergangenheit, Gegenwart und Zukunft aufgezeichnet sein soll.«

Dr. Singh fährt fort: »Nun war Brighu zwar nicht der einzige Mensch auf der Welt, der die Akasha-Chronik lesen konnte. Seher und Propheten aller Zeiten und Kulturen verfügen bisweilen über die Fähigkeit, die Materie zu transzendieren und Auszüge aus der Akasha-Chronik zu lesen. Aber Brighu, so heißt es, war der einzige, dem das komplette Material zur Verfügung stand. Mehr noch: Ihm wurde die unvorstellbare

Fähigkeit zuteil, das Schicksal aller Menschen zu allen Zeiten Wort für Wort in seinem Gedächtnis zu speichern. So entstand die Brighu Samhita – die Sammlung des Brighu.

Brighu selbst scheint sich durch die Güte der Göttin und vielleicht auch durch das große Wissen, das ihm zuteil wurde, völlig verändert zu haben. Aus dem aufbrausenden, arroganten jungen Mann wurde einer der heiligsten und weisesten Männer der indischen Mythologie.

Wie ihm die Göttin befohlen hatte, gab er sein Wissen an andere Brahmanen weiter. Weil in jenem längst vergangenen goldenen Zeitalter die Schrift noch nicht erfunden war, wurde, so erzählt man, der Inhalt der Brighu Samhita von seinen Schülern auswendig gelernt und fehlerfrei an die jeweils nächste Generation überliefert, viele, viele Jahrhunderte lang. Im dritten Jahrtausend vor Christus kam schließlich Sanskrit zu den Menschen, die Sprache, die bis dahin den Göttern vorbehalten gewesen sein soll und die die erste Schriftsprache der Welt wurde. Fortan wurde, so wird überliefert, die Brighu Samhita zunächst auf Steine, dann auf Kupferplatten und schließlich auf Palmblätter eingeritzt und irgendwann auch auf Papier abgeschrieben und zu großen Weisheitsbüchern zusammengefaßt.«

»Gibt es von diesen frühen Aufzeichnungen noch irgendwelche Spuren?« frage ich.

Dr. Singh schüttelt den Kopf. »Leider nein. Von den Steinen und auch von den Kupferplatten ist nie eine Spur gefunden worden, obgleich es sich – bei der Textmenge, die zu bewältigen war – um größere Felder gehandelt haben müßte. Auch von der ersten Brighu Samhita in Buchform gibt es keine Spur mehr. Es heißt, Brahmanenfamilien in Benares, Poona und Meerut besäßen Teile davon, aber sie gestatten niemand, sie zu sehen oder gar wissenschaftlich zu untersuchen. Der Originaltext des großen Werkes bleibt für die modernen Forscher somit unerreichbar. Aber Kopien davon – Palmblätter, die angeblich alle achthundert Jahre abgeschrieben werden, weil sie sonst zerfallen, und ein paar schwergewichtige alte Bücher gibt es tatsächlich, wenn auch keine Originale. Im letzten Jahrhundert wurden einige der kostbaren Manuskripte dann schließlich gedruckt und gebunden, um sie haltbarer zu machen. Und neuerdings soll jemand sogar damit angefangen haben, sie auf Computerdisketten zu übertragen.

Übrigens gehen nicht alle Schicksalsbibliotheken auf den heiligen Brighu zurück. Die Bibliothek in Bangalore nennt sich Shuka Samhita, die Sammlung des Shuka. Sie bezieht sich auf den großen Weisen Bhagwan Shuka Maharishi, der auch im Besitz dieses Wissens war und es vor fünf- oder sechstausend Jahren an den legendären König Pareeshit weitergegeben haben soll. Dazu gibt es wieder eine andere Legende. Als der König erfuhr, daß er innerhalb von sieben Tagen sterben würde, wollte er wissen, was der perfekte Lebensstil sei, mit dem er die Todesangst transzendieren könne, und wie er im Leben wie im Tode in vollkommenem Glück bestehen könne. Seine Zeit reichte gerade noch aus, die Worte des Weisen Shuka aufzunehmen und von seinen Beratern auswendig lernen zu lassen. Nach seinem Tode wurde die Fähigkeit des Allwissens mündlich weiter überliefert, später in Palmblätter eingeritzt. Woher der Weise Shuka sein Wissen hat, ob von den Göttern direkt oder möglicherweise sogar von Brighu, ist nicht überliefert.

In manchen alten Texten ist übrigens nicht nur von einem, sondern von insgesamt sieben Rishis [Weisen] die Rede – Brighu, Vashista, Agasthya, Shuka und andere –, die die berühmten ›nadi granthas‹ [Bücher, Sammlungen von Palmblättern] verfaßt haben sollen. [Er lächelte.] Sieben, heißt es, die alte magische Zahl.«

»In sieben Tagen schuf Gott die Welt«, nicke ich. »Das Buch mit den sieben Siegeln. Am siebten Tage fielen die Mauern von Jericho. Sieben Tage hat die Woche. Schneewittchen und die sieben Zwerge hinter den sieben Bergen …«

»Die sieben Engel der Chaldäer. Die sieben Devas der Hindus. Die sieben Sephiroth der jüdischen Kabbala … In jeder Religion steht die Sieben für die geheimnisvolle Macht Gottes. Doch ob es nur einer war oder sieben, wir wissen fast nichts über sie.«

»Außer ihren Namen«, werfe ich ein. »Die sind bekannt, merkwürdigerweise.«

»Vergessen Sie nicht, daß wir von Mythen reden«, sagt Dr. Singh sanft. »In Mythen und Legenden tragen die Helden stets Namen. Das ist jedoch nichts weiter als ein Kunstgriff, den Erzähler überall in der Welt schon immer gern verwendeten, um ihren Geschichten mehr Glaubwürdigkeit und größere Authentizität zu verleihen.«

»Natürlich«, sage ich. »Auch die christliche Kirche hat das ja so gehalten. Die Wahrscheinlichkeit, daß Brighu und Shuka – sollten sie je gelebt haben – diesen Namen trugen, ist etwa so groß wie die Chance, daß die ersten Menschen Adam und Eva hießen. Oder die Eltern der Jungfrau Maria Anna und Joachim. Das berichtet zwar die katholische Kirche, und es gibt auch zahlreiche fromme Legenden vom heiligen Joachim und der heiligen Anna. Aber in Wirklichkeit weiß niemand, welchen Namen Marias Eltern trugen. Sie wurden nur im allgemeinen Einvernehmen so genannt, weil Menschen, die einen Namen tragen, nun einmal ›historisch belegt‹ und damit glaubwürdiger sind.«

»Und daran«, sagt lächelnd Dr. Singh, »hatte die katholische Urkirche ebensoviel Interesse wie der Hinduismus.« Dann fährt er fort: »Getreu dem Befehl der Göttin Lakschmi, mit dem Buch den Lebensunterhalt brahmanischer

Familien zu sichern, wurde das ebenso heilige wie lukrative Werk im Laufe der Jahrtausende jeweils einem der Söhne vererbt. Bisweilen scheint die Samhita im Zuge der auch unter Brahmanen verbreiteten Erbstreitigkeiten mehrfach kopiert oder aber unter mehreren Brüdern aufgeteilt worden zu sein, damit möglichst viele Familienmitglieder von diesem Schatz profitieren konnten. So kommt es, daß neben den bekannten großen Sammlungen in Bangalore, Vaithisvarankoil und Hoshiarpur auch noch in einigen anderen indischen Dörfern und Städten kleine Palmblattbibliotheken zu finden sind, in denen ein paar hundert Blätter aufbewahrt werden.

Übrigens enthalten die Palmblätter neben ihrem ans Wunderbare grenzenden Inhalt auch noch eine eingebaute ›Diebstahlsicherung‹: Kein Außenstehender kann die in Sanskrit oder Alt-Tamil geschriebenen Schriften verstehen, nicht einmal die Gelehrten, die die alten Schriften beherrschen. Die Texte sind nämlich, so heißt es, in einer vieldeutigen Bildersprache verfaßt, die nur Eingeweihte richtig interpretieren können.«

»Dr. Singh«, frage ich, »angeblich findet jeder, der in die Schicksalsbibliotheken kommt, dort sein Palmblatt. Aber die höchste Zahl, von der in alten Schriften angeblich die Rede ist, liegt bei zirka achtzigtausend Palmblättern. Das ist zwar eine Menge, aber gemessen an der Zahl der Menschen auf der Welt, die je gelebt haben oder je leben werden, ist das nun wirklich nicht viel. So gesehen ist die Chance, daß man sein Palmblatt findet, doch minimal.«

»Ich kenne auch diese Zahl von achtzigtausend«, antwortet Dr. Singh. »Indien wäre nicht Indien, würde sich nicht auch für diese Diskrepanz die wundersamste Erklärung finden. Nicht für jeden Menschen, so heißt es, liegt ein Palmblatt bereit, sondern nur für diejenigen, die das Schicksal dafür auserwählt hat. Dabei siebt das Schicksal unbarmherzig: Einmal sind es ohnehin nur relativ wenig Menschen, die von der Existenz der Schicksalsbibliotheken erfahren. Zugegeben, in unserem Jahrhundert der Massenmedien sind es vermutlich mehr als in all den vergangenen Jahrtausenden zusammen, aber das dürfte das Schicksal einkalkuliert haben. Von denen, die davon wissen, hat längst nicht jeder den Wunsch, dorthin zu fahren. Und selbst diejenigen, die sich dazu entschließen, haben bei weitem nicht immer Erfolg. Dafür sorgt wieder das Schicksal: Nur die Auserwählten werden auf geheimnisvolle Weise zu ›ihrer‹ Bibliothek geführt. Alle anderen kommen gar nicht erst dort an, sosehr sie sich auch bemühen. Es gibt zahllose Geschichten von Menschen, die nichts über ihr künftiges Leben erfahren sollten und die durch tausend Umstände daran gehindert wurden, zu ›ihrer Bibliothek‹ zu kommen. Und selbst wenn es ihnen gelingt, dorthin vorzustoßen, bleibt ihr Palmblatt unauffindbar.«

»Aber das sind doch Märchen!« werfe ich ein. »Bezaubernde Mythen – mit der Wahrheit haben sie jedoch nichts zu tun. Oder glauben Sie etwa an diese Geschichten?«

Wieder lächelt Dr. Singh auf diese feine Art, mit der er mir sanft zu verstehen gibt, daß meine Urteile möglicherweise etwas voreilig sind. »Es gab hier in Ihrem Land einen bekannten Professor. Der hat sein Leben lang versucht, Phänomene, die nach Ansicht der westlichen Naturwissenschaft nicht existieren dürften, wissenschaftlich zu beweisen: Telepathie, Psychokinese, Präkognition, Bilokation – all diese Dinge, die in meinem Land als Selbstverständlichkeit gelten. Niemand zweifelt bei uns daran, daß es sie gibt. Dieser Professor hatte, als er schon ziemlich alt war, von den Palmblattbibliotheken erfahren und war gemeinsam mit einem jungen Mitarbeiter nach Indien geflogen, um sich sein Schicksal lesen zu lassen. Sicherheitshalber hat er sich vorher angemeldet und sich einen Termin geben lassen. Als er am vereinbarten Tag zu der Bibliothek kam, war sie geschlossen. Kein Zettel, kein Hinweis, nichts. Drei Tage später war sie immer noch geschlossen, und niemand wußte, wo sich der Palmblattleser aufhielt. Der Professor reiste also unverrichteterdinge weiter. Kurz nach seiner Rückkehr nach Deutschland starb er plötzlich. Ich persönlich denke, daß das Schicksal ihm ersparen wollte, zu erfahren, daß sein Leben in Kürze beendet sein würde.

Doch auch diejenigen, die ihr Palmblatt finden, erfahren nicht immer alles, was sie wissen wollen. Das Schicksal teilt die Informationen in wohldosierten Mengen aus. Jeder bekommt nur so viel zu hören, wie er zu diesem Zeitpunkt verkraften kann. Für manche liegt nur ein kurzer Text da. Gelegentlich fehlt das Blatt, auf dem die Zukunft geschrieben steht, oder die Seite, die das Todesdatum enthält. Und bisweilen kommt es auch vor, daß jemand erfährt, daß er zu früh gekommen ist. Dann wird ihm gesagt, zur Zeit sei noch kein Palmblatt da – oder nur eines mit den vergangenen Inkarnationen. Er möge in einigen Jahren wiederkommen. Angeblich füllt sich die Brighu Samhita, wenn die Zeit reif ist, auf geheimnisvolle Weise immer wieder von selbst auf, manchmal mit sehr alten Blättern, manchmal mit weniger alten. Die Leser tun nichts, da ist nichts zu tun. Die astralen Aufzeichnungen manifestieren sich von selbst zur richtigen Zeit und am richtigen Ort.«

»Hat das Schicksal Sie schon zu Ihrem Palmblatt geführt, Dr. Singh?« frage ich.

Er schüttelt den Kopf. »Nein, für mich selbst stand dieses Thema noch nicht an. Aber meine Frau möchte demnächst einmal dorthin. Sie beschäftigt sich viel mit Astrologie und leidet darunter, daß sie ihren eigenen Geburtstermin nicht kennt. Sie war die dritte Tochter, da hat sich niemand mehr die Mühe gemacht, die genaue Zeit zu vermerken. Nun hofft sie, daß ein Palmblattleser ihr weiterhelfen kann. Angeblich können manche das genaue Geburtsdatum aus dem Daumenabdruck erkennen.«

»Gestatten Sie mir noch eine letzte Frage?« sage ich.

Dr. Singh lächelt aufmunternd. »Nur zu, wenn ich sie beantworten kann.«

»Gesetzt den Fall, ich wollte mich auf die Suche nach meinem Palmblatt machen – könnten Sie mir dann die Anschriften einiger Bibliotheken geben?«

Dr. Singh zögert lange. Schließlich schüttelt er bedauernd den Kopf. »Es tut mir leid. In diesem Fall kann ich Ihnen nicht helfen. Es heißt, man darf niemals nach der Anschrift einer Palmblattbibliothek fragen. Aber haben Sie Geduld. Wenn das Schicksal es Ihnen bestimmt hat, daß Sie Ihr Palmblatt kennenlernen sollen, so wird es Sie ganz von selbst dorthin führen.«

Merkwürdig. Das war schon das zweite Mal, daß ich zu mehr Geduld ermahnt wurde. Ich schlucke also die vielen Fragen, die mir noch auf der Zunge brannten, herunter, bedanke mich aufs herzlichste und bin schon fast an der Tür, da überreicht mir Dr. Singh eine schmale Klarsichthülle.

»Studieren Sie dies«, sagt er. »Hier finden Sie vielleicht die eine oder andere Antwort auf die vielen Fragen, die zu stellen Sie sich nicht getraut haben.«

Draußen auf dem Parkplatz ziehe ich die Blätter aus der Folie. Ich finde, stark verkleinert und kaum lesbar, Fotokopien von zwanzig Jahre alten Zeitschriftenartikeln. Zwei oder drei davon sind in englischer Sprache geschrieben. Berichte von Menschen, die in den siebziger Jahren eine Palmblattbibliothek aufgesucht hatten. Atemlos beginne ich zu lesen.

Erste Augenzeugenberichte
im Westen

Der erste Artikel stammt von einem jungen amerikanischen Religionswissenschaftler und Psychologen namens David Lane. Er war in den siebziger Jahren auf einer Forschungsreise im Norden Indiens unterwegs. Dabei besuchte er auch den Ashram von Baba Faqir Shand, der damals zweiundneunzig Jahre alt war und zu den drei höchsten Yogis des Landes zählte. Dort erfuhr er von der Existenz der Brighu Samhita, in der das Horoskop und der Lebenslauf eines jeden Menschen verzeichnet sei.

Am letzten Tag seines Aufenthalts lud ihn ein befreundeter Swami ein, die Schicksalsbibliothek in Hoshiarpur, einer Kleinstadt am Fuße des Himalajas, zu besuchen. David Lane berichtet freimütig, daß er diesem Ausflug mit großer Skepsis entgegensah. Aber die Tatsache, daß sein indischer Freund, ein überaus vertrauenswürdiger und hochgelehrter Swami, eine so hohe Meinung davon zu haben schien, machte ihn schließlich neugierig. Als zweiter Begleiter bot sich ein renommierter indischer Philosophieprofessor an, der sich zum Christentum bekannte und mit dem Swami befreundet war. Auch er sprach mit höchstem Respekt über die Brighu Samhita. Der Glaube der beiden hochgebildeten Männer an etwas, das sich mit dem Verstand nicht erklären ließ, beeindruckte den jungen Amerikaner, und er beschloß, dieser Erfahrung zumindest aufgeschlossen gegenüberzustehen.

Als die drei Männer schließlich zu der Bibliothek kamen – sie war in einer Seitenstraße von Hoshiarpur gelegen – fand David dort zu seiner Überraschung nicht das große Buch

vor, das er erwartet hatte, sondern Regale um Regale voll
mit offensichtlich Millionen von quadratischen engbe-
schriebenen Papierblättern, die zu großen Bündeln zusammengebunden waren. Zwei Männer erwarteten ihn bereits,
beide, so hieß es, Mitglieder der Familie, in deren Besitz sich
die Bibliothek befand, beide, so erfuhr er, versierte Astrologen. David hielt zwar nichts von Astrologie, aber er war nicht
wenig erleichtert, als er feststellte, daß die beiden perfekt
Englisch sprachen und auch sonst einen seriösen Eindruck
machten.

Bei dem Begrüßungstee erfuhr er, daß niemand je zufällig
zu den Schicksalsbibliotheken käme und auch seine Ankunft von langer Hand vorbereitet worden sei. David lächelte höflich, aber es gelang ihm nur mühsam, sein Mißtrauen
zu verbergen. Nach seinem Geburtsdatum und -ort und dem
Tag seiner Ankunft in der Bibliothek wurde eine kleine
Horoskopzeichnung angefertigt, und dann wurde es ernst.
Die beiden Astrologen machten sich an die schier unmögli-
che Aufgabe, unter den Bergen von Blättern, die alle mit
kleinen quadratischen Horoskopzeichnungen versehen waren, das eine herauszusuchen, das mit der von David Lane
identisch war. Auf diesem Blatt sollte in Sanskrit sein Le-
bensweg aufgeschrieben sein. Die Suche könnte ein paar
Minuten, aber auch mehrere Stunden dauern, erfuhr er.
David erkundigte sich leise bei seinem Freund, dem Swami,
ob die Bibliothek nicht über irgendein System verfüge, das
die Suche erleichtere. Das sei nicht notwendig, sagte der
Inder und fügte ein wenig geheimnisvoll hinzu: »Sie brauchen keines, weil das Schicksal selbst sie zum richtigen Blatt
hinführen wird.«

Schließlich beteiligten sich auch Davids Begleiter an der
Suche. Die Astrologen, der Swami und der Philosophieprofessor nahmen Stapel um Stapel von den Regalen, öffneten

die Schnüre, mit denen sie zusammengebunden waren, und verglichen die Horoskopskizzen. David hielt die Sache für aussichtslos, aber nach einer Viertelstunde rief der Philosoph plötzlich, er habe das richtige Blatt gefunden. Alle verglichen es gründlich mit seiner Horoskopskizze und stimmten darin überein, daß es sich um die exakte Kopie handele. Dies also wäre das Blatt, auf dem die wichtigen Stationen aus Davids Leben aufgezeichnet seien.

Einer der Astrologen begann nun, den Text auf Sanskrit vorzulesen, und Davids Begleiter übersetzten ihn ins Englische. Bereits der erste Satz verschlug dem jungen Amerikaner die Sprache. Seine Freunde schienen ebenfalls tief berührt zu sein. Der erste Satz lautete: *»Ein junger Mann ist aus einem fernen Land übers Meer gekommen. Sein Name ist David Lane, und er kommt in Begleitung eines Pandit* [Gelehrter] *und eines Swami.«*

David unterbrach die Lesung und bat um eine Erklärung dafür, wieso sich sein Name auf dem Blatt befinden könne. Der Swami zeigte ihm die Stelle, auf der sein Name in Sanskrit stand, und fügte hinzu, daß die Aussprache fast die gleiche sei. Der indische Gelehrte war ähnlich überrascht über die Genauigkeit der Aussprache, aber die beiden Astrologen fanden das scheinbar ganz normal und lasen weiter: *»Der junge Mann ist hier, um Dharma* [Religion] *zu studieren und heilige Männer zu treffen.«*

Es folgten Angaben über persönliche Dinge, Ereignisse aus seiner Vergangenheit und seinem jetzigen Leben, die David tief berührten. Der Swami schrieb den genauen Sanskrit-Wortlaut auf ein Stück Papier und übersetzte es, aber zu seiner Überraschung erfuhr David, er könne das Original behalten.

Gegen Ende der Lesung wurde plötzlich wieder Mißtrauen wach. Als Sühne für ein Vergehen, das er in einem früheren

Leben begangen habe, möge er einhundertfünfzig Rupien (damals etwa zwanzig Dollar) an die Brighu Samhita zahlen. David beschloß, gute Miene zum falschen Spiel zu machen, die vergangene Stunde war den Betrag allemal wert gewesen, selbst wenn es letzten Endes doch nur ein clever inszenierter Schwindel war. Aber zu seiner Überraschung war niemand an seinem Geld interessiert.

Die Lesung endete mit dem Satz, der David lange danach nicht aus dem Kopf ging: »*Dieser junge Mann wird noch mehrere Male hierher zurückkommen ...*«

David Lane hat jahrelang nach einer Erklärung für sein Erlebnis gesucht und dabei mit mehreren Menschen gesprochen, die eine ähnliche Erfahrung gemacht haben wie er. Schließlich gab er sich damit zufrieden, daß es sich bei den Palmblättern um eine Form von angewandter Astrologie handeln müsse. Astrologie, so schloß er, habe mit sämtlichen anderen wissenschaftlichen Disziplinen gemein, daß es sich bei allen um Kommunikationsvektoren handele, um Informationskanäle, die die zugrundeliegenden Inhalte und Intentionen übermittelten. Die Astrologie sei möglicherweise ein besonders hoch entwickelter, universeller Code und habe deshalb die Jahrtausende überdauert.

Aber ihm war völlig klar, daß er mit diesem Versuch einer Erklärung dem Geheimnis selbst nur einen winzigen Schritt näherkam. Da war noch eine andere Dimension im Spiel, eine, die sich jeder Logik entzog.

Am meisten beeindruckte ihn schließlich der Bericht des von ihm hochverehrten Weisen Baba Faqir Shand, der ihn auf die karmischen Zusammenhänge in der Brighu Samhita hinwies und, wie alle großen Lehrer, seine Botschaft in eine Geschichte kleidete: »Jeder Mensch erntet die Früchte seiner Taten. Major Som Nath aus Aligarh ist einer meiner Mitarbeiter. Er kam vor dem indisch-pakistanischen Krieg

[1971/72] zu mir und ging auch zur Brighu Samhita, um sein Horoskop zu erfragen. Sie sagten ihm, daß er in einem früheren Leben ein Richter gewesen war, der von einem Straftäter große Bestechungssummen angenommen und ihn daraufhin freigesprochen hatte. An seiner Stelle wurde ein Unschuldiger verurteilt. Deswegen würde noch in diesem Jahr eine große Gefahr für sein Leben bestehen. Der Astrologe schlug ihm eine Buße vor, aber der Major ging nicht darauf ein. Doch als er kurz darauf seinen Posten an der Front antrat, fuhr er über eine Mine, und er und seine Begleiter erlitten schwere Verletzungen.«

Die in die Lesung eingebaute Honorarforderung, fügte der weise alte Mann hinzu, sei kein Grund für Mißtrauen. So etwas wäre in Indien durchaus üblich. Zu materiellen Dingen habe man, ungeachtet aller Spiritualität, eine sehr realistische Einstellung. Schließlich müßten die Verwalter der Bibliotheken ja von irgend etwas leben.

Der zweite Zeitungsartikel stammt aus den siebziger Jahren. Der Autor ist Hugh Gantzer, ein gebürtiger Inder, Rechtsanwalt und ehemaliger hoher Offizier, der in einer amerikanischen Zeitschrift über seine Erlebnisse in einer Palmblattbibliothek berichtet (*Psychic*, 1977).

Gantzer schreibt, daß er bereits in den fünfziger Jahren von einem Schiffskameraden aus dem nordindischen Staat Punjab über die Brighu Samhita erfahren hatte. Ihr Schiff lag damals tagelang im Hafen von Eritrea fest. Die Besatzung versuchte, die Zeit mit Geschichten totzuschlagen, und dabei war der junge Marineoffizier auf seinen Besuch in einer Schicksalsbibliothek zu sprechen gekommen. Man hätte ihm dort viele Dinge über seine früheren Inkarnationen und über seine Zukunft vorgelesen, vor allem aber – das hätte ihn am meisten überrascht – viele Einzelheiten aus seinem gegenwärtigen Leben. Das alles stünde in einem Buch, das angeblich mehrere tausend Jahre alt wäre.

Gantzer berichtet, daß er insgeheim über die Leichtgläubigkeit seines Kameraden gelächelt hätte. Aber seine Neugier war geweckt. Er versuchte herauszufinden, wo sich diese Bibliothek befand, aber der andere versicherte ihm, das sei ein Geheimnis, das er nicht verraten dürfe. Niemand gelänge dorthin, ohne daß das vom Schicksal so geplant sei. Immerhin erfuhr Gantzer, daß Familien, die solche Bibliotheken besäßen, über ganz Indien verteilt sein sollten, und so beschloß er, eine davon bei Gelegenheit persönlich zu testen.

Zwanzig Jahre später war ihm trotz seiner vielen Reisen kreuz und quer durchs Land immer noch niemand begegnet, der eine Palmblattsammlung besaß. Er war schon nah daran, den alten Legenden zu glauben, denen zufolge nur derjenige den Weg zu einer Bibliothek findet, für den ein Palmblatt bereitliegt. Er saß mit seiner Frau und gemeinsamen Freunden im südöstlichen Bundesstaat Kerala beim Mittagessen, als das Gespräch auf die Schicksalsbibliotheken kam. Gantzer berichtete lachend von seiner zwanzigjährigen vergeblichen Suche. Zu seiner grenzenlosen Überraschung erklärten seine Gastgeber, daß ganz in der Nähe eine Familie wohnte, die eine Sammlung dieser geheimnisvollen Bücher besaß. Sie würden gern einen Termin für ihren Freund vereinbaren.

Es stellte sich heraus, daß die ganze Tischrunde darauf brannte, an der Lesung teilzunehmen, und so fuhren sie schließlich zu sechst los. Keiner der sechs war Hindu, betonte Gantzer, und alle waren überaus skeptisch. Auch er, der in seinem gesamten Bericht überaus präzise Angaben macht, verschweigt den Namen des Ortes, an dem sich die Bibliothek befand und vermutlich auch heute noch befindet. Wir erfahren nur, daß sich der Palmblattleser im indischen Palmenstaat Kerala in der Nähe eines kleinen Ortes mit dem Namen Aroor befand, fünfundvierzig Minuten von der Stadt Cochin entfernt.

Der Besitzer, ein Mann zwischen fünfzig und fünfundfünfzig Jahren, empfing die Gäste freundlich und erklärte ihnen, daß sie spät gekommen seien. Die heiligen Bücher dürften niemals vor acht in der Frühe und nach Sonnenuntergang gelesen werden. In der Stunde, die ihnen bis zum Sonnenuntergang bliebe, reichte die Zeit gerade noch für eine einzige Lesung.

Gantzers Reisebegleiter waren, so schien es, ziemlich erleichtert und nur zu gern bereit, ihm den Vortritt zu überlassen. Alle zogen die Schuhe aus und ließen sich auf dem mit Strohmatten bedeckten Fußboden nieder. Der Leser notierte Gantzers Geburtsdaten, wies mit einer Handbewegung auf eine Büchse hin, die ganz offensichtlich für das Honorar gedacht war, und machte sich dann, unter Zuhilfenahme mehrerer kleiner Bücher, an ebenso kompliziert wie unverständlich wirkende Berechnungen. Gantzer fiel auf, daß weiter hinten auf einem Schreibtisch und vorläufig unbenutzt zwei große Bücher lagen, offenbar waren dies die Schicksalsbücher.

Schließlich fertigte der Leser eine kleine Horoskopskizze an und überreichte sie Gantzer. Wenn er damit zu einem Astrologen ginge, ließ er ihm übersetzen, würde er ein genaues Horoskop bekommen. Doch was er ihm nun aus der Brighu Samhita vorlesen würde, hätte wenig mit Astrologie zu tun. Dann machte er sich daran, mit Hilfe eines geheimnisvollen Rituals die Seite aus dem großen Buch des Schicksals auszuwählen, die seinen Besucher betraf: Auf einem kleinen Tisch lag eine Anzahl weißer Muscheln. Er mischte sie mit der rechten Hand, nahm eine Handvoll davon und teilte sie in drei gleiche Teile. Er betrachtete die Muscheln eine Weile und begann schließlich, ein langes Gebet in Sanskrit zu rezitieren. Nach fünf Minuten legte er sein Gebetbuch beiseite, ergriff eines der beiden gewichtigen Bücher, die auf seinem Schreibtisch lagen, schlug eine Seite auf und begann den Text zunächst in Sanskrit vorzulesen und dann in Malayalam zu übersetzen, die Sprache, die heute in Kerala gesprochen wird. Gantzer, der aus dem Norden stammt und kein Malayalam verstand, ließ sich den Text von seinem Gastgeber ins Englische übersetzen und schrieb jedes Wort mit. Die Lesung hatte begonnen:

»Du bist nach vierundvierzig Jahren hierhergekommen, um etwas über dich in Erfahrung zu bringen. Antworten auf bestimmte Fragen suchst du nicht. Dein Stern ist Pooram …«

Während der Freund übersetzte und Gantzer mitschrieb, so schnell er konnte, las der Seher ihm Ereignisse aus früheren Leben vor, Dinge aus der Gegenwart und schließlich auch aus der Zukunft.

»In deinem letzten Leben warst du in ein Mädchen verliebt. Du stammst aus Saurashtra. Deine Mutter stammte aus der Kaste der Khsatriya. Du wurdest nach vielen Gebeten und Gelübden geboren. Du warst der einzige Sohn. Mit dreiundzwanzig gingst du zum Militär. Mit achtundzwanzig Jahren verliebtest du dich in ein Mädchen, das einen anderen Glauben hatte und aus einer anderen Kaste stammte. Deine Familie war dagegen. Das Mädchen nahm Gift und starb. Sie wurde in der heutigen Zeit wiedergeboren und ist nun deine Frau.«

Gantzer erklärte an dieser Stelle, daß viele Inder, die an Reinkarnation glauben, davon überzeugt sind, das jetzige Leben gleiche in vielen Punkten dem vergangenen, und fügte hinzu: »Ich kann nur über mein jetziges Leben sprechen, es ist das einzige, das ich kenne. Ich bin der einzige Sohn. Ich stamme zwar nicht aus der kriegerischen Kaste der Khsatriya, aber in unserer Familie sind die Männer seit vielen Generationen Offiziere. Ich bin mit zweiundzwanzig Jahren zur Marine gegangen. Ich verliebte mich in ein Mädchen, das einen anderen Glauben hatte als ich. Wir heirateten, als ich neunundzwanzig war. Sie ist noch heute meine Frau. Zu den Voraussagen über die Zukunft kann ich nicht viel sagen, das bleibt abzuwarten.«

Was ihn jedoch am meisten interessierte, waren die Aussagen über sein gegenwärtiges Leben. Gantzer, ganz Anwalt, hat sie wörtlich mitgeschrieben und jede einzeln zu analysieren versucht:

»Du bist mit vierundvierzig Jahren hierhergekommen ...«

(Das herauszufinden war kein Problem. Der Leser hatte ja meine Geburtsdaten.)

»Du suchst allgemeine Informationen und hast keine bestimmten Fragen ...«

(Natürlich, ich hatte ja keine Fragen gestellt.)

»Dein guter Stern ist Pooram ...«

(Sicher. Er hatte ja das Horoskop.)

»Du bist ein Mann, der gern um Recht kämpft ...«

(Treffer. Ich bin Rechtsanwalt und habe viele Jahre lang die Abteilung für Seerecht geleitet.)

»Du willst Menschen helfen ...«

(Nun ja. Das glauben die meisten Menschen gern von sich.)

»Du hast nicht viele Feinde, aber es gibt einige Menschen, die dich nicht mögen ...«

(Das trifft ebenfalls auf die meisten Menschen zu.)

»Du lebst fern von deiner Heimat.«

(Treffer.)

»Du wohnst in einem Haus zur Miete.«

(Treffer. Das hat er nicht erraten können, und für einen Mann aus meinem sozialen Umfeld ist es sehr ungewöhnlich, zur Miete zu wohnen.)

»*Dein Vater ist tot.*«

(Stimmt. Das hat er nicht automatisch von meinem Alter ableiten können.)

»*Dein Vater hat dir nichts vererbt.*«

(Wieder richtig. Aus sehr guten Gründen habe ich tatsächlich kein legales Erbe angetreten. Das ist jedoch für den einzigen Sohn aus meiner gesellschaftlichen Schicht ebenfalls sehr ungewöhnlich.)

»*Dein Vater war ein gelehrter und guter Mann.*«

(Das ist zwar objektiv richtig. Aber selbst wenn es nicht stimmte, kein Inder würde einer solchen Beschreibung seines Vaters öffentlich widersprechen.)

»*Deine Mutter ist jetzt nicht glücklich.*«

(Schwer zu erklären. Meine Mutter lebt in unserem Haus im Himalaja und ist sehr glücklich dort. Zu der Zeit, in der ich die Lesung hatte, erholte sie sich allerdings gerade von einem Unfall und von der Nachricht, daß jemand aus ihrer Verwandtschaft gestorben war.)

»*Du bist ihr ältester Sohn.*«

(Das zu erraten war nicht schwer. Er hatte sich vorher nach dem Alter meiner Mutter erkundigt und konnte nachrechnen, daß sie neunzehn war, als ich geboren wurde.)

»*Du bist der Versorger für drei Menschen.*«

(Schwer zu erklären. In Indien gilt der älteste Sohn offiziell als Versorger der gesamten Sippe. Im meinem Fall habe ich tatsächlich für drei Personen zu sorgen. Aber in den meisten indischen Familien in meiner sozialen Situation sind wesentlich mehr »dependents«.)

»*Du lebst mit deiner Frau zusammen, du bist kein Junggeselle. Deine Frau ist hübsch. Sie ist mit zur Lesung gekommen.*«

(Das kann er geraten haben. Vielleicht hat er auch gesehen, daß es Colleen war, die das Geld für die Lesung in die Büchse gesteckt hat.)

»*Du hast in diesem Leben keine Geschwister, du bist der einzige Sohn.*«

(Schwer zu erklären. Ich bin tatsächlich ein Einzelkind, und das ist in Indien sehr ungewöhnlich.)

»*Du hast nur einen Sohn, keine Tochter.*«

(Stimmt, ist aber schwer zu erraten, weil untypisch für Inder.)

»*Deine Mutter leidet nicht darunter, daß sie allein lebt.*«

(Schwer zu erklären. Meine Mutter lebt tatsächlich gern allein und führt ein glückliches, ausgefülltes Leben. Das ist allerdings für Indien höchst ungewöhnlich. Witwen leben selten allein, und noch seltener sind sie damit zufrieden.)

»*Du arbeitest derzeit für eine große Organisation.*«

(Falsch. Ich bin jetzt freiberuflich tätig. Aber bis vor zwei Jahren war ich Kommandant der indischen Marine, und die meisten meiner Bekannten reden mich immer noch mit »Commander« an.)

»*Du hast einen Beruf mit viel Prestige und Macht.*«

(Wieder falsch, siehe oben.)

Gantzer, ganz Anwalt, hat ein genaues Fazit seiner Lesung gezogen: Von zweiunddreißig nachprüfbaren Aussagen hätte der Leser neunzehn durch Raten herausfinden können. Zwei waren nachweislich falsch, aber für elf andere findet er keine logische Erklärung. Das heißt seiner Meinung nach jedoch längst nicht, daß die Schicksalsbücher »echt« sind. Der Anwalt vermutet, bei der Lesung sei Telepathie im Spiel gewesen und der offensichtlich hellseherisch begabte Leser habe das Buch nur als Konzentrationshilfe gebraucht, als eine Art Kristallkugel. Einen »Beweis« für seine Behauptung liefert er gleich mit: Jemand aus seinem Bekanntenkreis habe einmal erlebt, daß der Wind eine Seite des großen Buches umgeschlagen und der Leser daraufhin an einer anderen Stelle weitergelesen und nichts gemerkt habe. Aber man merkt deutlich: Ganz glücklich ist der ratiobetonte Rechtsanwalt mit dieser Erklärung selbst nicht. Doch daß es, um mit Shakespeare zu sprechen, »mehr Dinge zwischen Himmel und Erde [gibt], als eure Schulweisheit euch träumen läßt« – diese Einsicht hätte sein kritischer Verstand vermutlich nicht zugelassen.

Darüber hinaus enthält die Klarsichthülle noch zwei kurze Berichte, die aus Deutschland stammen. Der Autor Wulfing von Rohr widmet in seinem Indien-Reiseführer (*Magisch reisen – Indien,* München 1989) den Palmblattbibliotheken ein kleines Kapitel. Dort schildert er, was er aus zweiter Hand darüber weiß: Auf einem Fest habe ein belgischer Fotograf darüber berichtet. Er war Anfang der siebziger Jahre für eine Fotoreportage in Bangalore unterwegs gewesen und von einem indischen Arzt zu einem Palmblattleser »geführt« worden. Der habe aufgrund seines Geburtsdatums für ihn zwei Palmblätter herausgesucht, auf denen in Lautschrift sein Name verzeichnet gewesen sei, außerdem Angaben über sein Alter, seine Kinder und die Tatsache, daß er gerade im Begriff war, sich von seiner Frau zu trennen. Alles stimmte genau, und auch die Prognose für berufliche Veränderungen erfüllte sich, kaum daß der Fotograf zurückgekehrt war.

Und schließlich gibt es noch einen Zeitschriftenartikel aus dem Jahre 1989 (*Bunte* 18/89). Der Autor Johannes von Buttlar schrieb da in einer Serie mit dem Titel »Das Reich des Übersinnlichen« über einen Unternehmensberater Bartholomäus Schmidt, der nach monatelanger vergeblicher Suche in die Palmblattbibliothek von Bangalore »geführt« wurde.

»Über seine Geburtsdaten hinaus hätte der Münchner dort

nichts über sich selbst preisgegeben. Um so verblüffter war er, als ihm der Palmblattleser Einzelheiten aus seinem Leben vorlas, die absolut stimmten, so, daß er drei Ehen hinter sich hatte und seine letzte Frau erst vor kurzem gestorben sei. Auf dem Blatt standen auch sein beruflicher Werdegang sowie Einzelheiten über sein Privatleben. ›Da steht mir noch allerhand bevor‹, erklärte er dem Autor. ›Eines kann ich Ihnen jedenfalls sagen. Um meinen Tod brauch' ich mir vorläufig keine Sorgen zu machen – denn nach meinem Palmblatt erreiche ich das stattliche Alter von sechsundachtzig Jahren.‹«

Johannes von Buttlar hatte einige Jahre später für einen Fernsehbericht, der Ostern 1994 ausgestrahlt wurde, diesen Palmblattleser aufgesucht. Das war die Sendung, die Mona veranlaßt hatte, nach Indien zu fliegen.

Mona ist nur mäßig beeindruckt, als ich ihr berichte, was ich alles herausgefunden habe. »Alles gut und schön«, sagt sie, »aber ich wüßte gern ganz konkret: Sind die Voraussagen bei den Menschen, über die du gelesen hast, ganz oder teilweise in Erfüllung gegangen? Kannst du das nicht herausfinden?«

»Nichts leichter als das, Mona«, sage ich leicht gekränkt. »Hast du schon einmal etwas von der Nadel im Heuhaufen gehört? Wie wär's mit ein wenig Geduld?«

»*Dein* Mann ist es ja nicht, der in zwei Jahren mit einer anderen abhaut!« antwortet Mona. »Kannst du dir vorstellen, was sich bei uns zu Hause abspielt? Ich benehme mich wie die eifersüchtige Ehefrau aus Billigromanen! Ich kontrolliere seine Taschen. Höre heimlich mit, wenn er telefoniert, notiere die Kontrollberichte auf dem Faxgerät. Überprüfe die Konten, um zu sehen, ob er womöglich Geld beiseite schafft. Ich bin in hohem Maße unausstehlich. Und all das nur, weil ich möglicherweise einem Scharlatan aufgesessen bin.«

»Habe ich dir geraten, dorthin zu gehen?« frage ich pikiert.

»Nein, hast du nicht«, sagt Mona versöhnlich. »Du bist nur die einzige, mit der ich über den verdammten Schlamassel reden kann, den ich mir da eingebrockt habe. Nico geht schon hoch, wenn ich dieses Thema nur anschneide. Er hält mich für hysterisch, und manchmal denke ich, er hat gar nicht so unrecht. Entschuldige.«

»Schon gut«, antworte ich. »Mitgefangen, mitgehangen. Ich werde weitersuchen.«

Leichter gesagt als getan. Ein Mensch namens Bartholomäus Schmidt ist im Münchner Telefonbuch nicht verzeichnet. Und wie findet man einen amerikanischen Hochschullehrer namens David Lane, der vor zwanzig Jahren in Berkeley/Kalifornien gelebt hat? Oder in Indien einen ehemaligen Kommandanten, der einen amerikanischen Namen trägt? Irgendwo in Europa einen namenlosen belgischen Fotografen, zwei Kinder, geschieden? Es wird Zeit, daß das Schicksal mir ein paar Menschen über den Weg schickt, die vor einigen Jahren selbst in einer Palmblattbibliothek gewesen sind – und bereit, mit mir darüber zu reden. Und das möglichst bald. Denn was ich Mona verschwiegen habe, ist dies: Ich habe ihr Horoskop, und das ihres Mannes, zwei befreundeten Astrologen gezeigt und sie gebeten, nachzuschauen, welche Entwicklungen sich darin für die Partnerschaft abzeichnen. Über den Fall selbst hatte ich keinem etwas erzählt.

Die Antwort von Winfried Noé ist gestern über Fax bei mir eingetroffen: »Das ist aber eine ziemlich brisante Konstellation. Alles spricht dafür, daß diese Beziehung nicht mehr lange hält. Ich vermute, im nächsten Herbst wird der Deckel von Pandoras Büchse hochgehen – dann hat sie nämlich Pluto über ihrem Aszendenten, und das bedeutet in der Regel nichts Gutes. Sie hat sich einen Partner ausgesucht, der es mit der Treue nicht sehr genau nimmt – das ist das Understatement des Jahres. Selbst wenn sie das bisher hingenommen hat, gegen Ende des Jahres wird sich die Sache so zuspitzen, daß sie möglicherweise gut beraten wäre, die Beziehung schon vorher zu beenden.«

Das sagt sich so leicht – von außen. Sind wir unserem Schicksal wirklich so kampflos ausgeliefert? Was ist denn mit dem freien Willen, den wir alle angeblich haben?

Am nächsten Morgen ruft meine Buchhandlung an. Ich möge doch vorbeikommen und das bestellte Buch über die Palmblattbibliothek abholen. Ich weiß natürlich, daß es keine Zufälle im Leben gibt. Nicht auf diesem Planeten und nicht auf irgendeinem anderen. Wie groß und bedeutend oder wie klein und scheinbar unwichtig die Ereignisse auch sein mögen – im großen kosmischen Puzzle hat jedes Teilchen seine Bedeutung und seinen Sinn, auch wenn man das nicht immer auf Anhieb erkennen kann. Also fahre ich voll Zuversicht in die Stadt.

Aber das Buch, von dem ich mir soviel erhofft hatte, erweist sich als Enttäuschung. Es nennt sich zwar in der Tat *Die Palmblattbibliotheken,* aber es trägt den Untertitel *und andere geheimnisvolle Schauplätze der Welt,* und das zu Recht: Ganze elf der insgesamt dreihundertzehn Seiten sind der Palmblattbibliothek in Vaithisvarankoil gewidmet, in der auch Mona gewesen ist. Der Autor dieses Kapitels, Peter Krassa, hat sie offensichtlich gemeinsam mit einer Reisegruppe aufgesucht. War aus dem geheimnisvollen Ziel weniger Auserwählter, die das Schicksal dorthin führt, mittlerweile eine Touristenattraktion geworden?

Aus dem Buch erfahre ich wenig Neues. Der Autor, so stellt

sich heraus, hatte einige verblüffende Aussagen über seine Vergangenheit gehört und einige erfreuliche Prognosen für die Zukunft, in erster Linie schriftstellerische Erfolge. Träumen wir Schreiber nicht alle davon? Ob irgend etwas davon eingetroffen war, ließ sich noch nicht beurteilen, denn auch seine Reise lag nur wenige Monate zurück. Aber zumindest kann ich nun sicher sein, daß Mona bei einem »offiziellen« Palmblattleser gewesen war und nicht bei irgendeinem Schwindler.

Mir fällt ein Name auf, der in dem Buch mehrfach erwähnt wurde: Holger Kersten, Buchautor und Reiseleiter. Ich kenne den Namen. Vor einigen Jahren hat Kersten ein vielbeachtetes Buch geschrieben: *Jesus lebte in Indien*. Den müßte man fragen, denke ich mir. Jemand, der möglicherweise schon seit Jahren Reisegruppen zu den Palmblattbibliotheken führt, muß doch unendlich viele Geschichten darüber kennen. Aber einen deutschen Autor ausfindig zu machen, der viel als Reiseleiter in Indien unterwegs ist, ist ungefähr so einfach, wie David Lane aufzutreiben, der vor zwanzig Jahren mal in Berkeley gelebt hat. Ich nehme mir vor, gelegentlich an den Verlag der *Palmblattbibliotheken* zu schreiben und Peter Krassa um Kerstens Adresse zu bitten.

Einige Wochen danach ruft eine strahlende Mona an. »Ich wollte dir nur sagen, daß wir umziehen werden. Nico hat ein Stipendium an der Villa Romana in Florenz bekommen. Das ist eine große Ehre, denn nur wenige Künstler werden dazu eingeladen. Wir gehen alle mit. Ich habe schon einen Pächter für mein Geschäft gefunden und bin dabei, einen alten Florentiner Palazzo zu kaufen. Natürlich muß das Haus von Grund auf renoviert werden. Und dann werde ich mich natürlich um etruskische Kunst kümmern. Ich werde also viel zu tun haben.«

»Mona, das ist wunderbar«, sage ich. »Ich glaube, das Schicksal gibt euch eine neue Chance. Was sagt denn Nico dazu? Steht er der Sache immer noch so ablehnend gegenüber?« »Nico ist so glücklich, daß ich mitkomme«, antwortet Mona. »Wir sind uns so nah wie schon lange nicht mehr, auch wenn Nico immer noch nicht an die Voraussagen des Palmblattlesers glaubt. Aber wir können nun zumindest über unsere Beziehung reden. Und was auch immer geschehen mag – wenn wir wirklich nur noch knapp zwei Jahre miteinander haben, dann bin ich fest entschlossen, daß wir daraus das Beste machen. Laß mich trotzdem wissen, wenn du etwas Neues in Erfahrung bringst. Und besuch mich mal in der Toskana.«

Als ich den Hörer auflege, kommt mir zum erstenmal der Gedanke, daß es vielleicht doch nicht in jedem Fall verhängnisvoll sein könnte, dem Schicksal in die Karten zu schauen. Mona, so scheint es zumindest, hat nach dem ersten Schock aus der Erfahrung gelernt. Nun hat sie erkannt, was ihr im Leben wirklich wichtig ist, und den Kampf aufgenommen, vielleicht gerade noch zur rechten Zeit. Selbst Nico scheint zu spüren, daß eine neue Dimension in ihre eingefahrene Beziehung gekommen ist. Und wie auch immer die Geschichte ausgehen wird, die beiden haben zumindest die Chance, ihr Schicksal in die Hand zu nehmen – oder?

Haben sie wirklich eine? Was war mit dem griechischen Königssohn Ödipus, dem das Orakel geweissagt hatte, er würde seinen Vater töten, um seine Mutter zu heiraten? Führte nicht gerade sein verzweifelter Versuch, seinem Schicksal zu entgehen, letzten Endes die Katastrophe herbei? Hatte er überhaupt eine Chance? Und was war mit Judas, der seinen Herrn für dreißig Silberlinge verriet? Hätte er auch nein sagen können zu dem Verrat? Oder war seine Rolle in diesem Drama von Anfang an vorgesehen?

Und was ist mit uns: Sind wir ohne Kontrolle, unwiderruflich so, wie wir angelegt sind? Können wir uns, wenn nötig, grundsätzlich ändern? Können wir besser werden? Unseren Kindern eine bessere Welt hinterlassen – oder haben wir keine Chance?

Und dann kommt mir noch ein ganz anderer Gedanke. Was ist eigentlich *meine* Rolle in diesem Spiel? Sind Monas Probleme nicht längst nur noch ein Vorwand für mich? Habe ich mich nicht kopfüber in ein Thema gestürzt, vor dem ich mich mein ganzes Leben lang gedrückt habe? Denn wenn ich wirklich wissen will, was an den Palmblattbibliotheken dran ist, dann gibt es nur eins: Ich muß selber nach Indien fahren und mich stellen. Was auch immer das Schicksal mit mir im Sinn hat – nun würde ich zum erstenmal in meinem Leben versuchen, ihm in die Karten zu schauen. Gesetzt den Fall, es läßt sich in die Karten schauen. Gesetzt den Fall, mein Schicksal wird mich zu »meiner« Bibliothek führen.

Verdammt noch mal, ich habe Angst. Aber es scheint mein Schicksal zu sein, daß ich dorthin muß. Die Zeit ist reif. Wofür auch immer.

Mein Mann beobachtet mich ein paar Tage lang schweigend, während ich voller Unruhe durchs Haus gehe und Schränke aufräume. »Time to go?« fragt er schließlich.

Ich schlucke den Kloß in meinem Hals hinunter, und ich nicke.

Mir fällt ein, was der englische Dichter D. H. Lawrence schrieb, als er seine langjährige Gefährtin wegen einer anderen Frau verließ:

> How, after loving you for all these years,
> can I forget you for eternity
> and have no other choice?

Wie kann ich dich, die ich
    so viele Jahre geliebt habe,
auf ewig vergessen,
    und habe doch keine andere Wahl?

Ich habe das Gedicht vor zwanzig Jahren gefunden, als ich
unter großen Schuldgefühlen meinen damaligen Mann verließ und mit Bill ein neues Leben anfing. War mir das
bestimmt – oder hätte ich da die Wahl gehabt? Und wenn
ich jetzt nach Indien fahre – geschieht das freiwillig, oder
habe ich keine andere Wahl?
»… and have no other choice …«, sage ich leise.
»Just don't leave me for eternity«, sagt mein Mann, der das
Gedicht auch kennt. »Komm zurück zu uns.«
»Du weißt doch«, sage ich heulend, »daß ich immer wieder
zurückkomme.«

Reisepläne

Indien-Reiseführer. Karten von Südindien. Bücher über Indien. Mehr Bücher über Weissagungen. Impfungen, Malariaprophylaxe. Last, not least: Arbeit, noch und noch, um die Reise zu finanzieren. Eines Tages kommt der Lektor eines Verlags, für den ich bisweilen arbeite, mit einem Notfall: Ein völlig schiefgelaufenes Projekt müsse buchstäblich in letzter Minute gerettet werden – ob ich vielleicht und ganz ausnahmsweise …

Ich deute auf den Stapel Indienbücher, der in meinem Arbeitszimmer liegt, und sage: »Ich mach's. Sie können froh sein, daß ich Geld brauche, ich möchte nämlich nach Indien. Zu den Palmblattbibliotheken, aber das sagt Ihnen sicher nichts.«

»Und ob mir das etwas sagt«, entgegnet der Lektor. »Ich hatte in meiner Studienzeit in Freiburg einen guten Freund, einen Theologen, der dort gewesen ist. Das liegt zwar schon zehn Jahre zurück. Aber was er da erfahren hat, hat sein ganzes Leben verändert. Er hat jahrelang über nichts anderes geredet. Mittlerweile schreibt er Bücher und begleitet gelegentlich Reisegruppen nach Indien.«

»Wie heißt Ihr Freund?« frage ich atemlos.

»Holger Kersten«, antwortet mein Lektor. »Kennen Sie ihn etwa?«

»Nein«, sage ich. »Aber ich versuche seit drei Monaten, ihn kennenzulernen.«

»Eine Hand wäscht die andere«, sagt er. »Gleich heute abend rufe ich ihn an.«

Eine Woche später sitze ich im Zug nach Freiburg. Ich mag lange Zugfahrten. Das ist eine wunderbare Gelegenheit, in Ruhe zu lesen, nachzudenken und solche »Hausaufgaben« zu machen, vor denen ich mich sonst gern drücke. Also richte ich es mir im Abteil gemütlich ein, bestelle einen Kaffee und fange an, die Bücher über Präkognition zu studieren, die sich seit Wochen ungelesen auf meinem Schreibtisch stapeln.

Die junge Frau, die mir gegenübersitzt, studiert die Titel und fragt interessiert: »Sind Sie auch unterwegs zu den PSI-Tagen nach Basel?«

»Nein«, sage ich überrascht. »Ich wollte da zwar immer mal hin. Aber diesmal fahre ich nur bis Freiburg. Ich bin mit jemandem verabredet, der mir etwas über Palmblattbibliotheken erzählen kann.«

»Sind das diese Palmblätter in Indien, auf denen man sein Schicksal nachlesen kann?« fragt die junge Frau. »Ich habe neulich eine Fernsehsendung darüber gesehen. Das interessiert mich sehr. Aber zur Zeit habe ich kein Geld, um nach Indien zu fahren.«

Der ältere Herr, der am Fenster saß und völlig in seine *auto-motor-und-sport*-Zeitschrift vertieft schien, läßt das Heft sinken und sagt: »Aber dafür brauchen Sie doch nicht nach Indien zu fahren. Sie können Ihre Zukunft doch anhand Ihres Namens und Ihres Geburtsdatums herausfinden. Hinter Ihren Zahlen und den Zahlen, die jedem Buchstaben Ihres Namens zugeordnet sind, ist doch Ihr gesamtes Schicksal verborgen.«

»Sprechen Sie über Numerologie?« frage ich überrascht.

»Kennen Sie sich damit aus?« will der ältere Her wissen.

»Leider nein«, sage ich. »Ich habe eine Reihe von Büchern darüber gelesen, aber entweder ich verstehe das System nicht, oder das Ganze ist ein ausgemachter Schwindel.«

»Vielleicht haben Sie die falschen Bücher gelesen«, sagt der ältere Herr gelassen. »In unserer Zeit ist die Numerologie zu einem albernen Gesellschaftsspiel geworden, ungefähr auf dem gleichen Niveau wie das Lesen von Kaffeesatz. Das liegt einmal an unserer Zeit, aber auch daran, daß das falsche numerische Alphabet in Umlauf gekommen ist. Wenn man das falsche System benutzt, ist das ungefähr so, als ob man ein Horoskop auf der Basis deutet, daß der Löwe die Bescheidenheit in Person ist und ein Krebs bindungsscheu. Dann kann die Numerologie nicht stimmen. Das einzige System, das funktioniert, ist das numerische Alphabet der Chaldäer, das auch in der Kabbala verwendet wird. Wahrscheinlich ist die Numerologie noch viel älter, möglicherweise hat man schon auf Atlantis damit gearbeitet, aber darüber wissen wir nichts.«

»Und was kann man mit der Numerologie herausfinden?« fragt die junge Frau.

»Alles«, entgegnet mein Sitznachbar. »Wenn man damit umgehen kann. Wissen Sie, wer Cagliostro war?«

»War das nicht dieser berühmte Wahrsager«, frage ich, »der König Ludwig XVI. lange vor der Revolution prophezeit hat, daß er in seinem neununddreißigsten Jahr eines gewaltsamen Todes sterben würde?«

»Nicht nur das«, entgegnete der ältere Herr. »Er hat auch Marie Antoinette geweissagt, daß sie vor Kummer vorzeitig altern würde, im Gefängnis schmachten und dann auf dem Schafott hingerichtet würde. Er hat Napoleons Aufstieg und sein Ende auf Sankt Helena vorausgesagt, als Napoleon noch ein unbedeutender kleiner korsischer Soldat war. Seine Voraussagen werden im Französischen Nationalarchiv sorgsam gehütet. Nur sein eigenes Ende hat Cagliostro nicht vorhergesehen. Er ist mit zweiundfünfzig Jahren elend im Gefängnis umgekommen.«

»Und er hat alle seine Voraussagen mit Hilfe der Numerologie gemacht?«

»Viele«, bestätigt er . »Er hat viele geheime okkulte Systeme studiert, eine ägyptische Freimaurerloge gegründet und sich wohl auch mit Hellsehen versucht. Aber die Beispiele, die ich Ihnen eben erzählt habe, hat er nur mit der Numerologie errechnet.«

»In den Palmblattbibliotheken, zu denen ich reisen möchte«, sage ich zögernd, »wird einem auch das Todesdatum genannt. Glauben Sie wirklich, daß der Zeitpunkt unseres Todes von vornherein feststeht?«

»Ich wäre mit solchen Angaben überaus vorsichtig«, sagt der ältere Herr entschieden. »Häufig ist das nur ein Mittel, durch das geltungssüchtige Hellseher aller Kategorien versuchen, Macht über Menschen zu bekommen. In meinen Augen ist das Machtmißbrauch.

Cheiro, einer der berühmtesten Handleser der Welt, der auch ein guter Numerologe war, hat sich gern damit gebrüstet, daß er berühmten Zeitgenossen den Zeitpunkt ihres Todes vorausgesagt hat. Oder den von Menschen, die ihnen nahestanden, Mütter, Väter, Partner, Kinder. Da gibt es die Geschichte des englischen Königs Edward VII. Dem hatte Cheiro gesagt, die Schlüsselzahlen seines Lebens seien die Sechs und die Neun. Edward war am 9. November geboren und hatte im Jahr 1863 geheiratet – die Quersumme dieses Jahres ergibt wieder die Neun. Er sollte am 27. Juni gekrönt werden – wieder die Neun als Quersumme, aber die Krönung fand dann erst am 9. August statt. Aufgrund der Verbindung, die zwischen der Sechs und der Neun besteht, hat er dem König dann geweissagt, daß er mit neunundsechzig Jahren sterben würde. Er ging sogar so weit, das genaue Datum zu nennen: Weil die Sechs die Zahl des astrologischen Stiers sei und der Stier den Monat Mai regiert, würde er am 6. Mai in seinem neunundsechzigsten Lebensjahr sterben. Der König, wen wundert's, hat diese Prophezeiung niemals vergessen. Nun, am 6. Mai des neunundsechzigsten Jahres erkrankte König Edward plötzlich, kurz darauf starb er.

Wenn Sie mich fragen, ist das jedoch kein Beweis dafür, wie zuverlässig die Numerologie ist – obgleich ich persönlich fest von ihrer Richtigkeit überzeugt bin. Für mich ist das, was Cheiro getan hat, nur ein trauriger Beweis dafür, wieviel Schindluder mit dieser hohen, ehrwürdigen Kunst getrieben werden kann.

Der Tod kann weder durch Astrologie noch durch Numerologie, noch durch irgendeine andere Weissagungstechnik vorausgesehen werden. Wenn das manchmal anders aussieht, dann nur deshalb, weil da eine negative Saat in Menschen gesät worden ist, die, wie in der Hypnose, eine geradezu magnetische Kraft hat, das gefürchtete Ereignis herbeizuführen. Das Todesdatum ist buchstäblich in die Seele der Menschen einprogrammiert worden, und sie haben dann keine andere Chance, als zu sterben. ›Self-fulfilling prophecy‹ nennen das die Engländer. Eine Prophezeiung, die sich selbst erfüllt. Diejenigen, die derart verantwortungslos mit den mantrischen Künsten umgehen, sind meines Erachtens am Tode ihrer Klienten schuldig.«

Ich muß an Viktor denken, über dessen Leben die Todesprophezeiung der Wahrsagerin hängt wie ein Damoklesschwert.

»Gibt es eine Möglichkeit, solche Menschen umzuprogrammieren?« frage ich.

»Die gibt es in der Tat«, sagte der ältere Herr. Aber das wird Ihnen eines Tages jemand anders erklären. Ich muß nämlich hier aussteigen. Es war mir ein Vergnügen.‹

Er verneigt sich auf eine altmodisch-liebenswürdige Art,

steck die *auto-motor-und-sport*-Ausgabe sorgsam in seine Aktentasche und verläßt das Abteil.

»Glauben Sie an das, was der alte Herr gesagt hat?« fragt nachdenklich die junge Frau.

»Im Prinzip ja«, antworte ich zögernd. »Aber ich würde gern noch viel mehr darüber wissen.«

Ich schlage in einem von meinen mitgebrachten Büchern über Weissagungstechniken das Kapitel über Numerologie auf. Der numerologische Code, der dort verwendet wird, ist zu meiner Erleichterung der, von dem der alte Herr gesagt hat, es sei der richtige: nach der chaldäisch-hebräischen Kabbala, der nur von eins bis acht reicht. Die Neun steht dort, wird nicht verwendet, weil sie im traditionellen hebräischen Alphabet mit den höchsten Sphären Gottes in Verbindung gebracht wird. Das ist der Code:

1	2	3	4	5	6	7	8
A	B	C	D	E	U	O	F
I	K	G	M	H	V	Z	P
Q	R	L	T	N	W		
J		S		X			
Y							

Ich hole mir einen Stift und berechne den numerologischen Wert des Wortes »Palmblattbibliotheken«. Ich komme auf die Zahl 72. Die Quersumme von 72 ist 9. Ich erinnere mich sofort daran, was der ältere Herr über die Neun gesagt hat: Die Neun steht für den geheimen Namen Gottes, der nach alter esoterischer Tradition neun Buchstaben hat. Deshalb glaubten unsere Vorfahren, daß keinem einzigen Buchstaben des Alphabets eine solche Bedeutung zustünde. Als Quersumme kommt sie natürlich vor. Ich lese nach, was dort über die Bedeutung der Neun steht: Neun ist die magischste Zahl von allen. Die Quersumme aller Zahlen von eins bis neun ergibt 45 – was wiederum in der Quersumme zu der Zahl Neun führt. Wenn man neun mit irgendeiner Zahl multipliziert, kommt in der Quersumme immer neun heraus: 3 x 9 = 27, Quersumme 9. 6 x 9 = 54, Quersumme 9. Das ist bei keiner anderen Zahl der Fall.

Das Herz eines Menschen schlägt durchschnittlich 72mal in der Minute. Die Quersumme ist 9. In der Stunde schlägt es durchschnittlich 4320mal. Die Quersumme ist 9. Der normale Pulsschlag liegt bei 72mal in der Minute. Quersumme 9. Im Durchschnitt macht ein Mensch pro Minute 18 Atemzüge. Quersumme 9.

Mystiker behaupten, daß die Maße der Cheopspyramide insgesamt die Neun ergaben.

Die »Neuner«, Menschen und Dinge, deren Zahl die Neun ist, haben, so lese ich, den Mars als herrschenden Planeten. Das bedeutet Handeln, Mut, Aggression, Konflikt, Initiative. Sie kommen ohne Umwege zur Sache und machen sich dadurch häufig unbeliebt. Alle alten Mythologien hatten Respekt für die Neun, aber ebenso Angst vor ihr. Und nun entdecke ich, daß die Neun auch die Zahl der Palmblattbibliotheken ist! Ich habe den Eindruck, daß ich damit auf eine schlichte Art eine ziemlich präzise Charakterisierung der Palmblattbibliotheken gewonnen habe.

Spaßeshalber spiele ich ein wenig weiter und suche die numerologische Bedeutung meines eigenen Namens. Ute York ergibt den Zahlenwert von 27, der sich in der Quersumme reduziert auf … 9. O weh. Zum Glück fährt der Zug in diesem Moment in Freiburg ein. Erleichtert steige ich aus.

Eine wichtige Begegnung

Holger Kersten, H. K.: Kein ganz einfacher Mensch, hatte sein Freund, mein Lektor, über ihn gesagt. Das ist in Ordnung. Ich bin auch kein einfacher Mensch.

Vor Interviews, egal, was das Thema ist, bin ich immer ein bißchen nervös. Da ist so ein Kribbeln im Bauch, das, glaube ich, alle Journalisten haben. Und wenn du dich noch so gründlich auf ein Thema vorbereitest, das Handwerk noch so gut beherrschst – die große, alles entscheidende Frage ist immer: Wird man miteinander warm oder nicht? Wenn die Chemie stimmt, läuft das Interview wie von selbst. Stimmt sie nicht, kannst du dir ein Bein ausreißen, und es wird trotzdem nichts.

Und so beginnt jedesmal aufs neue das gleiche Spiel.

Da treffen sich zwei Fremde, tasten sich vorsichtig aufeinander zu: »Kann ich das fragen, oder ist das zu persönlich?« denkt der Interviewer. »Soll ich auf die Frage ehrlich antworten, oder ist es mir wichtiger, daß ich gut dastehe?« überlegt sich der Interviewte. Auf dieser Gratwanderung spielt sich dann das Gespräch ab.

Aber manchmal, ganz selten, passiert ein kleines Wunder. Da sitzt du jemandem gegenüber, schaust den anderen an, und der läßt einfach die Schutzbarrieren herunter. Weil er das gleiche Gefühl hat wie du: daß du den anderen schon ein Leben lang kennst – aus welchem Leben auch immer. Was dann kommt, sind Sternstunden. Nicht so sehr für den Journalisten in dir, obwohl es natürlich immer guttut, wenn du weißt, daß du ein gelungenes Interview im Kasten hast. Aber das wirklich ganz und gar Wunderbare daran ist, daß das Thema des Interviews plötzlich gar nicht mehr so wichtig ist. Du fragst, was du wissen möchtest, und der andere sagt mehr, als er dir sagen müßte, und beide haben das Gefühl: Bringen wir's schnell hinter uns, damit wir über die wirklich wichtigen Dinge reden können. Und irgendwann gehen beide dann wieder auseinander, und sie spüren, daß sie ein paar Gespräche zu Ende geführt haben, die aus einem anderen Leben noch offengeblieben waren. Ein solches Wunder habe ich in Freiburg erlebt.

Holger Kersten hatte gerade sein Theologiestudium hinter sich und eine Anstellung als Religionslehrer in einem Gymnasium gefunden, als ihm Zweifel kamen: an seiner Berufswahl, seinem Leben, auch an seinem Glauben. Und so machte er sich auf die Suche. Wie viele andere, die auf der Suche nach »der Wahrheit« sind, führte ihn sein Weg nach Indien. Dort im Süden, in der Millionenstadt Madras, traf er einen indischen Musiker, der in Deutschland studiert hatte und seinem jungen Gast ein besonderes Erlebnis bieten wollte. Eines, das nicht alle Indienreisenden haben. Er lud ihn ein, in der Palmblattbibliothek von Vaithisvarankoil seinem Schicksal in die Karten zu schauen. Holger reagierte so, wie ich es schon von Gerhard Riemann gehört und bei David Lane gelesen hatte: Da war jede Menge Skepsis, gepaart mit Neugier und dem Wunsch, seinen Gastgeber nicht zu kränken – aber auch das Gefühl, das jeder kennt, der Indien erlebt hat: In der östlichen Tradition sind im spirituellen Bereich Dinge möglich, die in unserer westlichen Kultur gänzlich unvorstellbar sind. Dort ist es allgemein anerkannt, daß bestimmte Menschen paranormale Fähigkeiten besitzen, die sogenannten »siddhis«. »Siddhi« bedeutet übermenschliche Kraft, Vollkommenheit, übersinnliche Fähigkeiten. Sie können (manchmal) bereits von Geburt an vorhanden sein oder (häufiger) durch spirituelle Übungen erlangt werden. »Siddhis« sind zum Beispiel die Fähigkeit, gleichzeitig an zwei verschiedenen Orten zu sein (Bilokation), die Fähigkeit, sich unsichtbar zu machen, sich in den Gedankenstrom anderer Menschen einzuschalten, in verschiedenen Körperformen aufzutreten, die Fähigkeit, zu levitieren (Gegenstände frei schweben zu lassen) und Dinge zu materialisieren.

»In der östlichen Tradition«, erklärte Holger, »werden solche ›Wunder‹ seit Jahrtausenden genauso selbstverständlich anerkannt, wie sie bei uns im Westen in Frage gestellt werden. Denk an Sai Baba. Ganze Scharen von westlichen Wissenschaftlern sind zu seinem Ashram nach Puttaparthi gepilgert, um in wissenschaftlichen Untersuchungen zu testen, ob er wirklich goldene Ringe und heilige Asche materialisieren kann oder ob das nur ein brillant einstudierter Zaubertrick ist. Es gibt alle möglichen Erklärungsversuche, aber noch niemand hat den Nachweis erbracht, daß Sai Babas Materialisationen Schwindel sind. Wie auch immer, ich dachte schließlich: Wenn ich schon einmal die Chance habe, jemandem zuzuhören, der mir aus der Akasha-Chronik mein Leben vorliest – warum nicht?

Vaithisvarankoil, der Ort, wo sich Poosamuthus Palmblattbibliothek befindet, war damals, im Jahre 1984, ein genauso verlassenes Nest am Golf von Bengalen, wie es heute noch ist. Die Dinge ändern sich in Indien langsamer als bei uns. Der einzige Unterschied ist, daß mittlerweile ein paar Westler dort auftauchen, die irgendwoher von den Palmblättern gehört haben. Aber damals muß ich einer der ersten Nichtinder gewesen sein, die das Dorf betreten haben.

Poosamuthu selbst hielt die Lesung ab. Er las zunächst in alttamilischer Sprache kurze Passagen aus meinem Palmblatt vor und übersetzte sie dann ins Neutamilische. Mein Freund verstand Tamil, obgleich er aus einem anderen

Bundesstaat stammte. Das war das reinste Glück, denn in Indien werden über zweihundert Sprachen gesprochen und mehr als achthundert Dialekte. Er hat dann den Text für mich ins Englische übersetzt. Damals war das für mich unfaßbar. Da saß ich im tiefen Süden Indiens, und jemand las mir in einer Sprache, die ich nicht verstand, Einzelheiten aus meinem Leben vor, die jemand vor Jahrtausenden in ein Palmblatt geritzt haben soll.

Ich wußte damals bereits von der Existenz der Akasha-Chronik, auch wenn mir der Name selbst noch nicht vertraut war. Ich wußte, daß es ein ›Weltgedächtnis‹ gibt, in dem alle Ereignisse der Vergangenheit, der Gegenwart und der Zukunft aufgezeichnet sind. Wie in einem Computer, aber jenseits von Zeit und Raum. Ich wußte auch, daß es schon zu allen Zeiten Seher und Propheten gegeben hat, die Materie transzendieren und Auszüge aus der Akasha-Chronik lesen konnten. Aber ich kann dir sagen: Es ist ein Unterschied, ob ein Nostradamus das große Weltgeschehen Jahrhunderte vor der Zeit deutet – oder ein Palmblattleser das Leben von Holger Kersten, Ende Zwanzig, Religionslehrer in Freiburg im Breisgau.

Ich war damals tief beeindruckt. Und weil viele Ereignisse aus meiner Vergangenheit genau stimmten, habe ich auch nicht daran gezweifelt, daß die Zukunft in etwa so verlaufen würde, wie Poosamuthu mir das vorlas. Es paßte auch ziemlich gut. Ich schwankte damals noch, ob ich die sichere Beamtenlaufbahn aufgeben sollte, um Schriftsteller zu werden, und Poosamuthu versprach mir Erfolg mit meinen Büchern. Und das, lange ehe ich *Jesus lebte in Indien* schrieb, das dann in zahlreichen Auflagen erschienen ist und in alle möglichen Sprachen übersetzt wurde. Er sagte mir übrigens auch voraus, daß ich nicht heiraten würde, sondern einen spirituellen Weg vor mir hätte. Und er sagte, ich würde mit siebzig Jahren sterben. Das hat mich dann lange Zeit sehr belastet, obgleich ich damals noch nicht einmal dreißig war. Ich wäre gern älter geworden.

Heute weiß ich natürlich, daß man sich, auch ohne zu sterben, aus dem Leben zurückziehen kann – als Mönch oder als Eremit. Aber damals hat mich das Thema sehr beschäftigt. Ich hätte mir gewünscht, daß ich den Zeitpunkt meines Todes nicht erfahren hätte.

Trotzdem hat mich dieses Erlebnis tief beeindruckt, und ich habe das, was man mir dort gesagt hat, sehr ernst genommen. Obwohl später einiges von dem, was er mir prophezeit hat, auch nicht eingetreten ist. Aber bei Prophezeiungen neigen wir ja dazu, uns an die Treffer zu erinnern und die Pannen zu vergessen. Heute sehe ich vieles, was mit Poosamuthus Palmblattbibliothek zusammenhängt, anders – und kritischer. Ich bin mir nicht mehr so sicher, ob sie mein Leben nicht in dem Moment, in dem ich dorthin kam, für mich zurechtgeschneidert haben. Aber mittlerweile habe ich diese Zeremonie ja auch schon über vierzigmal mitgemacht.«

»Du hast Reisegruppen dorthin geführt, nicht wahr?« frage ich.

»Das klingt so furchtbar, so nach Massentourismus. Aber ich habe tatsächlich zweimal eine Gruppe zu Poosamuthu gebracht. Das kam so: Rainer Holbe machte damals eine Fernsehserie über ›Außergewöhnliche Phänomene‹ und hatte von einem gemeinsamen Freund gehört, daß ich in einer Schicksalsbibliothek war. Daraus hat er dann gleich eine Folge seiner Serie gemacht. Für mich waren die Dreharbeiten eine wunderbare Gelegenheit, wieder einmal nach Indien zu kommen.

Ich hätte nicht mal im Traum für möglich gehalten, was dann passierte: Aus ganz Deutschland kamen Briefe von

Leuten, die wissen wollten: Wo ist die Bibliothek? Wie kommt man dahin? Wer übersetzt da für einen? Was kostet so eine Reise? Und immer wieder: Können Sie uns nicht dahin bringen? Und eines Tages habe ich mir gedacht, warum eigentlich nicht, und daraufhin in zwei aufeinanderfolgenden Jahren eine Gruppe von Touristen nach Vaithisvarankoil gebracht.«

»Hast du keine Bedenken gehabt, daß du damit dem Schicksal in die Karten pfuschen könntest?« frage ich. »Es heißt doch immer, das Schicksal wählt sehr sorgfältig die Menschen aus, die ihre Zukunft erfahren sollen. Und nun organisierst du so etwas wie spirituelle Gruppenreisen. Hat dir das kein schlechtes Gewissen gemacht?«

»Nein«, sagt Holger entschieden. »Ich konnte ihnen nur versprechen, daß ich sie zu der Schicksalsbibliothek hinführen würde. Aber ich konnte niemandem garantieren, daß dort sein Palmblatt für ihn bereitliegt. Außerdem – was heißt hier spiritueller Massentourismus. Jetzt übertreibst du aber. Ich habe zweimal zwanzig Personen dorthin geführt.«

»Ist es vorgekommen, daß jemand umsonst mitgefahren ist?« will ich wissen. »Ich meine, weil sein Palmblatt nicht zu finden war?«

Holger überlegt: »Ganz umsonst nie. Aber ich glaube, ein- oder zweimal habe ich es erlebt, daß nur das Palmblatt mit den früheren Inkarnationen und dem jetzigen Leben bis zur Gegenwart vorlag. Dann hat der Palmblattleser gesagt, sie sollten in ein paar Jahren noch einmal wiederkommen. Wir konnten uns alle keinen Reim darauf machen. Aber die beiden Frauen, um die es ging, haben sich natürlich schon Gedanken darüber gemacht, warum ausgerechnet ihnen die Zukunft verborgen bleiben sollte.«

»Was waren das für Menschen, die mitgereist sind?« frage ich. »Esoteriker? Leute, die auf dem spirituellen Pfad sind?

Glücksritter, die die richtigen Zahlen für einen Sechser im Lotto erfahren wollten?«

»Querbeet«, antwortet Holger. Da war der Krebskranke, der wissen wollte, wieviel Zeit ihm noch bleibt. Mutter und Tochter im Minirock, die einfach neugierig waren und etwas Spannendes erleben wollten. Die Vierzigjährige, die unbedingt herausfinden wollte, ob sie noch einen Mann kriegt. Der Geschäftsmann, der seine Gewinne möglichst lukrativ anlegen wollte. Und natürlich auch die Menschen, die spirituell auf der Suche waren und wissen wollten, ob sie in Indien Erleuchtung finden – oder wenigstens einen Guru.

»Und?« frage ich. »Haben die meisten eine Antwort bekommen?«

Holger lacht. »Ich habe mittlerweile, was die Palmblattbibliothek betrifft, manchen Zweifel. Aber eines weiß ich genau: Jeder kriegt dort die Antwort, die er verdient. Oder sagen wir es mal esoterisch: die Antwort, die er zu diesem Zeitpunkt braucht. Deshalb ist auch niemand mit dem, was er gehört hat, unzufrieden.«

»Hältst du es für möglich, daß ein wenig Schwindel dabei im Spiel ist?« frage ich.

Holger zögert. »Schwindel wäre der falsche Ausdruck. Sagen wir mal so: Ich habe gut vierzig Sitzungen mitgemacht, und da kommen einem natürlich einige Gedanken. Einmal habe ich gemerkt, daß die Palmblätter alle nach einem gewissen Muster gestrickt zu sein scheinen. Alle Besucher haben einen friedlichen Tod zwischen siebzig und achtzig Jahren zu erwarten. In ihren späten Jahren haben sie ein spirituelles Lebenswerk vor sich, sie werden zu Meistern oder wenigstens zu ›devotees‹ und ›disciples‹, Anhängern und Schülern. Vorher erleben sie alle jedoch eine Lebenskrise: einen Unfall, eine Krankheit, aus denen sie gereift hervorkommen. Und schließlich haben alle irgendwelche karmischen Verstrickungen, die aber durch eine Spende an Poosamuthu ausgeglichen werden können.

Da ist die Honorarforderung gleich in die Lesung eingebaut – wie früher beim Ablaß. Das macht einen natürlich schon ein bißchen mißtrauisch, selbst wenn du davon ausgehst, daß die Göttin Lakschmi den Palmblattlesern die Brighu Samhita als ein Mittel geschenkt hat, ihren Lebensunterhalt zu verdienen.

Natürlich kann es gut sein, daß die Palmblätter nach bestimmten Kategorien angelegt sind, Kindheit, Erziehung, Ausbildung, Beziehung, Familie, Kinder, Beruf, Krankheiten, finanzielle Situation und so weiter, eben die Dinge, die jeder gern wissen möchte. Aber ein bißchen skeptisch macht einen die Systematik trotzdem. Und dann habe ich es auch nie erlebt, daß jemandem etwas wirklich Schlimmes vorausgesagt worden ist. Ich habe Poosamuthu sogar mal nach dem Grund gefragt. Und da hieß es: ›Nun ja, wir wollen deine Leute schließlich nicht erschrecken.‹

Und noch etwas ist mir aufgefallen. Vor der eigentlichen Lesung wird jedesmal eine gründliche Anamnese betrieben. Es heißt, sie stellen zehn Fragen, um sicherzugehen, daß sie das richtige Palmblatt gefunden haben. Aber in Wirklichkeit sind es oft viel mehr als zehn. Da wird nach der Fishing-Methode vorgegangen: ›Fängt der Name deiner Mutter mit H an?‹ – ›Nein, sie heißt Charlotte.‹ Dann taucht später plötzlich auf: *Der Name deiner Mutter ist Charlotte.* Die Leute sind sprachlos, weil sie vergessen haben, daß sie das ja selbst gesagt haben. Aber ich merke das natürlich. Und so ist mir aufgefallen, daß sämtliche Informationen aus der Erstbefragung später in der Lesung verbraten werden.

Doch es gibt auch Dinge, die sich nicht mit Menschenkenntnis und Tricks erklären lassen. Ein Bekannter von mir erhielt die Auskunft: *Dein Vater arbeitet am Kopf des Menschen,* was schon ein Treffer war, denn der Vater ist Zahnarzt. Noch eindrucksvoller wird es aber, wenn man erfährt, daß das tamilische Wort für Kopf und Zahn das gleiche ist.«

»Weißt du denn, ob einige von den Dingen, die den Menschen in deiner Gruppe für die Zukunft vorausgesagt wurden, auch wirklich eingetroffen sind?« frage ich.

»Schwer zu sagen«, antwortet Holger. »Die erste der beiden Reisen liegt ja erst gut ein Jahr zurück – da kann man noch nicht viel sagen. Und ich stehe ja auch nicht ständig mit allen Mitreisenden in Kontakt. Aber in einigen Fällen ist die Prophezeiung tatsächlich fast postwendend eingetroffen. Ich weiß von einer jungen Frau, der gesagt wurde: *Wenn du zurückkommst, wird ein Mann auf dich warten, und du wirst deinen Beruf wechseln und Kurse in Astrologie geben.* Sie hatte das völlig absurd gefunden, denn ihr Freund hatte sie gerade verlassen, und sie hatte ein so starkes Sicherheitsbedürfnis, daß sie ihren sicheren Job nie aufgegeben hätte. Nun ja, als sie von der Reise zurückkam, stand ihr Exfreund am Flughafen und sagte, er hätte einen großen Fehler gemacht, sie möge doch zu ihm zurückkommen. Und im Briefkasten lag ein Schreiben von einem esoterischen Zentrum mit der Anfrage, ob sie bereit wäre, Astrologieseminare zu geben. Aber das war natürlich nicht die Norm, sondern eine sensationelle Ausnahme. Wenn du willst, kannst du die Leute selber anrufen und fragen, wie ihr Leben seitdem verlaufen ist. Ich gebe dir die Adressen.«

»Vielleicht später«, sage ich. »Erst fahre ich selbst einmal hin und schaue mich um. Sag: Ändert sich deiner Erfahrung nach in unserem Leben etwas, wenn wir wissen, welchen Verlauf es voraussichtlich nehmen wird – oder nimmt das Schicksal unbeirrbar seinen Lauf?«

»Darüber«, antwortet Holger nachdenklich, »habe ich viel nachgedacht, ohne zu einem Ergebnis zu kommen. Ich kann nur für mich persönlich sagen: Das Wissen um den Verlauf der Dinge beeinflußt einen schon, selbst dann, wenn man es nicht wahrhaben will. Aber man kann es auch als Bestätigung sehen – ich bin auf dem richtigen Weg. Allerdings habe ich auch oft beobachtet: Selbst wenn die Leute an das glauben, was ihnen der Palmblattleser gesagt hat, reicht ihnen das nicht.

Sie wollen einen Garantieschein. Und so gehen viele danach zu Astrologen, Hellsehern, Handlesern und was weiß ich noch alles, um sich die Aussagen bestätigen – oder widerlegen zu lassen. Und dann sind sie genau da, wo sie vorher auch waren.«

»Du hast dir doch sicher Gedanken gemacht«, sage ich, »wie sich die Palmblattlesungen rational erklären lassen.«

»Natürlich habe ich das«, antwortet Holger. »Meiner Ansicht nach handelt es sich dabei um gute Astrologie, die mythologisch verbrämt wurde. Ich habe die Vermutung, das ist ein bißchen wie bei Astrodata: Da liegen fertige Horoskope auf Abruf bereit und warten auf den dazu passenden Menschen. Die Angaben, die dort gemacht werden, treffen in vielen Punkten zu. Vielleicht erfährt man dort mehr über sich und Zutreffenderes, als das bei einem westlichen Astrologen möglich wäre. Ich denke, die indische Astrologie ist der unseren um ein paar große Schritte voraus. Aber das hat nichts mit der Akasha-Chronik zu tun, sondern nur mit guter Astrologie, die nach guter indischer Tradition mystifiziert wurde. Aber fahr hin und schau dich selber um.«

»Das werde ich tun«, sage ich. »Ich schicke dir eine Ansichtskarte.«

»Grüß Poosamuthu von mir«, sagt Holger lachend. »Ich glaube, ich habe einen grauenhaften Ruf da unten. Ich bin der germanische Antreiber, der alle aus der Ruhe bringt: Du mußt dir das mal vorstellen: Da müssen in drei Tagen zwanzig Leute durchgeschleust werden – und plötzlich ist der Übersetzer nach Haus gegangen, weil er keine Lust mehr hat. Oder Poosamuthus Assistenten haben Hunger und machen Pause – er selbst hält nur noch für ausgewählte Kunden Lesungen ab. Aber weil er mir eine Freude machen wollte, hat er das obere Stockwerk für Europäer ausbauen lassen. Mit überdachter Terrasse und westlichem Klo. Und er hat mir zuliebe die allmorgendliche Reinigungszeremonie mit ins Programm aufgenommen, die die Westler sehr beeindruckt. Dazu hat er allerdings stark überzogene Honorarvorstellungen. Laß dich bloß nicht von ihm ausnehmen!«

»Eine einzige Frage habe ich noch an dich«, sage ich zum Schluß, ehe wir angefangen haben, über die Dinge zu reden, die nichts mit den Palmblättern zu tun haben. »Warum hast du kein Buch über die Schicksalsbibliothek geschrieben?«

»Vor einigen Jahren hatte ich die Absicht. Aber es hat sich nie ergeben. Jetzt interessieren mich andere Themen mehr. Deshalb schenke ich dir, was ich weiß.«

Auf der Rückfahrt im Zug von Freiburg nach München passiert rein gar nichts. Das ist auch gut so. Denn so habe ich Gelegenheit, wenigstens ein paar der tausend Dinge zu sortieren, die mir im Kopf herumschwirren.

»Wie war's in Freiburg?« will mein Mann wissen.

»Ich habe einen alten Freund wiedergetroffen«, sage ich.

»Aus diesem Leben oder aus einem früheren?« fragt Bill, der mich ziemlich gut kennt.

»Aus einem früheren, denke ich«, antworte ich. »Aber es könnte sein, daß ich mich noch in diesem Leben, oder in einem kommenden, bei ihm dafür revanchieren möchte.«

»That's what friends are for«, sagt Bill, »dazu sind Freunde da.« Mehr sagt er nicht, er ist kein Mann von vielen Worten. Ich denke, daß ich mir keinen besseren Freund als ihn wünschen kann.

Hexenwahn

Erster November. Der Tag der Herbst-Tagundnachtglei-che. In magischer Zeit einer der großen Festtage zu Ehren der Großen Göttin. Früher ritten die Hexen in dieser Nacht auf den Blocksberg. Heute verlaufen die Feste etwas anders. Die Kids, unsere vier Teenager, feiern eine Hallo-weenparty. Trupps von Halb- und Dreiviertelwüchsigen zie-hen, in weiße Bettlaken gehüllt, mit neonorange oder gift-grün gefärbten Haaren durch das Haus, das unter Cosmic-Musik erbebt, zartgliedrige Junghexen mit schwarz umrän-derten Augen im weiß geschminkten Gesicht schlürfen blutrotes Hexengebräu auf Glühweinbasis, und ich kann nur hoffen, daß die Schwaden süßlich-schwerer Düfte, die bis in mein Arbeitszimmer unterm Dach dringen, wirklich nur – »Ehrlich, Mama, Hand aufs Herz!« – von den Räucher-stäbchen vom Typ »Black Magic« stammen.

Ich fluche leise, als plötzlich jemand heftig gegen meine Tür pocht. Sicherheitshalber drücke ich auf dem Laptop die Taste für »Speichern« und stehe vom Schreibtisch auf. Das kann nur Ärger bedeuten: im günstigen Fall Rotweinpunsch auf dem hellen Teppichboden. Im weniger günstigen Auf-stand cosmic-feindlicher Nachbarn oder die fatalen Folgen von heimlich eingeschmuggelten Wodkaflaschen. Es dauert einen Moment, bis ich begreife, daß das totenblasse Gesicht im halbdunklen Treppenhaus zu Mona gehört.

»Mona!« rufe ich überrascht. »Was um alles in der Welt machst du hier? Ich dachte, du bist in Florenz! Komm rein und zieh den Mantel aus. Du bist ja ganz blaß. Geht es dir nicht gut?«

Mona läßt sich aufs Sofa fallen, starrt vor sich hin und sagt minutenlang kein Wort. Ich setze mich zu ihr, nehme sie in den Arm und halte sie einfach fest.

»Ich glaube«, sagt sie schließlich langsam, »ich habe einen furchtbaren Fehler gemacht.«

»Nico?« frage ich leise.

Mona nickt. »Auch. Aber es ist viel, viel schlimmer.«

Es dauerte über eine halbe Stunde, bis ich mir aus den unzusammenhängenden Sätzen wenigstens ungefähr zusammenreimen konnte, was geschehen war.

Nico lebte seit zwei Monaten in Florenz und arbeitete in seinem neuen Atelier. Mona pendelte noch zwischen Deutschland und Italien hin und her, sie wollte erst zu Ende des Schuljahres mit ihren Töchtern umziehen. Dann würde auch der Palazzo, den sie gekauft hatte, fertig renoviert sein. Eines Tages hatte sie überraschend einen früheren Flug nach Florenz bekommen und beschlossen, Nico in seinem Atelier mit einem Picknickkorb zu überraschen.

»Als ob ich es nicht nach all den Jahren besser wissen müßte«, sagte sie bitter. »Aber in den letzten Monaten hatten wir uns so gut verstanden wie schon seit Jahren nicht mehr. Ich dachte, wir hätten beide etwas gelernt. Als ich in der Tür stand – das Atelier hat natürlich keine Klingel –, steigt gerade Annamaria aus seinem Bett. Du weißt schon: ausgerechnet die rote Annamaria. Die, die mit mir in Indien gewesen war und der ich angeblich in einem früheren Leben den Mann weggenommen habe! Die Frau, die jetzt mit ihrem Mann in London lebt. Ich stehe da, meinen Picknickkorb mit Brot, Käse und einer Flasche Rotwein in der Hand – mir ist ganz schlecht vor Erniedrigung. Ich denke, da hat der verdammte Palmblattleser also wieder einmal recht gehabt. Und weißt du, was sie macht? Eiskalt steht sie da, in *meinem* Bademantel, und ohne mit der Wimper zu zucken, sagt sie: ›Du solltest dein Palmblatt besser im Kopf haben, Mona. Hast du vergessen, daß er gesagt hat: *Hüte dich vor Frauen aus deinem Freundeskreis!*‹« Und während ich noch nach Luft schnappe, sagt sie: ›Ich seh' dich später, Nico!‹ und geht hocherhobenen Hauptes zur Tür hinaus. In *meinem* Bademantel.«

Was dann kam, hatte Mona schon unzählige Male erlebt: Sie hatte Nico eine Szene gemacht, getobt, geschrien, seine Lieblingsskulptur, eine kleine Venusstatue, durchs Fenster in den Garten geworfen (»Das Fenster war aber offen!«); Nico hatte geschworen, daß er immer nur sie geliebt hätte, Annamaria bedeutete ihm nichts, und schließlich hatten sie sich, wie unzählige Male zuvor, heftig und leidenschaftlich wieder versöhnt.

Zwei Tage später war Mona nach München zurückgeflogen. Im Flugzeug neben ihr saß eine elegante schwarzhaarige Frau. Sie hatte Mona eine Weile schweigend angesehen und schließlich gesagt: »Überlegen Sie es sich reiflich, ob Sie gegen diese Frau etwas unternehmen wollen. Sie ist sehr stark.« Mona hatte sie fassungslos angesehen. »Vielleicht haben Sie das Bedürfnis, mich aufzusuchen«, hatte die Schwarzhaarige gesagt und ihr eine Visitenkarte überreicht. »Büttenpapier«, erklärte Mona. Name, Telefonnummer, Adresse (»Im feinsten Viertel der Stadt!«) und Beruf: »Kristallomantie« stand da.

»Im ersten Augenblick dachte ich, sie verkauft Designerkristall, aber dann fiel mir ein, daß das ja etwas mit Hellsehen zu tun hat.«

Vierundzwanzig Stunden später hatte Mona bereits angerufen und einen Termin vereinbart. Eine Woche später stand sie mit klopfendem Herzen vor der Wohnung.

»Ich glaubte, ich träume. Ich habe dir doch von meiner Kartenlegerin erzählt, die mich in geschäftlichen Dingen berät. Das ist ein uraltes Hutzelweibchen, und die Karten legt sie für mich auf ihrem Küchentisch, vorher wischt sie immer noch das Wachstuch sauber. Und hier öffnete mir ein uniformierter Butler die Tür und führte mich in einen Empfangsraum. Echtes Louis-quatorze. Du weißt, daß mir so leicht niemand etwas vormacht, wenn es um Kunst und Antiquitäten geht. Meine Galerie gehört zu den renommiertesten Deutschlands. Aber die Einrichtung hier war so kostbar, daß ich Bedenken gehabt hätte, sie bei mir auszustellen. Das versichert dir niemand.

Der Butler bat diskret um einen Scheck, über dessen Höhe ich lieber nicht sprechen möchte, und nach einiger Zeit wurde ich in das Zimmer von Madame gebeten. Sie war natürlich ›Madame‹. Keine andere Bezeichnung hätte treffender sein können.

Madame saß in einem abgedunkelten hohen Raum hinter einem Schreibtisch, Louis-quinze diesmal, genauso kostbar eingerichtet. Sie trug ein spitz ausgeschnittenes langärmeliges Kleid aus tiefschwarzem Satin und eine dreireihige Kette aus schwarzen Perlen. Vor ihr auf dem Tisch lag, von brennenden schwarzen Kerzen umstellt, ein großer, polierter schwarzer Stein. Madame gab mir mit keiner Geste zu erkennen, daß sie sich an mich erinnerte.

Sie deutete auf den schwarzen Stein. ›Der gehörte John Dee. Dr. John Dee war ein genialer Gelehrter, Mathematiker, Astronom – und einer der größten Kristallomanten der Geschichte. Er hat den Tod der englischen Königin Mary Tudor ebenso vorausgesehen wie die Hinrichtung von Maria Stuart und die Niederlage der spanischen Armada. Sein berühmter magischer Spiegel, der von den Azteken stammen soll, steht in London im Britischen Museum. Aber sein nicht minder berühmter schwarzer Stein, in dessen schimmernder Oberfläche die Zukunft verzeichnet ist, befindet sich in meinem Besitz. Aber ich kann mehr als er, viel mehr. Was möchten Sie über Ihre Zukunft erfahren?‹«

»Was wird aus meiner Ehe?« stammelte Mona.

Minutenlang starrte ihr Gegenüber in den Stein. Ihre Blicke schienen sich in dem nahezu undurchdringlichen Schwarz für immer zu verlieren. Schließlich löste sie sich aus der Tiefe und sagte: »Ich sehe ein Atelier in einer italienischen Stadt, aus dem Fenster kann man die Kuppel des Doms erkennen, unweit davon liegt ein Fluß. Der Arno? Florenz? Ich sehe einen schönen Mann, einen Künstler. Er arbeitet an einer Statue aus Carraral-Marmor ... Eine rothaarige Frau betritt den Raum. Vulgär. Sinnlich. Anfang Dreißig, vielleicht auch einige Jahre älter. Im Arm hält sie einen zweijährigen Knaben, der dem schönen Mann ähnlich sieht. Der Mann geht zärtlich auf die beiden zu und sagt: ›Noch einen Monat, dann bin ich frei für euch ...‹«

»Und was wird aus mir?« fragte Mona atemlos.

»Ich sehe Geld, viel Geld. Ein schnelles schwarzes Auto, ein Jaguar, nein, es ist ein Porsche – nie werde ich es lernen, die Automarken zu unterscheiden ... Es regnet. Sie fahren zu schnell, viel zu schnell. In einer Kurve verlieren Sie die Kontrolle über das Fahrzeug ... Dann sehe ich ein Krankenhaus. Ein weißer, hoher Raum mit nur einem Bett. Man kann Ihr Gesicht unter den Verbänden kaum erkennen. Auf dem Nachttisch ein Strauß gelber Rosen und eine Karte: Gute Besserung, Nico und Annamaria. Ein Mann betritt das Krankenzimmer, etwa fünfzig Jahre alt, randlose Brille, Stirnglatze, ein gütiges Gesicht. Zwei blonde Mädchen im Teenageralter sind bei ihm ... Sie werden wieder gesund werden, aber es dauert Monate. Ich sehe eine zweite Ehe mit einem Mann, der sie liebt. Aber Ihr Herz gehört immer noch dem schönen Künstler. Ich sehe einen Brief, eine Anzeige mit einem Foto: der Künstler mit einem kleinen Jungen im

Arm, dazu ein Text: ›Wir haben die Frau unseres Lebens geheiratet …‹«

»Ich will nicht mehr wissen«, sagte Mona und hielt sich die Ohren zu. »Nur eines noch: Ist dieses Schicksal unwiderruflich, oder kann ich etwas daran ändern?«

»Welchen Teil möchten Sie ändern?« fragte völlig geschäftsmäßig die schwarzhaarige Frau, die Madame genannt wurde.

»Ich will Nico behalten«, sagte Mona. »Und ich will Rache.«

»Wollen Sie sich an *ihm* rächen oder an Ihrer Rivalin?« fragte die Hellseherin.

»An ihm muß ich mich nicht rächen«, sagte Mona haßerfüllt. »Er ist schwach. Aber ihr, dieser verlogenen, heuchlerischen Schlange, wünsche ich alle Qualen dieser Welt. Ich könnte sie mit meinen eigenen Händen umbringen …«

»Das sollten Sie nicht tun«, sagte die Hellseherin. »Das Risiko ist zu groß. Aber ich beherrsche andere Methoden, um Ihrer Feindin großes Leid zuzufügen. Sind Sie sicher, daß es das ist, was Sie wünschen?«

»Ich würde mein Leben dafür geben, mich an ihr zu rächen«, sagte Mona entschieden.

»Das dürfte nicht notwendig sein«, erklärte die Hellseherin. »Ich beherrsche Techniken, die die gleichen Ergebnisse erzielen, ohne daß das für meine Klienten mit einem persönlichen Risiko verbunden wäre. In einigen Fällen bin ich bereit, für ausgewählte Kunden meine Kenntnisse der Magie in der Praxis anzuwenden. Selbstverständlich müßten wir dafür zunächst einen Vertrag abschließen …«

»Ich sollte ihr ein Foto von Annamaria bringen und ein paar Haare«, berichtet Mona. »Das mit den Haaren war kein Problem, ich mußte sie nur von meinem Bademantel abnehmen. Und ein Foto habe ich auch gefunden. Es stammte von meinem vierzigsten Geburtstag. Da hat Nico für mich eine Überraschungsparty organisiert und heimlich alle unsere Freunde in ein kleines Schloßhotel in Südtirol eingeladen. Sie war natürlich dabei.«

Die schwarzhaarige Magierin hatte aus Ton eine kleine Puppe geknetet und Annamarias Foto und ihre Haare darangeklebt und zunächst während einer ganzen Mondphase – von einem Vollmond bis zum nächsten – bei sich behalten, um sie »magisch aufzuladen«. Dadurch wurde die Verbindung zwischen ihr und ihrem Opfer so stark, hatte sie Mona erklärt, daß sie jedesmal, wenn sie die Puppe aus der Truhe nahm, genau spürte, wo sich Annamaria aufhielt und welche Gedanken ihr durch den Kopf gingen.

In der Nacht nach dem nächsten Vollmond ging sie dann gemeinsam mit Mona zu einem Friedhof. Die Hellseherin nahm vier silberne »Hexennadeln«, steckte sie dreimal in die Erde (»damit sie voll der Erdkraft werde«) und dann gen Himmel (»damit sie im Mondlicht aufblitze«). Und dann, erzählt Mona bebend, »hat sie die vier Nadeln der Puppe in den Unterleib gestochen. Ich wollte, daß Annamaria eine schwere Unterleibserkrankung bekäme und niemals einen Sohn von Nico haben würde. Er hat sich immer so sehr einen Sohn gewünscht!«

Ich sitze mit eiskalten Händen und in atemloser Spannung neben Mona. Natürlich hatte ich zahllose Geschichten über den Schadenszauber gelesen, der in allen Kulturen der Welt seit Jahrtausenden ein fester Bestandteil der Schwarzen Magie ist. Ich konnte mir auch gut vorstellen, daß Schwarze Magie wirkt. Uralte schwarzmagische Rituale, in Verbindung mit dem abgrundtiefen Haß der Menschen, die auf Rache sinnen, erzeugen genügend negative Energie, um eine leblose kleine Puppe zu einer mörderischen Waffe werden zu lassen. Aber zu wissen, daß es solche Dinge gab und wohl auch immer geben wird, und in allen Einzelheiten zu hören, wie der Zauber heute in deiner eigenen Stadt durchgeführt wird, das sind zwei völlig verschiedene Dinge. »Was ist dann passiert, Mona?« frage ich so ruhig, wie ich nur kann.

Mona bricht in heftiges Schluchzen aus. »Ich hatte ja keine Ahnung, daß der Zauber tatsächlich wirkt. Ich wollte es Annamaria doch nur heimzahlen. Ich dachte, *mir* tut es gut, wenn ich ein Ventil für all meinen Haß, meine Eifersucht habe. Nie im Leben hätte ich es für möglich gehalten, daß ihr wirklich etwas passieren könnte. Aber gestern habe ich gehört, daß sie mit Gebärmutterkrebs in London im Krankenhaus liegt. Totaloperation, vermutlich. Versteh mich nicht falsch. Ich habe keinen Funken Mitleid mit ihr. Es ist mir sogar eine tiefe Genugtuung, daß sie niemals einen Sohn von Nico haben wird. Aber ich fühle mich so schlecht, weil ich denke, daß das passiert ist, ist einzig und allein meine Schuld. Und ich habe Angst, daß ich dafür büßen muß. Aber wie kann ich die Sache wieder rückgängig machen? Sag du mir doch bitte, was ich jetzt tun soll!«

Ich denke lange nach. »Wie lange, sagst du, liegt der Zauber zurück?« frage ich.

»Sechs Wochen«, murmelt Mona.

»Und seit wann ist Annamaria im Krankenhaus?« frage ich.

»Sie ist vor zehn Tagen operiert worden«, antwortet Mona.

»Nein, laß mich nachdenken. Zwölf Tage ist das jetzt her.«

»Mona«, sage ich. »Ich weiß genügend über Schwarze Magie, um zu wissen, daß sie funktioniert oder zumindest funktionieren kann. Und wenn du mir nun gesagt hättest, Annamaria wäre verunglückt und durch die Folgen des Unfalls unfruchtbar geworden, hätte ich auch größte Bedenken. Aber du sagst, sie hat Krebs. Und Krebsmetastasen bilden sich nicht innerhalb von drei, vier Wochen. Krebs schlummert oft jahrelang im Körper. Es kann Jahrzehnte dauern, bis er zum Ausbruch kommt. Ich glaube nicht, daß du dafür verantwortlich bist.«

»Aber wenn der Krebs wirklich schon lange in ihrem Körper war«, sagt Mona, »warum ist er dann gerade jetzt ausgebrochen?«

»Um dir eine Lehre zu erteilen, denke ich«, antworte ich. »Geh noch ein einziges Mal zu deiner Hellseherin, und bitte sie, den Zauber rückgängig zu machen. Magie wirkt auf tausend verschiedene Arten. Soweit ich weiß, gibt es bestimmte Rituale, Amulette, Meditationen und Inkarnationen, um Schwarze Magie in Weiße zu verwandeln. Du wirst vermutlich in diese Rituale auch einbezogen werden. Nimm es als Therapie. Als Anlaß, über dich und deine Gefühle nachzudenken. Und dann laß dich nie mehr im Leben auf so etwas ein. Weißt du, was Goethe gesagt hat: ›Die Geister, die ich rief …‹«

»Verlaß dich drauf«, sagt Mona, »ich werde alles menschenmögliche tun, damit ich die Geister wieder loswerde. Glaubst du, ich habe eine Chance? Oder ist unser Leben in allen Einzelheiten programmiert, und die Vorstellung, daß wir selbst für unser Schicksal verantwortlich sind, ist nichts weiter als frommer Selbstbetrug?«

»Ich wünschte, ich könnte dir dazu etwas sagen. Warte, bis ich aus Indien zurückkomme. Vielleicht weiß ich dann ein bißchen mehr.«

»Ich habe übrigens etwas für dich gefunden«, sagt Mona und zieht einen Zettel aus der Tasche. »Ein Farbprospekt von Poosamuthu, dem Palmblattleser von Vaithisvarankoil. Magst du ihn behalten?«

Meine Hand zittert ein bißchen. Ich hatte bisher mit Absicht vermieden, sie um die Anschrift zu bitten. Man darf nämlich nicht danach fragen, so lautet die Spielregel. Die Adresse muß von selbst zu dir kommen. Wenn es das Schicksal will, wirst du zu deinem Palmblatt hingeführt.

Nun hielt ich also den Wegweiser in der Hand: Vorne das Foto eines würdevollen Mannes in mittleren Jahren, die Querstreifen Shivas auf der Stirn. Darunter auf englisch und in Tamil die Anschrift:

> Vashistar C. Poosamuthu
> Nadi Navalar
> Vashistar Nadi Astrological Centre
> 67, West Car Street
> Vaithisvarankoil 609 117 S. T. D.
> Phone No. 04364-82-455.

Auf der Rückseite eine Karte mit der Wegbeschreibung und dem merkwürdigen Hinweis: »Meiden Sie bitte Führer, die Sie zu uns bringen wollen.« Innen, überaus mysteriös, eine Übersicht über das Leistungsangebot:

Allgemeines:
Einzelheiten über das jetzige Leben in einer Nußschale

1. Jetziges Leben und Blutreinheit
2. Erziehung, Beruf und Familie
3. Brüder und Schwestern, Mysterium, Ornament, Ohr und Fruchtbarkeit
4. Wohnung, Fahrzeug, Komfort und Mutter
5. Kinder, ihre Beziehung zu Vater und Onkel
6. Feinde, Krankheiten, Mißtrauen, Rechtsstreitigkeiten
7. Ehe und Liebesbeziehungen
8. Lebenserwartung und längere Krankheiten

9. Frühere Leben, gutes Karma, Vater, Dienst an der Gemeinschaft, Interesse an Musik und Tanz
10. Beruf, Geschäft, Karriere, zukünftige Entwicklungen
11. Profit, älterer Bruder und Glück
12. Erreichen von Motschum (Befreiung aus dem Rad der Wiedergeburt), Schlaf, Reisen in ferne Länder, Ausgaben, Vorteile des jetzigen Lebens

Dann steht da, noch mysteriöser:

Kapitel 2: Besondere Leistungen

Theekschai, Oswatha, Karma, Shanti, Motscha, Arul, spirituelles Wissen, göttliche Geschichte und Zweifelsklärung

Außerdem schließlich: »Für Menschen, die kein Geburtshoroskop haben, sind Voraussagen auf analytischer Basis aufgrund des Nadi-Systems möglich.« Ich vermute, dabei handelt es sich um die Ermittlung des Geburtstermins und der Genealogie, von der Dr. Chandra gesprochen hatte.

Alles klingt überaus geheimnisvoll, und ich bin mir ziemlich sicher, daß das nicht nur an der schlechten Übersetzung ins Englische liegt. »Everydays functions« steht als letztes ganz unten. Ich vermute, das soll heißen: »Täglich geöffnet.« Nicht mehr lange, dann werde ich auch dort sein. Bei dem bloßen Gedanken daran läuft es mir kalt über den Rücken. Warum mache ich das eigentlich? Für das gleiche Geld könnte ich mit meinem Mann Ferien am Strand von Goa machen. Gesetzt den Fall, das Schicksal ließe uns die Wahl.

Weissagungen und Zweifel

Ein paar Wochen später, meine Indienreise rückt immer näher, sitzen wir mit Freunden beim Wein. Eine buntgemischte Gruppe aus verschiedenen Nationalitäten und in weltanschaulichen Dingen so gut wie nie einer Meinung. Deshalb reden wir auch gern miteinander.

Dieter ist dabei, unser Philosoph, ein messerscharfer Denker, einer, bei dem ich immer bedaure, daß er für »die falsche Seite« denkt. Er ist nämlich überzeugter Naturwissenschaftler und lehnt alles, was nicht mit wissenschaftlichen Methoden beweisbar ist, als Hokuspokus ab. Leider sind seine Argumente meistens von einer so durchdringenden Logik, daß ich kaum dagegen ankomme. Selbst dann nicht, wenn ich weiß, daß er unrecht hat. Ich bin einfach nicht so gescheit wie er. Einerseits bringt er mich mit seiner gnadenlosen, einseitigen Wissenschaftlichkeit stets aufs neue zur Weißglut. Andererseits rede ich gern mit ihm. Für mich ist er so etwas wie ein Advocatus Diaboli, immer wieder eine Herausforderung, meine esoterische Lebenseinstellung zu definieren und zu vertreten. Wenn er nur nicht gar so belesen, klug und wortgewaltig wäre! Wenigstens ab und zu mal würde ich in unseren Wortgefechten auch gewinnen. So gesehen ist es schon fast so etwas wie ein Sieg, daß er für das Phänomen der »Palmblattbibliotheken« – auf die wir natürlich ganz schnell zu sprechen kommen, ich denke ja an nichts anderes mehr – ausnahmsweise keine rationale Erklärung parat hat. Ich habe ja selbst auch (noch) keine. Aber dann geht es weiter: Er zweifelt nicht nur an den indischen Schicksalsbibliotheken. Er vertritt die These, daß jede Art von Voraussagen, die sich nicht mit Satellitenfotos

103

(wie beim Wetterbericht), Wahlergebnisprognosen (Hochrechnungen der mit Hilfe der Meinungsforschungsinstitute ermittelten Teilresultate) und Statistiken (Börsenkurse) erklären lassen, irrationaler Unsinn sei.

Ich muß unwillkürlich lachen bei dem Gedanken, was er über Monas jüngstes Abenteuer sagen würde, aber weil er ihren Mann kennt, halte ich den Mund und lasse lieber die anderen reden.

Anne, unsere Hautärztin, die wohl schon zehnmal in Indien war, erzählt, daß sie nach ihrem Studium einmal vier Wochen mit zwei indischen Weisen durch das Land gereist ist: »Die beiden Swamis haben in dieser ganzen Zeit nachweislich nichts gegessen und so gut wie nichts getrunken. Sie konnten auch kaum Englisch, so daß wir uns nicht verbal miteinander verständigen konnten, und trotzdem wußten sie immer alles.

Eines Tages malte einer der beiden mit einem Stock eine riesige Welle in den Sand und erklärte mir, daß er in vier Jahren in einer solchen Welle sterben würde. Ich weiß das noch wie heute. Lächelnd saß er da im Sand, hinter ihm der Indische Ozean, in dem er, wie er sagt, demnächst ertrinken wird, und er spricht über seinen Tod, als wäre das ein kleiner Ausflug ins Hinterland.

Jahre später, ich hatte längst meine Praxis in Deutschland, fragte ich einen gemeinsamen Freund: ›Was ist eigentlich aus Baba-ji [liebevolle Bezeichnung für einen indischen Weisen, Guru oder Lehrer] geworden?‹

Da sagt der doch: ›Weißt du das nicht? Baba ist vor einem Jahr in der riesigen Flutwelle umgekommen, die mehrere Dörfer überspült hat. Das ging doch durch alle Zeitungen, weil so viele Menschen ertrunken sind.‹

Und Baba hat das Jahre vorher gewußt! Und fast noch unglaublicher ist: In Indien wundert sich niemand darüber, daß die Weisen in die Zukunft blicken können. Dort findet man das völlig normal.«

»Dafür brauchst du doch nicht nach Indien zu gehen!« sagt Frank. »Bei uns gab es doch auch zu allen Zeiten Seher und Propheten, die die Zukunft voraussagen konnten.«

Ich freue mich: Jetzt wird es spannend. Frank ist ein wandelndes Lexikon, wenn es um Geschichten über Weissagungen geht.

»Nimm zum Beispiel Nostradamus«, fährt er prompt fort. »Der hat im sechzehnten Jahrhundert in seinen ›Centuries‹ Dinge und Ereignisse vorausgesagt, die erst Jahrhunderte später eingetreten sind. Den großen Brand von London im Jahre 1666. Den Aufstieg und Fall Napoleons. Den Ausbruch der Französischen Revolution 1789. Und sogar das Dritte Reich und Hitler, den er, vierhundert Jahre vor der Zeit, ›Hister‹ nannte, und auch die Bombenangriffe im Zweiten Weltkrieg:

›Tödliches Feuer wird losgelassen,
     verborgen in
schrecklichen, furchteinflößenden Behältern.
In der Nacht werden die Feinde die Stadt
     beschießen,
die Stadt wird brennen, dem Feind
     zum Vorteil.‹«

»Und er hat noch viele andere Dinge vorausgesagt, die niemals eingetreten sind«, sagt Dieter. »Zum Beispiel den Untergang seiner Zeitgenossin, Elisabeth I. von England, der er ständig Unheil prophezeit hat, das nie eingetroffen ist. Der Mann war der armen Queen ein kolossaler Dorn im Auge. Außerdem deutet doch jeder sogenannte Nostradamus-Experte in die Vierzeiler rein, was er darin sehen möchte. Nimm zum Beispiel den Großbrand in London im Jahre 1666. Damals sind vier Fünftel der Stadt durch das Feuer zerstört worden. Die Nostradamus-Forscher brüsten sich immer damit, daß Nostradamus das angeblich schon 1555 vorausgesagt hat. Ich hab' mir kürzlich spaßeshalber einmal die Prophezeiung in der französischen Originalfassung angesehen. [Wir anderen gucken uns gegenseitig an und grinsen ein bißchen: Für Dieter ist die Lektüre altfranzösischer Texte tatsächlich ein Vergnügen, er will sich damit nicht etwa aufspielen.] Die älteste gedruckte Fassung der ›Centuries‹ stammt aus dem Jahre 1558. Also, was da steht, ist folgendes:

> Le sang du juste à Londres fera faute
> Bruslés par fouldres de vingt trois les six
> la dame antique cherra de place haute,
> de mesme secte plusieurs seront occis.

Die Standardübersetzung ist ungefähr die:

> Das Blut der Gerechten wird in London
>   fehlen.
> Verbrannt von Feuerkrachern von 23
>   die sechs,
> die alte (oder exzentrische) Dame wird
>   von ihrem hohen Platz fallen,
> und von der gleichen Sekte werden
>   viele getötet.

Für die Nostradamus-Forscher gehört dieses Quatrain zu den Top ten. Damit kommen sie immer, wenn sie nachweisen wollen, daß der große Nostradamus mal wieder ins Schwarze getroffen hat. Aber wenn man das Werk im Original liest, ist es rätselhaft, warum die Prophezeiungen so erfolgreich sind: Die Sprache ist oft unverständlich, wie in Codes geschrieben, die Verse sind so nebulös formuliert, daß sie fast auf jedes Ereignis zutreffen könnten.

Aus dem verschwommenen Vierzeiler, den ich euch gerade aufgesagt habe, hat nun die Nostradamus-Forschung den Schluß gezogen, das sei ein Hinweis auf das große Feuer, das London verwüstet hat – mehr als hundert Jahre nach seinem Tod. Die alte Dame in dem Vierzeiler ist angeblich die St.-Paul's-Kathedrale. Die Nostradamus-Fans sagen, er würde Kirchen häufig als alte Damen bezeichnen, was meiner Ansicht nach eine ziemlich kühne Behauptung ist. Und was die Höhe betrifft, von der sie gefallen sein soll – die Paulskirche hatte zwar einen hohen Turm, aber sie stand niemals auf einer Anhöhe, konnte also auch von keiner solchen runterfallen.

Wenn du mich fragst, ist dieses Quatrain eine Anspielung auf die Hinrichtung führender Protestanten, die 1555, im Jahr, ehe die ›Centuries‹ erschienen, von der blutrünstigen Tochter Heinrichs VIII. in London reihenweise als Ketzer verbrannt wurden. Sie, Mary Tudor, genannt Bloody Mary, war die exzentrische alte Dame, nicht die Kathedrale. Aber das ist natürlich längst nicht so spannend.

Außerdem: Wenn sich Nostradamus schon so eingehend mit dem Brand von London befaßt hat – warum hat er dann nicht geschrieben, daß durch dieses verheerende Feuer auch die Pest vernichtet wurde, die damals in London wütete? Und warum hat er nicht erwähnt, daß der geniale Baumeister Sir Christopher Wren die niedergebrannte Stadt nach seinen visionären Plänen so wiederaufbauen konnte, daß sie zu einer der schönsten und bedeutendsten Städte der Welt wurde – Phönix aus der Asche?«

Ich sagte ja schon, Dieters Argumente sind selten ganz von

der Hand zu weisen und immer wieder geeignet, einen zu verunsichern. Mir fällt das Nostradamus-Buch ein, das ich vor ein paar Jahren gekauft habe, der große Bestseller im Weihnachtsgeschäft: seine Prophezeiungen für 1993 bis 1999, endlich entschlüsselt. In diesem Buch kamen von Prinzessin Diana bis Tom Cruise alle prominenten Zeitgenossen namentlich vor, und wir haben es mit großem Vergnügen und noch größerer Skepsis gelesen – und gleich wieder vergessen. Neulich habe ich mir den Spaß gemacht, die Voraussagen von 1993 und 1994 zu überprüfen: Praktisch alle lagen daneben. Lag das nun an Nostradamus oder an dem Mann, der die Quatrains entschlüsselt hat? Aber andererseits scheint Nostradamus mit einigen Voraussagen, zum Beispiel mit der auf Hitler, doch recht gehabt zu haben?

»Viel spannender als die alten Hüte«, sagt nun Elke, Viktors Frau, die ein Steuerbüro hat und immer praktisch denkt, »ist doch die Frage: Wie sieht unsere nahe Zukunft aus? Hat Nostradamus darüber auch was gesagt?«

»Und ob«, sagt Frank. »Und wenn er recht hat, sieht es düster aus. Dann steht nämlich der Dritte Weltkrieg unmittelbar bevor. Nostradamus hat, ganz entgegen seinen sonstigen Gewohnheiten, sogar den genauen Zeitpunkt genannt, und zwar unverschlüsselt: Im Jahre 1999, im siebten Monat, beginnt der große Krieg ›aus Blut und rotem Hagel‹, der siebenundzwanzig Jahre dauern wird. Der Papst wird aus Rom fliehen müssen, Europa von Osten her überfallen werden.«

»Hört doch auf«, sagt Dieter lachend. »Das Ende der Welt ist uns doch mit schöner Regelmäßigkeit schon seit biblischen Zeiten vorausgesagt worden, selbstverständlich zu immer neuen oder aktualisierten Terminen. Ob Weltuntergang, Armageddon, Heulen und Zähneklappern oder Jüngstes Gericht oder Dritter Weltkrieg: Endzeitmythen stehen immer hoch im Kurs. Sie haben so etwas angenehm Schauriges. Pünktlich zu jeder Jahrhundertwende kommen die düsteren Prognosen, erst recht, wenn ein Jahrtausend zu Ende geht. Aber bisher ist der Weltuntergang noch immer verschoben worden.«

»Zugegeben«, sagt Frank. »Aber das ändert nichts daran, daß vor jedem neuen Countdown viele Menschen in Angst und Schrecken versetzt werden. Und viele Seher haben behauptet, daß es um die Jahrtausendwende besonders kritisch wird. So brenzlig wie jetzt war es noch nie.«

John, der aus England stammt und bisher geschwiegen hat (John sagt so gut wie nie etwas, wenn er in Gesellschaft ist), öffnet plötzlich zu unser aller Überraschung den Mund und deklamiert:

> »Carriages without horses shall go
> and accidents fill the world with woe
> Around the earth thoughts shall fly
> in the twinkling of an eye.
> Through deepest hills man shall ride
> and no horse or ass by their side.
> Under water men shall walk
> shall ride and sleep and talk.
> In the air men shall be seen
> in white and black and also green.«*

---

* Ins Deutsche übersetzt lautet dieser Vers etwa wie folgt: »Kutschen werden ohne Pferde reisen, / und Unfälle werden die Welt mit Schrecken erfüllen. / Gedanken werden in Windeseile um die Erde fliegen. / Die steilsten Berge werden die Menschen überqueren/ohne Roß und Esel an ihrer Seite. / Unter Wasser werden Menschen gehen, / fahren, schlafen, reden. / In der Luft werden Menschen gesehen/in Weiß und Schwarz und auch in Grün.«

Wir sehen ihn sprachlos an: »Woher hast du denn das?«

John lacht. »Das sind die prophetischen Verse von Mother Shipton. Die kennt bei uns jedes Kind.«

»Erzähl mal«, sage ich. »Wer ist denn Mother Shipton?«

»War«, verbessert John. »Sie ist seit über vierhundert Jahren tot. Aber sie war schon zu Lebzeiten eine Berühmtheit. Wegen ihrer Weissagungen, die häufig eintraten. Aber noch mehr, weil sie den Tod von Cardinal Wolsey vorausgesagt und diese Voraussage überlebt hatte, wenn auch nur knapp. Der Kardinal war nämlich ein jähzorniger Mann. Ihr müßt zugeben, für eine einfache Handwerkerfrau aus dem späten Mittelalter hat sie unsere Zeit ziemlich gut charakterisiert.«

»Wer sind denn die Männer in ›white and black and also green‹?« will Anne wissen. »Sind damit möglicherweise die Raumfahrer gemeint?«

John lacht. In den zehn Jahren, die wir miteinander befreundet sind, habe ich ihn noch nie soviel reden hören. »Möglich. Kann aber auch sein, daß Mother Shipton einfach nichts anderes eingefallen ist, was sich auf ›seen‹ reimt. Schließlich war sie Seherin, nicht Dichterin.«

»Hat sie auch was über das Weltende gesagt?« frage ich.

»Klar, hat sie. Wollt ihr's hören?«

Welche Frage! John fährt also fort:

> »›And in those wondrous far-off days
> the women shall adopt a craze
> to dress like men and trousers wear,
> and cut off all their locks of hair.
> Then love shall die and marriages decrease
> and nations wane as babies decrease.

The wives shall fondle cats and dogs
And men live much the same as hogs.‹*

Dann kommt noch was über den Endkrieg«, fügt John hinzu. »Aber das kann ich nicht mehr.«

Als er schweigt, gibt es niemanden in der Runde, der nicht betroffen wäre. Sogar Dieter ist still geworden. Mother Shipton, wer auch immer sie gewesen sein mochte, hat in ihrer schlichten Direktheit bei allen einen Nerv getroffen.

»Ich kenne auch eine Endzeitprophezeiung«, sagte schließlich Aedan, der aus Irland stammt und jahrelang bei den Jesuiten war. »Sie ist sogar noch ein paar hundert Jahre älter als die von Mother Shipton. Ein irischer Bischof aus dem zwölften Jahrhundert, Malachy hieß er, hat sie überliefert. Er sah in seinen Visionen allerdings nur Päpste, was vermutlich eine Form von ›Betriebsblindheit‹ war. Aber immerhin hat er für hundertzwölf künftige Päpste jeweils ein Motto hinterlassen, das den jeweiligen Papst und seine Epoche ziemlich genau charakterisiert. Oft hat er dabei den Nagel auf den Kopf getroffen.

Mit dem Papst, für den Malachy das Motto ›flos florum‹ – Blume der Blumen – wählte, kann nur Paul VI. gemeint sein: Er war es, der als einziger drei Lilien in seinem Wappen führte. Ihm folgte Johannes Paul I., von dem manche sagen, er sei ermordet worden, er starb nach dreiunddreißig Tagen im Amt. Das Motto, das Bischof Malachy für ihn nieder-

---

* Und in diesen seltsamen fernen Tagen/werden die Frauen die Marotte entwickeln, / sich wie Männer zu kleiden, und Hosen anziehen/und alle ihre langen Locken abschneiden. / Dann wird die Liebe schwinden, und Ehen werden seltener, / und Nationen werden kleiner, / weil keine Kinder mehr geboren werden. / Die Frauen schmusen mit Hunden und Katzen, / und Männer leben fast so wie Schweine.

111

schrieb: ›de medietate lunae‹, vom halben Mond. Weil das Papsttum des beliebten Heiligen Vaters gerade von einem Halbmond bis zum nächsten reichte? Das macht zumindest nachdenklich. Oder Johannes Paul II., das ist ein bißchen schwieriger. Er trägt das Motto ›de labore solis‹, von der Verfinsterung der Sonne, angeblich nachklassisches Latein. Da kann man nur raten, was damit gemeint sein kann. Tatsache aber ist: Nach dem Papst, der nach Malachy das Motto ›von der Verfinsterung der Sonne‹ trägt, kommen nur noch zwei Päpste: ›gloria olivae‹, Ruhm dem Ölzweig, der Friedenspapst. Und dann der letzte, der wie der erste ›Petrus der Römer‹ genannt wird. Zu ihm gibt Malachy als einzigem eine Erklärung: Er führt das Volk durch eine schwere Zeit apokalyptischer Prüfungen, die Rom zerstören und die Kirche vernichten werden. Das soll zum Ende des zweiten Jahrtausends eintreten.«

»Das hat der Mühlhiasl doch auch gesagt!« ruft erstaunt Bertl aus, der aus Niederbayern stammt und von uns immer liebevoll auf den Arm genommen wird, er ist nämlich der Renommierbayer in unserem preußisch-internationalen Freundeskreis.

»Wos hot der Hiasl g'sogt?« neckt ihn Dieter.

»Daß er schwarzsieht«, sagt Bertl. »Er hat gesagt: ›Nach dem Krieg‹, gemeint ist der Zweite Weltkrieg, ›meint man, Ruh' ist's, ist aber keine. Gesetze werden gemacht, die niemand mehr achtet … über den katholischen Glauben wird am meisten gespottet von den eigenen Christen. Männlein und Weiblein kann man schließlich nicht mehr auseinanderkennen.‹«

»Hat das nicht auch Mother Shipton gesagt?« murmelt verblüfft mein Mann, der eigentlich auch immer nur das Notwendigste sagt.

»›Dann werden Häuser gebaut‹, sagt der Mühlhiasl«, fährt

Bertl fort, »›nichts wie Häuser, Schulhäuser wie Paläste, aber zuerst für Soldaten. In den Städten bauen sie hohe Häuser und davor kleine Häuser wie Impenstöcke und Pilze, schneeweiße Häuser, eins am anderen, schneeweiße Häuser mit glänzenden Dächern.‹ Vor über zweihundert Jahren hat er das gesagt – da gab es bei uns nichts als Stroh- und Schindeldächer! Die Leute richten sich ein, wie wenn sie nie mehr weg wollen, aber dann wird abgeräumt. ›Das sind die Vorzeichen: Kurze Sommer werden kommen, Winter und Sommer wird man nicht mehr auseinanderkennen. Weil die Sommer so kalt und die Winter so warm werden. Die Bauernleut' werden sich gewanden wie die Städtischen und die Städtischen wie die Narren. Dann kommen die Roten von Osten. So viel Feuer und Eisen hat noch kein Mensch gesehen. Wer das überlebt, muß einen eisernen Schädel haben. Zuletzt kommt der Bankabräumer …‹ Das ist ein bayrischer Ausdruck für eine alles dahinraffende Krankheit. Und dann ist's aus.«

Wir schauen erwartungsvoll Dieter an, in der Hoffnung, daß er die apokalyptischen Schreckensvisionen für unsere unmittelbare Zukunft mit einer zynischen Bemerkung ein wenig entkräften würde, aber dem fällt offenbar auch nichts mehr ein.

»Schaut nicht so betreten drein: Die Muttergottes in Fatima hat gesagt, wir haben noch eine Chance«, sagt schließlich Elke energisch.

»Wie war das?« fragt Dieter belustigt.

Elke läßt sich nicht beirren. »Ich bin zwar nicht so gescheit wie du, dafür aber auch nicht so verdammt zynisch. Du weißt doch sonst alles. Hast du nichts von den Erscheinungen von Fatima gehört? Fatima ist ein kleines Dorf in Portugal. Da ist zwischen 1916 und 1917 mehrere Male die Muttergottes vor drei Dorfkindern erschienen. Die Erscheinung ist so gut dokumentiert, daß sie von der katholischen Kirche offiziell anerkannt wurde.

Die Jungfrau Maria hat den Kindern drei Offenbarungen über die Zukunft Europas gemacht. Die erste lautete: Der Erste Weltkrieg, der damals gerade auf dem Höhepunkt war, würde bald zu Ende gehen. Vorher würde aber in Rußland eine große Revolution ausbrechen. Große Unruhen würden folgen, viele Nationen zerstört werden. Die zweite war: Es würde noch ein anderer, noch schrecklicherer Krieg kommen. Er würde unter der Regentschaft eines zukünftigen Papstes Pius XI. ausbrechen [wie zweiundzwanzig Jahre später geschehen]. Die dritte Prophezeiung hat sie nur einem der Kinder anvertraut. Angeblich durfte die Kleine diese Vorhersage nur den Autoritäten der katholischen Kirche weitersagen. Erst in den sechziger Jahren sollte sie öffentlich bekanntgemacht werden. Aber das ist nie geschehen. Es heißt, daß die dritte Prophezeiung als Warnung gedacht war vor dem, was am Ende dieses Jahrhunderts geschehen würde, wenn die Menschen sich nicht zur Umkehr besinnen. Es wird gemunkelt, daß da auch vom bevorstehenden Weltende die Rede ist, und zwar nach dem Untergang des letzten Papstes, ›wenn Feuer und Rauch vom Himmel fallen, die Meere verdampfen und Millionen und aber Millionen sterben.‹«

Die Frage, die darauf folgt, stand unausgesprochen im Raum: Wie ernst sind nun solche Prophezeiungen zu nehmen?

»Man kann das alles natürlich ganz leicht als hysterische Endzeit-Schreckensmalerei abtun«, sagt Anne nachdenklich. »Aber andererseits hatten wir noch nie so viele Möglichkeiten, die Schreckensvisionen in die Tat umzusetzen, wie heute. Und bisher haben die Menschen noch immer eine Möglichkeit gefunden, die Mittel zur Zerstörung, die sie gefunden haben, auch einzusetzen. Die Geschichte bringt immer mal wieder einen Wahnsinnigen hervor und setzt ihn an weltpolitische Schaltstellen. Vielleicht, um Dinge in Gang zu setzen, vor denen die meisten anderen zurückschrecken würden?«

»Ich glaube, wie ihr alle wißt, an Präkognition«, sagt Frank, «wo und wie immer auch solche Informationen abgerufen werden mögen. Aber speziell bei diesen Endzeitmythen bin ich skeptisch. Sicher, große Ereignisse werfen ihre Schatten voraus. Aber mein alter Professor Hans Bender hat mal gesagt: ›Kein Sensitiver, kein Hellseher, vermag zu unterscheiden, ob seine Eindrücke reine Phantasie sind, ob sie telepathisch, hellseherisch oder gar prophetisch verursacht werden oder ein Mixtum sind.‹ Er sagte, der Krieg selber sei nicht vorhersehbar, nur die Ereignisse, die im Zusammenhang mit Kriegsgeschehen standen.«

»Das stimmt«, sagt Dieter. »Maurice Maeterlinck, der flämische Dichter und Nobelpreisträger, hat, wenn ich mich recht erinnere, einmal eine Untersuchung über die Ergiebigkeit von dreiundachtzig Kriegsprophezeiungen durchgeführt. Ich glaube, es ging um den Ersten Weltkrieg. Das Ergebnis: Alle bis auf zwei waren wertlos.

Maeterlinck schrieb dazu: ›Ein Geheimnis von diesem Gewicht hätte auf allen Existenzen lasten und Vorahnungen und Enthüllungen hervorrufen müssen. Nichts dergleichen: Sorglos kamen und gingen wir unter dem drohenden Unglück, das von Jahr zu Jahr, von Tag zu Tag und schließlich von Stunde zu Stunde näher kam, und sahen es erst, als es bereits unsere Häupter berührte.‹«

Möglicherweise, denke ich, nein, hoffentlich werden wir in zehn Jahren über all die Schreckensvisionen, die uns für die Jahrtausendwende vorausgesagt worden sind, lächeln können. Vielleicht waren sie mehr als Warnung und Mahnung zur Umkehr gedacht. So wie die Weissagungen der Propheten aus dem Alten Testament. Die prophezeiten nämlich Unheil in der Hoffnung, daß es nicht eintreten möge. So gesehen ist eine schreckliche Prophezeiung, die nicht eintrifft, eine gute Prophezeiung, denn sie hat ihren Zweck erfüllt.

Und wenn sie doch eintrifft?

»Dann brauche ich mir um Viktors siebenundfünfzigsten Geburtstag keine Gedanken zu machen«, flüstert mir Elke zu.

»Dann mache ich vorher noch einen drauf«, sagt John, ausgerechnet er, der so asketisch ist, daß wir fast ein schlechtes Gewissen kriegen, wenn wir in seiner Gegenwart ein Glas Wein trinken.

»Dann sollten wir daraus die Lehre ziehen, nichts auf die Zukunft zu verschieben, und ganz bewußt im Hier und Jetzt leben«, sage ich und ärgere mich, weil das zwar richtig ist, aber so salbungsvoll klingt.

»Ich schließe mich dir an – unter der Bedingung, daß du den grauenhaften Szeneausdruck ›Hier und Jetzt‹ zurückziehst«, sagt Dieter.

»Können wir uns möglicherweise auf ein Luther-Wort einigen, Herr Philosoph?« fragt Frank mit liebevollem Spott.

»Luther ist goldrichtig«, sagt Dieter strahlend, und dann deklamieren die beiden im Duett: »Und wenn ich wüßte, daß morgen die Welt untergeht, so würde ich noch heute ein Apfelbäumchen pflanzen.«

Das würde ich hoffentlich auch tun, denke ich. Aber die Welt kann ja gar nicht untergehen. Zumindest nicht so bald. Monas Palmblatt geht schließlich bis zu ihrem siebzigsten Lebensjahr. Das ist ungefähr im Jahr 2020.

Dem Schicksal auf der Spur

Im Briefkasten liegt ein dicker Stapel Post, und ausnahmsweise ist mal das meiste für mich. Ich liebe es, Post zu bekommen, und öffne neugierig den ersten Umschlag. Heraus fällt, mit herzlichen Grüßen von Gerhard Riemann, die neueste Ausgabe der *Esotera*. »Der beiliegende Artikel wird Sie sicher interessieren.« Der Beitrag, um den es ihm geht, ist schon auf dem Titel angekündigt: »Dem Schicksal auf der Spur. Das Geheimnis der Palmblatt-Orakel«. Daneben in Großaufnahme das Foto eines Palmblattes und eines indischen Swamis, der ein Palmblatt in der Hand hält.

»Supertitel« ist mein erster Gedanke, alte Journalistenangewohnheit. Der zweite ist Ernüchterung: So wolltest du dein Buch doch auch nennen. Ob das nun noch geht, oder ob jetzt einer denkt, ich habe den Titel geklaut? Jedenfalls freue ich mich, daß mein Herausgeber an meinem Buch so Anteil nimmt, und öffne den nächsten Umschlag. Auf der neuesten Ausgabe von *Esotera* klebt ein kleiner gelber Zettel: »Das interessiert Dich doch sicher. Herzliche Grüße, Carmen und Klaus.« Die dritte *Esotera* kommt von Frank und die vierte von Gaby: »Hast Du die Nummer schon?« Ich bin ganz gerührt von soviel Anteilnahme und verziehe mich in mein Arbeitszimmer, um den Artikel in Ruhe zu lesen.

Das Faxgerät hat gerade drei Mitteilungen ausgespuckt: »Hast Du schon gesehen, daß in der *Esotera* ein Artikel über die Palmblattbibliotheken steht? Text anbei.«

Ich habe gar nicht gewußt, daß ich so viele gute Freunde habe. Und von den meisten hätte ich nicht mal im Traum erwartet, daß sie überhaupt wissen, daß es eine Zeitschrift namens *Esotera* gibt.

Gespannt fange ich an zu lesen. Der Artikel stammt von zwei Studenten, Annett Mann und Thomas Ritter, die von der Existenz der Palmblattbibliotheken erfahren haben, sich irgendwo drei Adressen besorgten und dann loszogen, um, wie sie schreiben, das Rätsel zu ergründen.

»Drei!« denke ich neidvoll. »Ich habe erst eine!«

Dann fällt mir ein: Das ist doch gegen die Spielregeln. Man darf doch nicht nach den Adressen fragen, heißt es immer – das Schicksal muß einen doch dorthin führen. Ich lese gespannt, wie es weitergeht.

Die erste Bibliothek, die die jungen Leute aufsuchen, befindet sich in einem Vorort der südindischen Großstadt Madras. Sie melden sich telefonisch bei dem Palmblattleser, Sri R. V. Ramani, an und erhalten nach einigen Komplikationen tatsächlich auch einen Termin. Zu ihrer Erleichterung spricht Mr. Ramani fließend Englisch. Sie geben Namen und Geburtsdaten an und müssen dann neun polierte Muscheln auf ein Mandala werfen, das in einen kleinen Teppich gestickt war. Mr. Ramani sucht die im Zentrum liegenden Muscheln heraus, fängt an zu rechnen und findet so auf mysteriöse Weise »aus Tausenden und aber Tausenden von Palmblättern« in fünf bis sieben Minuten die zwei, in denen es um Thomas und Annett geht.

Die Lesung beginnt mit einer rituellen Begrüßung: »Die göttliche Mutter wünscht dir alles Gute. Mit diesem Palmblatt gibt der große Geist seinen vollkommenen Schutz und seine Unterstützung für dein künftiges Leben.«

Dann übersetzt der Swami den Inhalt für sie aus dem Alt-Tamil auf ein Blatt Papier in die englische Sprache. Zu ihrer großen Überraschung nennt er ihnen den Tag, an dem sie sich kennengelernt hatten, die Zeit, in der Annett, wie sie schreibt, eine existentielle Lebenskrise durchmachte, und stellt ihr dann eine positive Veränderung in ihrer persönlichen und spirituellen Entwicklung in Aussicht. (Das traf wenig später auch ein, schreibt sie, sie wurden zu einer Talk-Show eingeladen und erlebten daraufhin einen intensiven Austausch mit »Gleichgesinnten«.) Thomas würde nach der Beendigung seines Jurastudiums eine Tätigkeit im internationalen Bereich aufnehmen – ein Arbeitsfeld, das er tatsächlich anstrebt.

Es folgen Aussagen über den gegenwärtigen Entwicklungsstand der beiden und die in dieser Inkarnation anstehenden Aufgaben. Zeit genug bleibt ihnen allemal. Ihnen wird ein Lebensalter von zwei- beziehungsweise vierundachtzig Jahren prophezeit. Die beiden jungen Leute sind überaus beeindruckt.

»Nach der Zeremonie«, schreibt Annett Mann, »waren wir von der Echtheit des Nadi-Readings überzeugt. Doch genügte das als Beweis?«

Schließlich wagen sie es, den Palmblattleser zu bitten, daß sie ihr persönliches Palmblatt behalten dürfen. Das Wunder geschieht. Mr. Ramani löst ihre Blätter aus dem Bündel und schenkt sie ihnen. Die beiden schreiben, daß sie sie zur Übersetzung an einen Experten für alttamilische Philologie in Prag und zur genauen Altersbestimmung an ein Kernforschungszentrum in Sachsen geschickt haben, und versprechen, die Ergebnisse in *Esotera* zu veröffentlichen.*

Die beiden fügen noch hinzu, daß Mr. Ramani fast beleidigt reagiert habe, als sie auf die Bezahlung zu sprechen kamen, und erklärte, er betrachte diese Tätigkeit als heilige Aufgabe.

Dann kommen sie zur nächsten Bibliothek in Bangalore. Sie können trotz ihrer Bemühungen für die nächsten Tage

---

* Leider liegen nahezu ein Jahr später die Resultate immer noch nicht vor – oder *Esotera* hat auf einen Abdruck verzichtet.

keinen Termin bekommen und werden mit dem Hinweis vertröstet, daß sie das Reading auch per Tonband zugeschickt bekommen könnten – gegen einen kleinen Unkostenbeitrag, dessen Höhe sie selbst bestimmen sollten, zahlbar nach Erhalt des Readings. Die beiden jungen Leute sind mehr als irritiert, als ihnen ein Fragebogen vorgelegt wird, in dem unter anderem nach vollständigem Namen, Adressen, Telefon- und Faxnummer gefragt wird, weiter nach Sternzeichen, Aszendent und sämtlichen Informationen über ihre gesamte Verwandtschaft. »Eigentlich waren wir der Meinung«, schreiben sie, »daß derartige Angaben in den Palmblättern enthalten sind.« Sie schließen daraus, daß es sich bei dem Reading von Gunjur Sachidananda Murthy um keine echte Lesung, sondern um eine Art »verbessertes Horoskop« handelt, und beenden den Passus mit dem Hinweis, daß sie trotz mehrfacher telefonischer Rückfragen bis heute vergeblich auf ihr Palmblatt warten.

Was mich mehr noch als diese Informationen interessiert, ist die Tatsache, daß auf dem Fragebogen, der in dem Artikel als Illustration abgebildet ist, oben links winzig klein und kaum lesbar die Anschrift der Bibliothek in Bangalore abgedruckt ist. Ich denke einen Augenblick darüber nach, ob das gilt, und entscheide mich dafür. Schließlich ist die Anschrift zu mir gekommen. Ich suche also nach einer Lupe und entziffere:

> Gunjur Sachidananda Murthy
> Sri Shuka Nadi Interpreter
> Nadi Gruha
> No. 32 fifth Main Road Chamarajpet
> Bangalore 560018
> Phone: 91 8212 601971

Als letztes wollten Annett Mann und Thomas Ritter eigentlich noch »Monas« Bibliothek in Vaithisvarankoil aufsuchen, aber das haben sie nicht mehr geschafft, weil ihr Terminplan zusammengebrochen war. Rückblickend, so schreiben sie, sei das aber wohl kein Verlust gewesen. Mittlerweile hätten sie nämlich erfahren, es würden dort recht unseriöse Praktiken angewendet, in der deutlichen Absicht, sich auf Kosten ausländischer Reisender zu bereichern. So seien einer Touristengruppe aus Berlin pro Person 1250 Mark für eine Zeremonie berechnet worden, die dann aufgrund geschickter Verzögerungstaktik noch nicht einmal zu Ende geführt wurde. Mir fällt ein, daß ich Mona unbedingt fragen muß, wieviel sie für ihre Lesung gezahlt hat.

Der Artikel schließt mit Fragen, die ich mir auch seit langem stelle und auf die ich ebenfalls noch keine Antwort weiß: »Wozu schrieb Brighu die Lebensläufe so vieler Menschen nieder?« – »Wie ist es möglich, daß jemand vor 7000 Jahren vorhersehen konnte, daß wir im August 93 nach Indien reisen und in einer ganz bestimmten Palmblattbibliothek nach unserem Schicksal fragen würden?«

Auch sonst läßt der Artikel etliche Fragen offen, und einiges scheint auch nicht ganz zu stimmen: Vaithisvarankoil liegt nicht, wie dort beschrieben, auf halbem Wege zwischen Madras und Pondicherry, sondern viel weiter südlich. Trotzdem bin ich so zufrieden wie schon lange nicht mehr. Einen Monat vor meiner Abreise habe ich zwei konkrete Adressen von Palmblattbibliotheken, und von einer dritten weiß ich zumindest den Stadtteil und den Namen des Lesers. Und keine davon habe ich mir geben lassen. Für den Anfang ist das doch nicht schlecht.

Abends ruft Carmen an und bittet mich um die Telefonnummer von Amrita. Amrita ist eine deutsche Seherin, die ich gut kenne und von der ich weiß, daß sie sehr gut ist.

Deshalb empfehle ich sie gelegentlich Freunden und Bekannten, die in einer Lebenskrise stecken und Rat auf der
feinstofflichen Ebene wünschen.

Ich suche also Amritas Nummer heraus, und dabei fällt mir
ein, daß ich selber längere Zeit nichts mehr von ihr gehört
habe. Deshalb rufe ich gleich bei ihr an. Sie freut sich
genauso herzlich wie ich. Amrita erzählt mir, sie erwarte
ein Baby. Ich erzähle ihr, daß ich nach Südindien reisen
werde.

»Warst du eigentlich schon einmal dort?« frage ich.

»Sicher«, sagt Amrita. »Wenn du nach Madras kommst,
mußt du unbedingt den Park der Theosophischen Gesellschaft aufsuchen. Die Energien dort sind unvorstellbar
stark. Und wenn du Lust hast, besuch doch mal unseren
Freund Sri Ramani. Vielleicht liest er dir sogar dein Palmblatt vor.«

»Du kennst Sri Ramani, den Palmblattleser?« frage ich völlig
verblüfft.

»Natürlich«, sagt Amrita. »Aber mein Mann kennt ihn viel
besser. Die beiden sind miteinander befreundet. Mr. Ramani war sogar bei unserer Hochzeit dabei.«

Ich stotterte ein bißchen herum und murmele so etwas
Albernes wie »Was für ein Zufall«, da sagt Amrita: »Ich habe
eine große Bitte an dich. Wenn dir mein Mann einen Brief
an seinen Freund mitgibt, wirst du ihm den dann überbrin-
gen?«

Welche Frage! Bereits am nächsten Tag kommt der Brief an.
In einem Umschlag, der meine Adresse trägt, befindet sich
ein weiteres Kuvert mit der Anschrift:

Sri R. V. Ramani
Sakti Arudkoodom
18 Alamelupuram
Selaiyur Post
East Tambaram
Madras 60007473

Nun habe ich sie also, die magischen drei Adressen, auf die ich gewartet habe. Bei einer der dreien werde ich, so hoffe ich, mein Palmblatt finden, und in den anderen Bibliotheken hoffentlich Antworten auf meine vielen Fragen nach dem Woher und Warum.

Ein Gedanke jedoch beunruhigt mich zutiefst.

Nicht so sehr die Sorge, daß ich möglicherweise überall umsonst vorspreche, daß mein Palmblatt in keiner Bibliothek auffindbar ist. Ich bin zuversichtlich, daß es nach all den »Zufällen« irgendwo auf mich wartet. Manchmal kommt mir sogar der Gedanke, daß Monas Geschichte für mich nur der Auslöser dafür war, daß ich mich selbst auf den Weg zu meinem Palmblatt mache. Vielmehr beschäftigt mich die Frage, was passiert, wenn ich so wie Mona erfahre, daß mir Schweres bevorsteht. Werde ich damit umgehen können? Oder werde ich es verdrängen? Einfach nicht glauben? Versuchen, mein Schicksal zu ändern? Resignieren? Ich stelle mir alle möglichen Szenarien vor und weiß für keines eine Antwort.

»Und was ist«, fragt mein Mann, »wenn du nun in jeder Palmblattbibliothek, die du aufsuchst, dein Palmblatt findest – und auf jedem steht etwas anderes?«

»Dann«, sage ich lachend, »weiß ich wenigstens definitiv, daß es sich dabei um einen ausgemachten Schwindel handelt. Ich kann Mona beruhigen und ihr sagen, daß sie sich um die Zukunft keine Sorgen machen muß. Und ich gehe als großer Orakeltester in die Geschichte ein.«

»Gehst du nicht«, sagt Bill, »keine Chance. Der Titel ist schon vergeben. Kennst du nicht die Geschichte von Krösus?«

»Kenn' ich nicht«, sage ich, »du bist ja hier der Geschichtslehrer. Erzähl mal. Meinst du den Krösus, der so unvorstellbar reich war?«

»Genau den«, sagt mein Mann. Und dann erzählt er mir, was dem König widerfahren ist, als er wissen wollte, welches der sieben berühmten Orakel zwischen Delphi und Dordona das beste sei, und deshalb den bekanntesten Orakeltest der Geschichte durchführte.

Im sechsten Jahrhundert vor Christus herrschte in Lydien, das heute zur Türkei gehört, der unermeßlich reiche König Krösus. Krösus befürchtete, daß der Perserkönig Cyrus sein Reich überfallen würde, und er überlegte, ob er ihm durch einen Überraschungsangriff zuvorkommen sollte. Aber zuerst mußte er natürlich wissen, wie seine Chancen dafür stünden, und deshalb wollte er sich an ein Orakel wenden. Nun gab es da zu der Zeit sieben berühmte Orakel, die alle behaupteten, unfehlbar zu sein.

Krösus wollte in diesem wichtigen Fall kein Risiko eingehen, und so machte er zunächst einen groß angelegten Orakeltest. Er schickte an die sieben führenden Orakel Boten mit der Frage: »Was machte der König in seinem Palast in Sardis, hundert Tage nach dem Aufbruch der Boten?« (Die Reisen zum Orakel nahmen damals viele Wochen oder Monate in Anspruch, je nachdem, aus welchem Teil der Welt der Fragesteller stammte, und waren mit großen Mühen und oft nicht unerheblichen Gefahren verbunden.)

Das Ergebnis seines Tests hat Geschichte gemacht: Von allen sieben kannte allein Delphi die korrekte Antwort.

Daraufhin bedachte der König, wie das seine Gewohnheit war, das Orakel mit einem Goldschatz von unermeßlichem Wert. Und in der Hoffnung, daß er damit Apollos Gunst erwirkt habe, schickte er nun ein zweites Mal seine Boten nach Delphi und ließ fragen, ob er Persien angreifen solle und, falls ja, ob er sich zuerst einen Bundesgenossen suchen solle.

Die Antwort der Pythia ist weltberühmt und, wie es scheint, ausnahmsweise sogar völlig eindeutig: Wenn Krösus den Fluß Halys überquere, so ließ sie verlauten, würde ein großes Reich zerstört. Und darüber hinaus empfahl sie, daß er sich mit dem mächtigsten griechischen Stamm verbünde, das war damals Sparta.

Krösus tat also wie geheißen und zog gemeinsam mit den Spartanern in den Krieg gegen die Perser. Aber anstatt die Perser zu besiegen, erlitt Krösus eine vernichtende Niederlage. Zwar ging der Spruch der Pythia in Erfüllung, aber nicht so, wie er gedacht hatte: Es war sein eigenes Reich, das der König vernichtet hatte.

»Die Verteidiger der Pythia«, sagt mein Mann, »führen immer spitzfindig an, sie hätte ja nie gesagt, welches Reich zerstört würde! Aber man muß ehrlicherweise sagen, daß das Orakel dem Krösus keinen guten Dienst erwiesen hat.«

Die Geschichte hat mich sehr nachdenklich gestimmt. Ich versuche, mir einzureden, daß Krösus ja nicht für seinen Test bestraft worden ist, sondern für seinen Größenwahn.

Aber trotzdem bin ich ein bißchen beunruhigt. Nach allem, was ich mittlerweile über die Hindugötter gelesen habe, sind die nämlich genauso menschlich, so nachtragend – und so unberechenbar – wie ihre Kollegen vom Olymp.

Orakelgeschichten

Wie ging das eigentlich damals mit dem Orakel von Delphi?« frage ich weiter. »War das Schwindel, oder hat es wirklich funktioniert?«

Mein Mann gehört zu den großen Schweigern. Es ist nicht einfach, ihn zum Reden zu kriegen. Noch am ehesten Erfolg habe ich, wenn es um sein Lieblingsthema geht: griechische Geschichte. Dann wird er manchmal richtig gesprächig.

So wie heute.

»Schwer zu sagen«, meint er und zieht nachdenklich an seiner Pfeife. »Moderne Archäologen haben zahlreiche Beweise dafür gefunden, daß in Delphi und anderswo – in Dordona, Euphyra in Griechenland und in Dydima oder Klaros in Kleinasien – zumindest zu einem Teil genial inszenierter Betrug im Spiel war. Und auch die großen Denker der Antike, die das Orakel aus eigener Erfahrung kannten, hatten so ihre Zweifel.

Plato unterschied zwischen ›vernünftigen‹ Orakeln – dazu zählte er die Beobachtung und Deutung von Blitz und Donner, Sonnen- und Mondfinsternis, Erdbeben, des Flugs der Vögel und sogar des Rauschens der Blätter in den heiligen Eichen des Göttervaters Zeus – und ›verrückten‹ (oder ekstatischen) Orakeln. Dazu gehörte seiner Meinung nach Delphi.

Sokrates, der sogar mal als Priester in Delphi gearbeitet haben soll, sah das anders. Er hat zwar auch gesagt, was da abliefe, wäre ›Wahnsinn‹, aber trotzdem ein besonderes Geschenk des Himmels. Er meinte nämlich: Wenn die Pythien, die dort als Seherinnen arbeiten, nicht bei Sinnen sind, tragen sie viel zum Segen von Hellas bei. Wenn sie bei klarem Verstand waren, dagegen gar nichts.«

Aber was geschah dort wirklich? Basierten die Orakel für wichtige Staatsmänner tatsächlich nur auf den Informationen, die ein perfekt organisierter »Brieftaubenkurierdienst« im Auftrag der Orakelpriester beschaffte? Waren die Geister der Verstorbenen, die den Besuchern von Euphyra nach neunundzwanzigtägigem, durch starke Drogen herbeigeführtem Tempelschlaf im (trickreich nachgebauten) Hades erschienen, wirklich in jedem Fall nichts weiter als verkleidete Priester? Handelte es sich um eine Mischung aus echter Medialität und faulem Zauber? Tatsache ist jedenfalls, daß die Orakel fast tausend Jahre lang in Betrieb waren, von 700 vor bis zum vierten Jahrhundert nach Christus – meist zur vollen Zufriedenheit der Kundschaft. Und sie sind nicht etwa zugrunde gegangen, weil sich die Priester allzuoft als bestechlich und die Aussagen der Pythen häufig als falsch erwiesen hätten. Es war vielmehr das sich ausbreitende Christentum, das ihnen ein Ende setzte. Aber bis dahin war fast alles, was im alten Hellas oder Rom Rang und Namen hatte, dort gewesen.

Es kamen allerdings längst nicht nur die Mächtigen, um den Spruch des Orakels zu hören. Diese Meinung entstand nur, weil die Geschichtsschreiber – Cicero, Herodot, Thukydides und so weiter, die uns diese Informationen hinterlassen haben, sich nicht für die kleinen Leute interessierten. Ist ja auch klar: Kaiser und Feldherren, die beim Orakel vorsprachen und demütig fragen ließen, ob ein Feldzug gegen die Perser Chancen hätte oder ob ihre Gattin, die Kaiserin, mit einem ihrer Sklaven ins Bett ginge, das war natürlich Stoff für erstklassigen Tratsch. Aber die Hauptkundschaft bestand aus völlig normalen Menschen. In der Nähe des Orakels von Dordona wurden vor nicht allzu langer Zeit einige hundert Orakeltäfelchen ausgegraben, die klingen wie die Fragen an die Briefkastentante einer modernen Illustrierten: »Warum bekomme ich keine Kinder?« – »Kann ich Näheres über Frau N. erfahren?« – »Ist es vernünftig, wenn ich O. jetzt heirate, oder soll ich die Hochzeit lieber verschieben – oder ganz bleibenlassen?«

»Und darauf haben die wirklich eine klare Antwort gekriegt?« frage ich ungläubig.

»Es sieht so aus«, meint mein Mann. »Es gab, wie beim Orakel üblich, rätselhafte Antworten und auch klare. Doch die weitaus meisten Kunden scheinen mit den Auskünften zufrieden gewesen zu sein. Cicero, der alte Skeptiker, schrieb, nie wäre das Orakel von Delphi mit so vielen Gaben von bedeutenden Monarchen und Nationen überschüttet worden, wäre nicht die Richtigkeit der Aussagen des Orakels immer wieder bestätigt worden.«

»Wer war eigentlich die Pythia, die auf einem Dreifuß vor der Erdspalte saß und die Botschaften der Götter weiterleitete?« frage ich. »Waren das geschulte Medien?«

»Es gab unzählige Pythien im Laufe der Geschichte«, sagt mein Mann. »Als Delphi auf der Höhe des Ruhms war, im fünften Jahrhundert, waren dort zwei ständig im Einsatz, und eine dritte stand für Notfälle in Reserve, sozusagen mit Rufbereitschaft. Ursprünglich durften übrigens nur schöne Jungfrauen als Pythia arbeiten. Aber dann ist einmal eine von ihnen vergewaltigt worden. Der Übeltäter, ein gewisser Echecrates aus Thessalonien, hatte zu seiner Verteidigung vorgebracht, er hätte ihrer Schönheit nicht widerstehen können. Seitdem mußten sie mindestens fünfzig Jahre alt sein, ein moralisch einwandfreies Leben führen und von wenig ansehnlichem Äußeren sein. So sollte verhindert werden, daß sich der Skandal, der die ganze griechische Welt erschüttert hatte, noch einmal wiederholte.

In allen Palmblattbibliotheken sind die Wände mit girlandengeschmückten Bildern indischer Götter und Göttinnen dekoriert

Der heilige Brighu, auf den viele Schicksalsbibliotheken zurückgeführt werden

Palmblatt aus der Schicksalsbibliothek bei Madurai

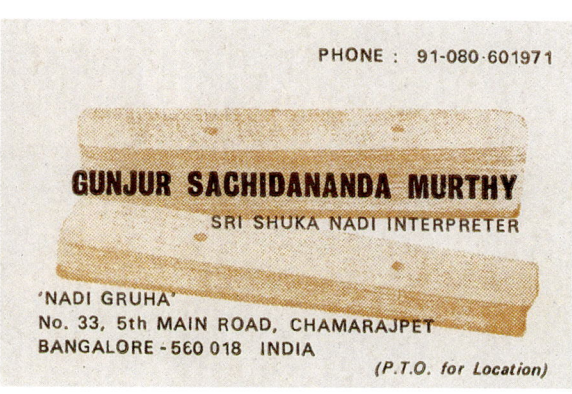

Sachidananda Murthy bei der Lesung

PHONE : 91-080-601971

GUNJUR SACHIDANANDA MURTHY

SRI SHUKA NADI INTERPRETER

'NADI GRUHA'
No. 33, 5th MAIN ROAD, CHAMARAJPET
BANGALORE - 560 018 INDIA

(P.T.O. for Location)

Visitenkarte von Gunjur Sachidananda Murthy

K. Mandi, der Handleser, bei der Arbeit

Ratna Murthy mit ihrer ältesten Tochter

Shuka Maharshi, der der Mythologie nach die Palmblattbibliothek von Bangalore begründet hat; er wird in der Hindukunst immer nackt dargestellt

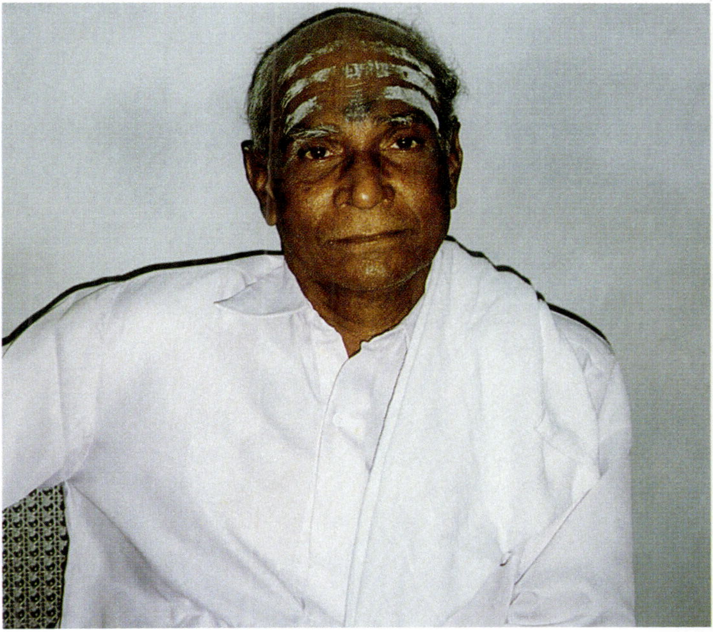

Poosamuthu

Puja, das jährliche Dankesopferfest der Palmblattbibliothek in Bangalore. Auf dem Altar werden die Bündel von Palmblättern aufgebaut, die in verschiedenen Größen vorkommen.

Thanus Kodi, der Palmblattleser aus einem Ort bei Madurai

Ein Bündel Palmblätter aus Vaithisvarankoil

Der heilige Brighu mit der Göttin Lakschmi

Amma, die »Göttliche Mutter«
Amritanandamayi

Trotz ihres hohen Prestiges hatten die Pythien kein leichtes Leben. Mehrfach am Tage in Trance zu gehen, verbunden mit den strengen Anforderungen an das asketische Leben, das sie zu führen hatten, kostete viel Kraft, und so wurden die meisten nicht sehr alt.«

»Wenn das wirklich so einfache Frauen waren, woher hatten die denn das Wissen für ihre Prophezeiungen? Manche haben doch sogar in astreinen Hexametern geantwortet«, sage ich.

Mein Mann lacht: »Es gibt viele Spekulationen darüber, warum die Anforderungen, die an eine Pythia gestellt wurden, vergleichsweise gering waren: Alt, schlicht und fromm mußten sie sein, das reichte schon.

Ganz anders verhielt es sich mit den Priestern, die die Sprüche der Pythien deuteten. Die mußten aus vornehmem Geschlecht stammen, hochintelligent, schlagfertig und psychologisch geschult sein, um die oft obskuren, unklaren Äußerungen der Pythien in die doppeldeutigen Formulierungen zu kleiden, die dann nicht selten Weltgeschichte machten.

Der Verdacht liegt nahe, daß die Orakelpriester zumindest bei wichtigen Kunden die Wahrnehmungen der Pythia bewußt oder unbewußt ein wenig gesteuert haben. Eine gewisse Vorsicht war auch lebensnotwendig. Oft kamen ja sehr mächtige Städte, Könige und ehrgeizige Tyrannen, die zu bestimmten Fragen den Rat des Gottes einholen wollten. Und solche Männer mit der brutalen Wahrheit zu konfrontieren, die in krassem Widerspruch zu ihren Interessen stand, hätte für das Orakel gefährlich werden können. Da war es schon besser, wenn das Risiko bei der Kundschaft blieb.

Nimm zum Beispiel Pyrrhus, den König von Epirus, den, nach dem der ›Pyrrhussieg‹ benannt wurde. Er wollte im

Jahre 280 gegen die Römer zu Felde ziehen, um der Stadt Tarent zu helfen.

Sicherheitshalber hatte er zuvor das Orakel von Dordona befragt, ob das eine vernünftige Entscheidung sei. Da hatten ihm die Eichen gerauscht, er könne den Tarentern unbesorgt zu Hilfe eilen. Darauf zog er mit 250 000 Mann los. Er gewann zwar die Schlacht, aber seine Verluste waren so hoch, daß er gesagt haben soll: ›Noch ein solcher Sieg, und wir sind geschlagen.‹«

»Du solltest ruhig öfter mal mit mir über solche Dinge reden«, sage ich beeindruckt. »Ich hatte ja keine Ahnung, daß du das alles weißt!«

»Komm mal in meine zwölfte Klasse«, sagt mein Mann. »Wir beschäftigen uns gerade mit Weissagungen.« Und er fährt fort: »›Kein Volk gibt es, wie ich sehe, mag es noch so fein und gebildet, noch so roh und unwissend sein, das nicht der Ansicht wäre, die Zukunft könne gedeutet und von gewissen Leuten erkannt und vorhergesagt werden.‹ – Cicero«, sagt er lächelnd. »Von der Weissagung.«

Mir bleibt vor Staunen der Mund offen. Zwanzig Jahre reichen einfach nicht aus, um einen Menschen kennenzulernen.

Zukunftsschau durch Astrologie

Kurz vor meiner Abreise ruft Carmen an. Sie ist eine der zwei befreundeten Astrologen, denen ich Monas Geburtsdaten – und die ihres Mannes – geschickt habe. »Ich muß mit dir über Mona reden.«

Wir verabreden uns zum Mittagessen beim Italiener. Ich bin neugierig, ob Carmens Prognose sich mit der von Winfried Noé deckt. Keiner von beiden kennt Mona. Die einzige Information, die ich ihnen – außer den Daten – gegeben habe, ist der Hinweis, daß es in der Beziehung zwischen Mona und ihrem Mann kriselt.

»Ich bin neugierig«, sagt Carmen. »Hast du schon die Antwort von Winfried Noé?«

Ich erzählte ihr, daß Winfried Noés Partner-Composit ergeben hatte, daß die Beziehung zwischen Mona und Nico vermutlich in die letzte Runde gegangen wäre. Nun deutete alles auf eine Trennung hin.

Carmen ist überrascht. »Ich habe mir natürlich gedacht, daß da etwas im Busch sein muß – sonst hättest du mich ja nicht gefragt, was mit den beiden los ist. Aber ich kann beim besten Willen im Horoskop der beiden keine bevorstehende Trennung erkennen. Klar – da gibt's jede Menge Zoff. Den gab's aber immer schon.

In der Ehe hat von Anfang an sie den Part des Mannes übernommen. Sie bestimmt, sie schafft an. Sie verdient das Geld. Und sie hat auch ganz präzise Vorstellungen davon, wie ihre Beziehung abzulaufen hat. Wenn es nicht so klappt, wie sie sich das vorstellt, ist immer er derjenige, der schuld dran ist. Versteh mich nicht falsch – oft genug ist er's auch. Er braucht sehr viel Selbstbestätigung, und die holt er sich, wo immer er sie kriegen kann, meist bei anderen Frauen. Aber in finanziellen Dingen und was den sozialen Rahmen betrifft, ist er von ihr abhängig, und da neigt er dazu, sie kräftig auszunutzen.

Dabei ist er trotz seiner zahllosen Affären ein echter Familienmensch. Wenn die beiden Kinder haben, müßte er ein sehr liebevoller Vater sein. Das ist für sie natürlich sehr bequem, dadurch hat sie mehr Freiheit, sich um das zu kümmern, was ihr am wichtigsten ist: Prestige und Erfolg. Im Grunde haben sich die beiden also miteinander arrangiert.

Wenn nicht etwas besonders Dramatisches passiert – und ich kann im Horoskop in der nahen Zukunft keine Anzeichen dafür entdecken –, dann müßte es mit den beiden eigentlich so dahinplätschern wie bisher. Mit Höhen und Tiefen, aber ohne Eskalation. Wenn ich mich überhaupt auf ein Trennungsdatum festlegen müßte, dann wäre das erst im April 97 angesagt.

So, und jetzt sage mir, ob ich damit richtig oder falsch liege.«
»Mit der Beurteilung der Persönlichkeiten hast du ziemlich ins Schwarze getroffen«, sage ich beeindruckt. »Auch mit der Einschätzung der Beziehung. Ob du mit deiner Prognose für die Dauer der Ehe recht hast, weiß ich selber nicht. Der Palmblattleser hat ihr prophezeit, im nächsten Jahr würde ihr Mann sie verlassen. Eine Hellseherin hat dasselbe gesagt. Und auch Winfried Noé vermutet, daß im nächsten Jahr das Aus kommt.«
»Weiß sie das?« fragt Carmen.
»Natürlich«, sage ich. »Deshalb holt sie sich ja überall Prognosen ein.«
»Das ist typisch für sie«, meint Carmen spontan. »Sie ist, das zeigt ihr Horoskop ganz deutlich, eine Frau, die nichts dem Zufall überläßt. Wenn sie sich entschließt, die Ehe zu been-

den, dann bereitet sie das gründlich vor. Und dann sammelt sie Prognosen, die ihr bescheinigen, daß sie an der Trennung keine Schuld haben wird. Haben die beiden Kinder?«

»Ja«, sage ich. »Zwei Töchter im Schulalter.«

»Leben sie bei ihr?« fragt Carmen.

»Ja«, sage ich. »Aber Mona pendelt derzeit zwischen Florenz und München hin und her. Ihr Mann lebt da. Wenn das Schuljahr zu Ende ist, wollen alle nach Italien ziehen.«

»Ich habe da so meine Bedenken«, sagt Carmen ruhig. »Es würde mich nicht wundern, wenn sie die Kinder vorher in ein Internat steckt. Haben sie das Geld dafür?«

»Mehr als genug«, sage ich.

»Dann warte mal ab«, meint Carmen. »Ich kann mir nämlich gut vorstellen, daß sie ihren Absprung von langer Hand vorbereitet, möglicherweise völlig unbewußt. Vielleicht muß sie das tun, damit es ihr dann nicht mehr so weh tut, wenn es soweit ist. Falls es dazu kommt.

Aber ich halte solche Prognosen für überaus gefährlich. Bei meinen Beratungen meide ich Aussagen über die Zukunft, wo es nur geht. Ich glaube, daß sich die meisten Menschen zu sehr davon beeinflussen lassen. Und außerdem sind es ja diese Zukunftsprophezeiungen, die der Astrologie einen so verheerenden Ruf eingebracht haben. Deshalb machen die meisten seriösen Astrologen heute nach Möglichkeit einen großen Bogen darum. Wie überhaupt um alles, was uns in die Nähe der Scharlatanerie bringen könnte. Wir begnügen uns mit der Deutung von Charakter und Lebensaufgaben, Talent, Beruf, Beziehungen, Selbsterkenntnis. Da können wir ja auch eine Menge leisten.

Aber was die Zukunft betrifft, sag' ich: Finger weg. Kein ernsthafter Astrologe wird einem Klienten für einen bestimmten Tag einen Unfall voraussagen, geschweige denn den Todestag, wie das deine Palmblattbibliotheken ja wohl tun. Außerdem gibt es im Horoskop gar keinen eindeutigen Todespunkt. Es gibt nur bestimmte Planetenkonstellationen, die gefährlich sind, aber die kommen im Leben mehr als einmal vor.

Ich würde höchstens sagen, daß jemand aufgrund seines Horoskops zu einer bestimmten Zeit mehr zu Krankheiten und Unfällen neigt, und zu erhöhter Vorsicht raten. Und wenn ich wirklich mal nicht umhinkann, Prognosen abzugeben, dann sage ich lieber allgemeine Entwicklungen voraus als einzelne Ereignisse. Und ich arbeite viel lieber mit großen Zeitspannen als mit festen Daten. Aber das ist natürlich viel weniger spektakulär.«

»Wie kommt es, daß die westliche Astrologie so vorsichtig ist?« will ich wissen.

»Gebrannte Kinder«, sagt Carmen kurz und bündig. »Zweitausend Jahre lang galt die Astrologie in Europa als ernstzunehmende Wissenschaft. Sie wurde an Universitäten gelehrt und an allen Königshöfen Europas praktiziert. Nicht einmal, als Kopernikus bewies, daß sich die Erde um die Sonne dreht, und damit das heliozentrische Weltbild zum Einstürzen brachte, hat das der Astrologie ernsthaft geschadet.

Aber im achtzehnten Jahrhundert begann dann der Niedergang. Da geriet die Astrologie unter den Einfluß der Geschäftemacher und der Scharlatane. Da kursierten plötzlich überall reißerische Pamphlete, die mit echter Astrologie nichts mehr zu tun hatten. Sie verbreiteten übelsten Aberglauben und peinlichstes Halbwissen und schafften es, den Ruf, den die Astrologie in zweitausend Jahren erworben hatte, in weniger als hundert Jahren zu vernichten.

Erst ganz allmählich gelingt es uns wieder, eine gewisse Glaubwürdigkeit zu erlangen. Leider tragen die Zeitungshoroskope, die du heute in jedem Bäckerblatt findest, in erheblichem Maße dazu bei, daß die mühsam erkämpfte Seriosität wieder gefährdet wird. Dagegen können wir nichts tun. Aber von der Zukunftsdeuterei lassen wir nach Möglichkeit die Finger.«

»Ich weiß noch nicht, wie«, sage ich, »aber so wie es aussieht, haben die indischen Palmblätter auch etwas mit Astrologie zu tun. Wenn das wirklich so ist, wie du sagst, dann frage ich mich, woher die indische Astrologie den Mut zu solch präzisen Prognosen nimmt, wie sie auf den Palmblättern stehen.«

»Ich kenne mich mit der indischen Astrologie leider nicht aus«, sagt Carmen. »Ich weiß nur, daß sie auf dem siderischen Prinzip basiert und auch sonst ganz anders vorgeht als unsere. Die Inder arbeiten nicht mit den drei später entdeckten Planeten Neptun, Saturn und Pluto, dafür mit den beiden Mondknoten Rahu und Ketu. Dein Sonnenzeichen ist in einem indischen Horoskop meist anders als in einem westlichen. Sogar die Radix, die Horoskopzeichnung, ist nicht rund, sondern quadratisch. Und trotzdem stimmen die Deutungen eines Horoskops in beiden Systemen ziemlich überein. Ich habe mir mal ein indisches Horoskop stellen lassen. Das Ergebnis war verblüffend ähnlich, obgleich ich in der westlichen Astrologie Widder bin und in der indischen Fisch. Nur daß die Inder sehr viel mutiger in ihren Prognosen sind als wir. Aber die haben ja auch nicht den Ärger gehabt wie die westliche Astrologie.«

»Wenn ich zurückkomme, kann ich dir hoffentlich viel mehr darüber erzählen«, sage ich. »Ich glaube, jetzt habe ich genug von der Theorie. Jetzt hilft nur noch eins: Ich muß selber dorthin und mit eigenen Augen sehen, was da passiert.«

»Hast du Angst?« fragt Carmen.

»Und ob«, antworte ich. »Ich habe keine Ahnung, wie und wann ich zurückkehre.«

»Hast du denn keinen Rückflug gebucht?« fragt Carmen überrascht.

»Doch«, sage ich, »aber der Termin ist offen. Ich komme erst zurück, wenn ich mein Schicksalsblatt gefunden habe. Wo auch immer. Oder aber wenn ich mit Sicherheit weiß, daß das alles nur ein Märchen ist.«

»Du bist ganz schön mutig«, sagt Carmen nachdenklich. »Wie steht denn eigentlich deine Familie dazu? Sind die nicht sauer, wenn du so lange wegbleibst?«

»Die kennen das schon«, sage ich. »Die sind daran gewöhnt, daß ich ab und zu einmal für eine Weile weg bin. Aber sie wissen, daß ich immer zurückkomme. Und sie wissen auch, daß sie das Wichtigste in meinem Leben sind. Alle.«

»Was willst du denn eigentlich dort erfahren?« fragt Carmen. »Du kannst mir doch nicht erzählen, daß du nur wegen Mona nach Indien fliegst.«

Ich sehe sie eine Weile schweigend an. »Du weißt doch«, sage ich schließlich, »daß ich schon einmal verheiratet war. Das ist über zwanzig Jahre her. Mein Mann und ich, wir hatten damals gerade unser Examen bestanden und freuten uns auf unser erstes Kind. Es sollte ein Junge werden und im Mai zur Welt kommen. Alles war genau geplant, und alles schien, so sah es aus, wie am Schnürchen zu klappen. Kurz vor der Geburt fanden wir sogar eine größere Wohnung mit Kinderzimmer und Dachterrasse.

Beim Umzug, wir standen gerade mit dem Kühlschrank im Aufzug, stieg plötzlich eine alte Frau ein.

›Neue Nachbarn?‹ sagte sie liebenswürdig. ›Ja, wo ziehen Sie denn ein?‹

›In die Dachterrasse im siebten Stock‹, sagte mein Mann. Er war so stolz, daß er die Wohnung bekommen hatte.

Die alte Frau schaute uns entsetzt an. ›Dahin?‹ sagte sie. ›Bloß nicht. Nichts wie Unglück hat die Wohnung gebracht.‹

Dann stieg sie aus. Wir lachten etwas beklommen.

›Alte Unke‹, sagte mein Mann schließlich. ›Die gönnt uns bloß die Wohnung nicht.‹

Wir brachten, rational und wissenschaftlich gebildet, wie wir damals waren, die letzten Gegenstände in die neue Wohnung und feierten ein großes Einzugsfest.

Vier Wochen später kam mein kleiner Sohn zur Welt. Drei Wochen danach starb er. Und noch drei Monate später war unsere Ehe kaputt, und ich war ausgezogen.

Seitdem habe ich alles verdrängt, was mit dem Blick in die Zukunft zu tun hat. Ich habe da mein Trauma weg. Aber ich glaube, jetzt kommt die Zeit, in der ich lernen muß, auch mit solchen Dingen umzugehen.«

Carmen nimmt mich in die Arme. »Komm mir gesund zurück.« Sie macht eine Pause, schluckt und sagt dann: »Du wirst gesund zurückkommen – und auch nicht allzulange wegbleiben. Ich weiß das. Ich habe nämlich etwas getan, was ich eigentlich nicht gern tue. Ich habe in deinem Horoskop nachgesehen.«

Als ich nach Hause komme, liegt im Briefkasten ein Päckchen von Gerhard Riemann. Es enthält ein kleines Buch mit dem Titel *I Ging. Das Orakel- und Weisheitsbuch Chinas*. Dabei eine Karte: »Nehmen Sie das Buch mit nach Indien. Es wird Ihnen den richtigen Weg weisen.«

Ich bin ein bißchen skeptisch. Ich kenne das *I Ging* nur dem Namen nach und weiß nicht recht, was ich davon halten soll. Aber ich freue mich, daß mein Herausgeber so viel Interesse an meinen Plänen zeigt. Und außerdem: Man kann nie wissen. Also stecke ich das Büchlein doch noch in die Reisetasche. Gleich neben die Malariatabletten.

Ankunft in Indien

Ich mag keine Flugzeuge. Zumindest nicht, um damit in ein sehr fernes Land zu kommen. Natürlich bleibt einem meist nichts anderes übrig, aber es geht mir immer zu schnell. Ich brauche jedesmal Tage, um den Kulturschock zu überwinden.

Bill, mein Mann, hat mich bis London begleitet und ist dann zu einer Konferenz weitergefahren. Und nun bin ich mutterseelenallein in der lauten, stinkenden Großstadt Madras, einer Stadt, von der niemand genau sagen kann, wie viele Menschen hier leben. Fünf Millionen, sechs oder sieben – was zählt das schon in Indien.

Das Hotel, das in meinem Indienhandbuch als hochgelobter Traveller-Treffpunkt beschrieben wird, das legendäre »Broadlands, spotlessly clean, a white colonial building«, erweist sich als sehr viel bescheidener, als die euphorische Beschreibung vermuten ließ. Ich schlafe direkt über der Straße, die eine Großbaustelle ist. Fenster? Gibt es nicht, zumindest keine, die man schließen könnte. Die Wände sind schmutziggrau, von der Decke baumelt eine einsame Glühbirne. Auf der alten, durchgelegenen Matratze haben schon Generationen von Travellern geschlafen, aber immerhin ist sie mit einem sauberen Laken bedeckt. Sonst gibt es nichts. Dafür sind die Balustraden im Kolonialstil, die Gärten, Terrassen und Innenhöfe wunderschön. Eine grüne, palmenbewachsene stille Oase des Friedens, in der sich Indienreisende aus allen Ländern treffen, Erfahrungen austauschen, Tagebuch schreiben oder anhand von Karten und Reiseführern die nächste Route ausarbeiten.

Niemand, so scheint es, mag dort weg in die Stadt, die im

warmen Tropenregen versinkt, so wie der gesamte Süden des Landes. Seit Tagen stürzen fast unablässig gewaltige Regenmassen vom Himmel – und das, obgleich es um diese Jahreszeit hier eigentlich heiß und trocken sein soll.

Ich bin auch innerlich ganz aufgeweicht. Sitze Stunden auf der Terrasse, lausche dem Regen, horche in mich hinein. Wenn abends, nach Einbruch der Dämmerung, der Regen nachläßt, gehe ich durch knöcheltiefes Wasser in die dunklen Gassen. Gleich hinter dem »Broadlands« beginnen die Palmhütten der Obdachlosen. Auf Schritt und Tritt begegnen dir Rikschas, lärmende, stinkende Autoscooter und, zwischen unvorstellbaren Menschenmengen, überall große und kleine ausgemergelte Kühe, die den Müll am Straßenrand durchwühlen, um Abfälle zum Fressen zu finden. In einem Müllberg liegt ein neugeborenes Kälbchen.

Ein paar Straßen weiter leben die Menschen, die nicht mal ein Dach aus geflochtenen Palmwedeln besitzen, auf dem Bürgersteig. Babys liegen schlafend auf der Erde, manche, aber längst nicht alle, habe eine feuchte Decke oder durchweichtes Zeitungspapier. Größere Kinder spielen zu dritt kompliziert aussehende Spiele mit einer einzigen Erdnuß.

»Hallo«, sagen die Menschen zu dir und schauen dich neugierig an, du lächelst, sagst »Hallo« und gehst weiter. Ich wundere mich, daß ich keine Angst habe. In der kleinen, schwarzen Tasche, die ich für jeden sichtbar um die Hüften trage, steckt mehr Geld, als diese Menschen hier in ihrem Leben je besitzen werden. Ich laufe, schaue stundenlang und kehre erst in die Oase des »Broadlands« zurück, als ein neuer Tropenguß vom Himmel stürzt.

Die Adresse des Palmblattlesers in Madras liegt noch unberührt in meiner Tasche. Die Vorstellung, daß ich ausgerechnet hier, in dieser unvorstellbaren Kombination aus Elend und Chaos, meinem Schicksal begegnen soll, kommt mir plötzlich unglaublich absurd vor. Ich suche in meiner Reisetasche nach trockener Kleidung, da fällt mir das *I-Ging*-Buch in die Hände. Ich setze mich auf einen der freien Stühle unter den überdachten Arkaden des Innenhofs, lausche dem Regen und beginne zu lesen.

»Das I Ging«, steht dort, »stammt aus dem alten China und heißt übersetzt ›Das Buch der Wandlungen‹. Es ist über dreitausend Jahre alt und eines der großen Weisheitsbücher der Welt. Es basiert, wie viele andere Formen der Weissagung, auf der Interpretation einer scheinbar zufälligen Reihe von Ereignissen. Die alten Chinesen glaubten, daß hinter dem I Ging in rätselhafter Weise spirituelle Kräfte wirken. Das System ist ganz einfach. Man stellt zunächst eine Frage, auf die man eine Antwort sucht. Dann nimmt man drei gleiche Münzen und wirft sie sechsmal hintereinander. Jeder Wurf dient der Ermittlung einer der sechs Linien, aus denen ein Hexagramm besteht. Dem Kopf und der Zahl der Münze sind bestimmte Zahlenwerte zugeordnet, aus denen sich die Linien des Hexagramms ergeben. Jedes Hexagramm besteht aus zwei Trigrammen. Den insgesamt 8 Trigrammen werden bestimmte Haupteigenschaften zugeschrieben. Für jedes der insgesamt 64 Hexagramme gibt es einen Namen, der auf das Generalthema hinweist, das durch die Frage angesprochen werden soll.«

Das ist mir zu kompliziert, denke ich, und will das Buch schon beiseite legen.

»Du mußt das nicht studieren«, sagt jemand plötzlich auf englisch zu mir.

Ich schaue hoch. Es ist Steve, der junge Traveller mit den schwarzen Dreadlocks, der aus Australien stammt und mit seiner Freundin ein paar Zimmer weiter wohnt.

»Du mußt es einfach ausprobieren. Was für eine Frage hast du denn? Schreib sie auf ein Blatt Papier.«

Ich schreibe die Frage auf, die mich am meisten bewegt: »Werde ich mein Palmblatt finden?«

Steve legt das dicke *Lonely Planet India Handbook*, das wir hier alle wie eine Bibel mit uns herumtragen, auf einen Stuhl, kramt in seiner Hosentasche und überreicht mir drei Rupien. »Und jetzt wirf sie sechsmal.«

Gehorsam werfe ich die Münzen sechsmal auf den kleinen Tisch, auf dem die Thermoskannen mit heißem indischen Tee mit Milch stehen, den wir mittlerweile alle gegen die feuchte Kälte trinken, die inzwischen alles durchdringt. Steve zeichnet anhand der Zahlenwerte für Kopf und Wappen seltsame Linien auf ein Stück Papier.

»Das sind zwei Trigramme«, erklärt er. »Daraus bauen wir ein Hexagramm auf. Jedes Hexagramm besteht aus zwei Trigrammen und wird von unten nach oben aufgebaut. Das heißt, die zuerst geworfene Linie ist die unterste, die zuletzt geworfene die oberste. Acht verschiedene Trigramme sind möglich. Jedem wird eine bestimmte Haupteigenschaft zugeordnet. Unverwandelt sind deine ›Donner‹ gleich Erregung, ›Berg‹ gleich Anhalten, Stille.«

Er schlägt mein Buch auf, findet eine Tabelle und sagt: »Das Hexagramm ergibt die Zahl Zweiundsechzig, der dazugehörige Name ist – lies nach, was unter dem Hexagramm zweiundsechzig steht.«

Ich fange an zu lesen: »Nr. 62: Das Übergewicht des Kleinen.« Merkwürdige Dinge stehen da: »Wenn das Kleine Übergewicht hat, werden die Dinge mit Erfolg bewältigt, fördernd ist Korrektheit. Fördernd ist das Handeln im Einklang mit der Zeit. Biegsamkeit ist in der Mitte, daher Glück in kleinen Dingen.« Dann folgt die Deutung des Bildes: »Donner über einem Berg: das Bild vom kleinen Übergewicht. Edle Menschen legen in ihrem Verhalten ein Übergewicht auf die Ehrerbietung.«

Steve schaut mich forschend an: »Ich spreche kein Deutsch. Kannst du etwas damit anfangen?«

Ich denke nach und sage schließlich: »Ja, ich glaube schon.«

»Gut«, sagt er. »Dann müssen wir noch dein verwandeltes Hexagramm berechnen. Gewandelt ergibt das Hexagramm die Begriffe ›Donner‹ und ›Wind‹. Das ist auf der Tabelle Hexagramm Nummer zweiunddreißig.«

Hexagramm zweiunddreißig ist »Die Dauer«. Ich schlage auf und lese: »Hat die Dauer Gelingen, so gibt es keinen Makel. Fördernd ist es, wahrhaftig zu sein. Fördernd ist es, ein Ziel zu haben. Donner und Wind haben Dauer, so treten edle Menschen für etwas ein und weichen nicht von der Stelle.«

»Und nun schau bei dem verwandelten Hexagramm nach, welche Linie sich gewandelt hat«, sagt Steve.

»Ich finde nur eine, die zweite von unten«, sage ich.

»Lies, was da bei Punkt zwei der Wandlungslinien steht«, fordert mich mein Lehrer auf.

Ich lese staunend: »Reue schwindet.« Dazu die Erklärung: »Deine Charakterstärke könnte dich verleiten, dich auf Unternehmen einzulassen, die deine materiellen Möglichkeiten übersteigen. Doch besitzt du auch die Fähigkeit, dich zu beherrschen und eine Ausgewogenheit in dein Handeln zu bringen, die den Erfordernissen der Dauer aufs höchste gerecht wird.«

»Does it make sense?« erkundigt sich Steve.

Ich denke nach. Wenn ich das richtig verstanden habe, so sagt mir das *I Ging* im Klartext: Wenn ich respektvoll an die Sache herangehe und den Palmblattlesern mit Ehrerbietung begegne, dann habe ich auf meiner Suche Erfolg. Aber ich muß am Ball bleiben und darf nicht klein beigeben. Wenn ich mich richtig verhalte, werde ich die Reise nicht bereuen.

142

»Doch«, sage ich zögernd. »Ich glaube, das macht eine Menge Sinn. Aber ich muß noch ein wenig darüber nachdenken.«

»Das ist auch gut so«, sagt Steve. »See you.« Er steckt seine drei Rupien ein und verschwindet in seinem Zimmer.

Ich bleibe lange im Halbdunkel sitzen und denke über die seltsamen Rituale des *I Ging* nach. Wenn das Orakel recht hat, werde ich also mein Palmblatt finden. Gleich morgen früh rufe ich Mr. Ramani an und vereinbare einen Termin. Ob er derjenige ist, der mein Palmblatt hat?

Ich beschließe, das *I Ging* zu fragen: »Werde ich mein Palmblatt schon in Madras finden?« schreibe ich auf ein Stück Papier. Dann fische ich drei gleiche Münzen aus meiner Tasche, werfe sie sechsmal und vertiefe mich in das Büchlein. Schließlich komme ich auf das Hexagramm drei: »Die Anfangsschwierigkeit.«

Das paßt, denke ich und lese: »Erhabenes Gelingen, wenn du wahrhaftig bist. Halte nicht an einem bestimmten Ziel fest. Es ist fördernd, lokale Fürsten einzusetzen.«

Ich frage mich, was um alles in der Welt das bedeuten mag, und lese »Das Urteil«: »Festigkeit und Biegsamkeit beginnen, in Wechselwirkung zu treten, und es entstehen Probleme. Richtiges Handeln bringt denen erhabenes Gelingen, die aufrichtig und wahrhaftig sind. Während Donner und Regen die Atmosphäre erfüllen, schafft die Natur Verwirrung und Dunkelheit. Es ist fördernd, lokale Fürsten einzusetzen, aber wiege dich nicht im Gefühl des Friedens.«

Das mit Donner und Regen stimmt, denke ich. »Halte nicht an einem bestimmten Ziel fest« könnte bedeuten: Mr. Ramani ist noch nicht der richtige Palmblattleser. Aber wie um alles in der Welt komme ich an lokale Fürsten?

Ich beschließe, das Problem auf morgen zu vertagen, und gehe schlafen. Durch die Wolkenbrüche ist der Strom ausgefallen. Ich vergewissere mich mit Hilfe der Taschenlampe, daß kein Skorpion in meinem Bett ist, und wickle mich fröstelnd in das große bunte Baumwoll-Laken, das ich zum Glück aus Deutschland mitgebracht habe. Der herabstürzende Regen überdeckt sogar den Baulärm auf der Straße. Ich schlafe tief und traumlos.

Das erste Palmblatt

Am nächsten Morgen Panik. Der Name Ramani kommt im Telefonbuch von Madras etwa so häufig vor wie im Münchner Telefonbuch der Name Schmidt. Und den Vornamen des Palmblattlesers kenne ich nicht. Und als ich schließlich fünf Nummern mit dem Namen »R. V. Ramani« ausfindig gemacht habe, stimmt keine mit der Adresse auf Amritas Brief überein.

»No problem«, sagt gelassen der indische Manager des »Broadlands«, der Tag und Nacht in der Rezeption zu verbringen scheint und die Sorgen aller seiner Gäste zu kennen scheint. »Go to room number 4. There five people from Sweden. Come today. Tomorrow see Sri Ramani for Nadi-Reading.«

In Zimmer Nummer vier liegen vier Frauen und ein Mann auf den Betten herum, studieren den *Lonely Planet* und warten darauf, daß der Regen eine Pause macht. Sie haben sich, erzählen sie, Adresse und Telefonnummer von Mr. Ramani beim Leserdienst der *Esotera* besorgt und einen Termin für morgen früh vereinbart. »Um sechs in der Frühe müssen wir dort sein«, erklären sie. Ich vergleiche die Adresse. Sie stimmt. Ich notiere die Telefonnummer und eile in die Rezeption, um Mr. Ramani anzurufen. Er ist selbst am Apparat und erklärt, daß ich gern am nächsten Vormittag um zehn zum Reading kommen könne.

In der nächsten Nacht schlafe ich schlecht. Aber das liegt diesmal nicht an dem Baulärm, der ist so höllisch wie immer, sondern an meiner Unruhe. So lange habe ich mich auf diesen Tag vorbereitet, und nun, unmittelbar davor, klopft mein Herz so laut, daß es den Lärm der Straße übertönt.

Mir ist ganz schlecht vor Angst, als ich am nächsten Morgen aufstehe.

Die beiden Däninnen, mit denen ich zu Abend gegessen habe, überreden mich zu einer Tasse Tee und begleiten mich dann zur Autorikscha, die der Manager für mich bestellt hat. Der Manager erklärt dem Fahrer auf Telugu, wo ich hinwill, schreibt ihm die Adresse nochmals auf Telugu auf, vereinbart den Preis und nickt mir aufmunternd zu: »Long trip. One hour. Maybe more.«

Dann stürzt sich der Fahrer erst auf seine Hupe und dann in das Chaos von Madras, und ich kann nur hoffen, daß wir je ankommen. Eineinhalb Stunden später hält die Rikscha vor einer Art offener Garage, die zu einer Kapelle umfunktioniert wurde. Alle Wände sind mit Statuen und Bildern von Hindugöttern und Heiligen geschmückt. Es findet gerade eine Andacht statt. Männer und Frauen sitzen nach Geschlechtern getrennt im Lotussitz auf dem mit Matten bedeckten Fußboden. Ganz vorne, vor dem umkränzten Bild von Shiva und Parvathi, sitzt, in ein dunkelgelbes Gewand gehüllt, der Palmblattleser auf einem Tigerfell. Offenbar ist er ein vielbeschäftigter Mann: Neben sich hat er sein Handy liegen. Er singt mit lauter, kräftiger Stimme die Bhajans, die religiösen Gesänge der Hindus, und bedeutet mir mit einer Handbewegung, mich einfach hinzusetzen.

Zu meiner Erleichterung sehe ich weiter vorn die hellen Schöpfe der vier Schwedinnen. Ihr Begleiter ist auch da, aber den erkenne ich erst auf den zweiten Blick. Er sitzt, in tieforangefarbene Mönchsgewänder gehüllt, im perfekten Lotussitz auf der Männerseite.

Sri Ramani Guruji singt zwanzig Minuten lang, mir kommt es so vor, als ob er immer das gleiche Wort wie ein Mantra wiederholt. Dann stehen alle Inder auf und gehen.

Während der Guru zu seinem Handy greift und mehrere

146

Gespräche führt, erkundige ich mich bei den Schwedinnen, ob ihre Lesung schon stattgefunden hat.

»Drei sind fertig«, erklären sie. »Zwei fehlen noch, er telefoniert ja dauernd. Aber das Reading selbst dauert kaum länger als eine Viertelstunde. Er sucht das Palmblatt heraus und schreibt dann die Übersetzung auf ein Blatt Papier. Fertig.«

»Und wie ist es gegangen?« frage ich gespannt.

»Ich weiß nicht«, sagt die eine etwas ratlos. »Manches von dem, was er schreibt, ist schon verblüffend. Aber anderes paßt überhaupt nicht.«

Die zweite dagegen, offenbar die Leiterin der Gruppe, strahlt. »Wunderbar«, sagt sie. »Das Leben wird schön. Nun weiß ich, daß es eine richtige Entscheidung war, zu kündigen, für ein halbes Jahr nach Indien zu gehen und danach mein Leben neu zu beginnen. Der Meister hat gesagt, an meinem Geburtstag im Mai wird sich alles zum Guten wenden. Danach kommen die besten Jahre meines Lebens.«

»Hat er dir auch etwas über deine Vergangenheit gesagt?« frage ich.

»Nein«, sagt sie, »aber über die Gegenwart. Weißt du, wie mein Reading anfing? An diesem Samstag kommst du mit vier anderen Leuten, um etwas über dein Leben zu erfahren. Mit vier anderen Leuten!!«

»Natürlich«, sage ich. »Du hast doch einen Termin für euch fünf ausgemacht.«

»Ja, aber er sagte, das stünde auf meinem Palmblatt. Und ich weiß jetzt, daß sich alles zum Guten wenden wird.«

»Wie schön«, sage ich halbherzig.

In diesem Augenblick kommen die beiden anderen mit ihrer Palmblattabschrift zurück, und der Meister winkt mich nach vorn. Er legt das Handy zur Seite, nimmt huldvoll nickend Amritas Brief mitsamt ihren Grüßen entgegen und fordert mich auf, meinen Namen und mein Geburtsdatum auf ein Blatt Papier zu schreiben und dann eine Handvoll Muscheln auf ein Mandala zu werfen. Er schreibt die Zahl Sieben auf mein Blatt Papier.

»I know this by divine grace. Ich kann das durch göttliche Gnade«, erklärt er und schiebt die Muscheln wieder zusammen. Dann wählt er aus zwei, drei mit Kordeln zu einem Fächer zusammengefaßten Bündeln von Palmblättern eines aus und beginnt unverzüglich, die Übersetzung auf das Blatt Papier zu schreiben.

»Ich verlange dafür kein Geld«, erklärt er und fügt mit leichtem Vorwurf in der Stimme hinzu: »Diese Leute eben haben gar nichts bezahlt.«

»Aber Sie akzeptieren doch Spenden für wohltätige Zwecke?« erkundige ich mich.

Der Meister nickt. Das würde er selbstverständlich. Und dabei überreicht er mir das erste Blatt.

»In diesem göttlichen Palmblatt erteilt dir der große Heilige Kaka Bhujada Deva seinen vollsten Segen.

Das Palmblatt sagt, daß du in deinem letzten Leben viele Menschen vor dem Tode bewahrt hast. Du hast Menschen geholfen, die im Krieg Schlimmes erleiden mußten. Du rettetest sie und halfst ihnen mit deiner Liebe.«

(Klingt schön, denke ich. Davon weiß ich zwar nichts, aber es wäre ja immerhin möglich.)

»Vom Juli dieses Jahres an wird sich dein Leben zum Guten wenden.«

(Im Juli ist mein Geburtstag, denke ich. Der siebte Monat des Jahres. Deshalb hat er also auf mein Blatt eine Sieben geschrieben. Und dann fällt mir ein: Hat er nicht auch der Schwedin gesagt, an ihrem Geburtstag würde sich alles zum Besten wenden?)

»Die letzten sechs Jahre«, fährt der Guru fort, *»waren nicht gut,*

aber von Juli an wirst du ein wunderbares Leben haben. Bis jetzt bist du in deinem Privatleben nicht glücklich. Aber in der zweiten Jahreshälfte wirst du Liebe, Zuneigung und so weiter finden – die wirklich guten Dinge.«

(Ich denke, daß mein Privatleben in den letzten sechs Jahren eigentlich ganz gut war. Sicher, ich hatte manche Probleme, aber an Liebe und Zuneigung hat es mir nicht gefehlt.)

»Vor dir liegt ein langes, gesundes Leben. Du wirst älter als fünfundachtzig Jahre. Was die spirituellen Dinge betrifft, so sagt das Palmblatt, daß du die göttliche Gabe der Heilung besitzt. Wenn du zu anderen Menschen etwas Gutes sagst, geht es in Erfüllung. Du hast Macht über die Sprache.«

(Klingt schön, denke ich. Aber was er nur damit meint? Ich kann Warzen besprechen, sicher. Ob ich vielleicht noch mehr kann? Müßte man mal versuchen.)

»In finanziellen Dingen mußt du bis zum Mai dieses Jahres warten. Aber von Mai an geht es dir finanziell gut.«

(Darauf warte ich schon mein Leben lang, bis Mai halte ich das leicht aus.)

»1996 bis 1998 werden die glücklichsten Jahre deines Lebens sein. Du wirst mit spirituellen Menschen in Kontakt kommen. Sechs und Neun sind deine Glückszahlen. Sonntag, Donnerstag und Freitag sind deine Glückstage.

Vor dir liegen glückliche Jahre in Frieden und Wohlstand. Ein Mann wird dir sehr viel helfen, und er wird dir Glück bringen. Wahre Liebe und Zuneigung sind dir in den nächsten Jahren sicher.«

(Ich kann nur hoffen, daß der Mann, von dem das Palmblatt schreibt, mein eigener ist, denke ich, sonst wird's kritisch.)

»Das göttliche Palmblatt sagt, du wirst bis zu deinem Ende in Frieden leben. In den nächsten Jahren wirst du mit wunderbaren Menschen in Kontakt kommen. Die glücklichste Phase deines Lebens

beginnt im Juli. Die nächsten zwanzig Jahre werden die wichtigsten
Jahre deines Lebens.
Die göttliche Gnade wird mit dir sein. Om shanti.«

Der Meister fragt großmütig, ob ich noch irgendwelche
Fragen hätte. Habe ich. Jede Menge sogar. Ich würde nur
zu gern wissen, ob diese Farce, die mich stark an die Liebes-
horoskope in den Teenagerzeitschriften meiner Töchter
erinnert, womöglich etwas mit echtem Nadi-Reading zu tun
hat. Und ob er vielleicht noch mehr Palmblätter besitzt als
die vierzig oder fünfzig, die inmitten von Blumen auf einem
kleinen Altar neben seinem Arbeitsplatz liegen. Und ob er
im Ernst erwartet, daß ich um die halbe Welt geflogen bin,
um von ihm diese »Also-lebten-sie-glücklich-bis-an-ihr-En-
de-und-wenn-sie-nicht-gestorben-sind-dann-leben-sie-noch-
heute«-Lesung zu hören. Und ob er diese Märchenstunde
auch Indern serviert oder ob die nur leichtgläubige Westler
zu hören kriegen.
Aber er lächelt so freundlich, er scheint ehrlich zufrieden
mit seinem Vortrag zu sein. Und hat mir nicht das *I Ging*
geraten, ich möge dem Meister mit Ehrerbietung begegnen? Also lege ich die Handflächen aufeinander und verneige mich so, wie ich das bei den guruerprobten Schweden
beobachtet habe. Ich murmele »Namaste«, lasse einen großzügig bemessenen Betrag für »soziale Zwecke« zurück und
will den Raum verlassen, da ruft mich der Meister noch
einmal zurück. Er bindet mir ein rotes Bändchen mit vielen
Knoten ums rechte Handgelenk – »als Schutz gegen böse
Geister«. Dann malt er mir mit purpurfarbener geweihter
Asche das dritte Auge zwischen die Augenbrauen und
schenkt mir lächelnd zwei Äpfel, die als »prasad« – Opfer-
gaben für die Gottheiten – auf dem Altar liegen. Dazu ein
Büchlein mit seinem Bild und dem Titel *Narbhavee.* Dann

greift er wieder zu seinem Handy. Ich bin entlassen – und heilfroh, daß ich gestern das *I Ging* zu Rate gezogen habe. Ohne diese Warnung wäre ich jetzt explodiert. Und hätte mich hinterher vermutlich noch schlechter gefühlt als jetzt, wo ich nichts gesagt habe, obgleich mir diese Lektion in Demut weiß Gott nicht leichtgefallen ist.

Das also war meine erste Palmblattlesung – und wer weiß, vielleicht sogar die einzige, die ich auf dieser Reise erleben werde. Und das soll alles gewesen sein?

Madame Blavatsky weiß Rat

Draußen hole ich erst einmal tief Luft, und dann wecke ich den Fahrer, der das Kunststück fertiggebracht hat, sich auf der winzigen Rückbank des motorisierten Dreirads zum Schlafen zu legen.

»Bring mich bitte, so schnell du kannst, nach Adyar, zu Madame Blavatskys Theosophical Society«, sage ich auf deutsch, und obgleich der Inder nur Telugu versteht, nickt er und stürzt sich wieder erst auf die Hupe und dann in das Chaos von Madras, zum Slalom um die zahllosen heiligen Kühe und zum Wettkampf mit Tausenden von anderen wildgewordenen Rikschafahrern. Aber verglichen mit dem Aufruhr, der in mir herrscht, ist der Stadtverkehr der lärmenden, nach Abgasen, Elend und Müll riechenden indischen Großstadt die reinste Idylle.

Was ich jetzt brauche, ist der Park, von dessen guten Schwingungen inmitten mystischer Stille Amrita so begeistert gesprochen hat. Dabei habe ich keine Ahnung, was ich eigentlich dort will. Das wird mir erst viel später klar, nachdem ich in dem kleinen theosophischen Buchladen des Parks eine Biographie von Madame Blavatsky entdeckt habe und feststelle: Es paßt mal wieder. Sie muß der »lokale Fürst« sein beziehungsweise die Fürstin, an die ich mich laut *I Ging* wenden soll.

Die wilde Helena Petrowna Blavatsky, Tochter einer russischen Prinzessin, war eine unglaublich starke Persönlichkeit und gewiß eine der abenteuerlichsten und außergewöhnlichsten Frauen des neunzehnten Jahrhunderts. Den zahllosen und ständig wechselnden Begleitern, die ihren Spuren folgten, blieb, vor Bewunderung wie vor Entsetzen, immer wieder der Mund offen. Beileibe nicht nur wegen ihrer unglaublichen Fähigkeit, mit anderen, feinstofflichen Welten Kontakt aufzunehmen. Dabei waren die schon außergewöhnlich genug: Madame Blavatsky konnte nicht nur durch Handauflegen heilen, sie soll auch die Gabe besessen haben, über Feen und Nixen, Elfen und Gnome zu gebieten – und selbst über irdische Wesen: Ein Wink von ihr genügte, dann flog mitten im tiefsten Winter ein strahlend weißer Schmetterling ins Zimmer, drehte einige Runden und löste sich dann in Luft auf.

Aber fast noch beunruhigender als solche Zaubertricks war für ihre »gestreßten« Begleiter ihr mit Abenteuerlust gepaarter Wissensdrang. Auf der Suche nach dem geheimen Wissen zog sie ein Vierteljahrhundert lang zuerst durch die Alte und dann die Neue Welt, erkundete die Geheimnisse der Pyramiden, drang bis an die Zähne bewaffnet ins tiefste Innere Afrikas vor, saß zu Füßen indischer Weiser – und tibetischer Mönche – zu einer Zeit, als kein Westler Tibet betreten durfte. Zwischendurch trat sie als Zirkusreiterin auf oder kämpfte in Männerkleidung auf der Seite italienischer Freischärler gegen die Franzosen.

Fazit ihrer Suche nach der Wahrheit, die länger als ein Vierteljahrhundert dauerte, war die Überzeugung, daß es zur Enthüllung der Wahrheit viele Wege gäbe, die jenseits der Schranken der Wahrnehmung liegen, und daß jede Religion nur der Versuch sei, die Wahrheit zu begreifen. Und so machte sie sich daran, die Voraussetzungen für eine Weltreligion zu schaffen, in der alle Glaubensrichtungen ihren Platz finden sollten.

In Madras gründete sie gemeinsam mit dem amerikanischen Obersten Henry Stee Olcott die Theosophische Gesellschaft. Sie, die soviel von indischen Weisen gelernt hatte, wurde nun zur Lehrenden – freilich mit einer beachtlichen

Portion Selbstironie. Die Inder wären schön dumm, erklärte sie schmunzelnd, wenn sie sich von einem »alten westlichen Nilpferd« wieder in die Geheimnisse ihrer eigenen Kultur einweihen ließen!

Ich frage mich unwillkürlich, für wie dumm sie *mich* erst mal halten müßte, und da muß ich zum erstenmal über mich selbst lachen. Andererseits: Hat Helena Petrowna Blavatsky die Wahrheit nicht auch an den exotischsten Enden der Welt gesucht?

Danach geht es mir besser. In dem großen Park, unter riesigen Bäumen mit regenfeuchten, fremdartig und geheimnisvoll duftenden Tropenblüten herrscht eine nahezu unwirkliche, fast magische Stille. Ich laufe stundenlang umher, ohne – in Indien eigentlich undenkbar – einen einzigen Menschen zu treffen. Die Gebäude, die zur Theosophischen Gesellschaft gehören, liegen weit verstreut im Park. Fast zufällig gerate ich auf der Suche nach der Bibliothek in die »Great Hall«, in der Zarathustra und Buddha, Christus und Krishna, Moses und Nanak, Konfuzius und Orpheus und viele, viele Weise verewigt sind. Nur von Mohammed gibt es keine Statue, sondern, getreu den Regeln des Islam, nur eine Sure aus dem Koran.

In der Bibliothek werde ich mit ein paar Rupien Mitglied der theosophischen Buchgemeinde und darf den großen Lesesaal benutzen. Ich sehe im Katalog nach, ob es Literatur über Nadi-Reading gibt, und finde tatsächlich unter dem Stichwort eine ganze Reihe Titel aufgeführt. Leider sind die meisten Schriften in Sanskrit oder Tamil und werden mir deshalb ewig verschlossen bleiben. Aber auch mit den wenigen Texten, die auf englisch vorliegen, geht es mir nicht viel besser: Ich verstehe von allen Büchern nämlich bestenfalls das Vorwort. Die Texte selbst, die Beispiele, Gedankengänge und Schlußfolgerungen, sind mir so fremd wie die Namen der Planeten, die hier in »benefic« und »malefic«, in glücksbringend und bösartig eingeteilt werden.

Immerhin: Ein wenig komme ich dem Geheimnis näher. Mit atemloser Spannung lese ich: »Es ist höchst bedauerlich, daß viele alte Richtlinien der Astrologie, die die erfolgreichen alten Astrologen kannten, nun verlorengegangen sind. Wir haben nur obskure und verzerrte Fragmente, die längst nicht alle, nicht mal die meisten Geheimnisse der alten Wissenschaft enthüllen. Nadi ist der Versuch, dieses alte Wissen wieder hervorzuholen. Man kann ohne weiteres behaupten, daß die Nadis sich nie vertun, außer das Geburtsdatum stimmt nicht. Stimmt es aber, dann erhält man akkurate Prognosen. Die Methode ist uralt, bisher aber geheimgehalten worden. Die alten Nadis haben ihre Methode auf Palmblättern festgehalten. Was sie konnten, wird auch derjenige können, der sich die Mühe macht, die alte Wissenschaft genau zu verstehen. Leider gibt es nur Fragmente, die überall verstreut sind. Das Wissen stammt aus dem untergegangenen Atlantis und wurde, ebenso wie die esoterische Lehre, an die alten Weisen Indiens tradiert. Das System heißt Nadi, weil die Voraussagen ursprünglich durch Studieren des Pulses (Nadi) eines Menschen gemacht wurden, so wie es ayurvedische Ärzte tun mit ihren Diagnosen. Aber die Anhänger können an den Fingern einer Hand abgezählt werden.«

Ich schreibe das alles auf, um später in Ruhe darüber nachzudenken, und notiere mir gerade noch die Anschrift eines Palmblattlesers in der Tempelstadt Kanchipuram, da werde ich höflich, aber entschieden aus dem Lesesaal hinauskomplimentiert: Feierabend. Auch in den nächsten vier Tagen, so erfahre ich, wird die Bibliothek geschlossen bleiben. Morgen beginnt Pongal, das traditionelle Neujahrsfest der Hindus.

Das große Tor des Parks schließt sich hinter mir, der nächste Wolkenbruch ergießt sich vom Himmel.

Im »Broadlands« hole ich mir die letzten trockenen Kleidungsstücke aus dem Gepäck, ziehe auf der Balustrade einen Stuhl unters Dach, bestelle mir eine Thermoskanne Tee und versuche, meine Gedanken zu sortieren.

Dies also scheint die bisher logischste Erklärung zu sein: Nadi-Reading ist eine nahezu verlorengegangene astrologische Tradition, von der nur noch Fragmente vorhanden sind, und diese Fragmente sind offensichtlich über ganz Indien verstreut. Manche Familien haben viele tausend Palmblätter, andere, so wie offensichtlich Mr. Ramani, besitzen nur einige wenige. Und ein jeder versucht, die heiligen Schriften so gut zu nutzen, wie er kann.

Im günstigen Fall wird von einigen ernsthaften Nadi-Astrologen versucht, die uralte heilige Kunst wiederzubeleben, Stück für Stück tragen sie das alte Wissen zusammen. Im ungünstigen Fall werden die alten Palmblätter schlicht vermarktet. Wer viele besitzt, hat bisweilen die Möglichkeit, anhand der Geburtsdaten eines Kunden das Palmblatt mit dem echten Geburtshoroskop herauszufinden. Wer nur ein paar Palmblätter hat, wird sie so verwenden wie die Zeitungsastrologie, die das Horoskop eines Menschen einzig und allein anhand des Sonnenzeichens erstellt. Aber die Chance, ein echtes Nadi-Reading zu bekommen, ist ungefähr so groß wie die Chance, an einen wirklich guten Astrologen zu geraten, an einen Seher, an einen Arzt, der zugleich ein Heiler ist.

Ich fühle mich ein bißchen wie Sherlock Holmes und will mich gerade für meinen eigenen Scharfsinn beglückwünschen, da fällt mir ein, daß Madame Blavatsky über fünfundzwanzig Jahre lang nach der Wahrheit gesucht hat. Und ich bilde mir schon am dritten Tag meiner Suche ein, ein jahrtausendealtes Geheimnis gelüftet zu haben. Ich schäme mich ein bißchen für meinen blinden journalistischen Übereifer und versuche statt dessen, »indisch« zu denken. Wie war das noch: Jeder bekommt das Palmblatt, das er braucht – oder verdient? Vermutlich habe ich diese Demütigung verdient. Kleinmütiges Palmblatt für kleinmütige Journalistin auf der Suche nach der Wahrheit über die Palmblattbibliotheken.

Gedankenvoll blättere ich in der Biographie von Madame Blavatsky und stoße auf den Satz: »Es bedarf der richtigen Wahrnehmung der objektiven Tatsachen, um zuletzt zu entdecken, daß die einzige wirkliche Welt eine subjektive ist.« Ob das auch für mich gilt?

Steve kommt aus seinem Zimmer raus, schüttelt seine regenfeuchten schwarzen Dreadlocks, flucht über den »fucking rain« und gießt sich erst mal einen heißen Tee ein. Dann erkundigt er sich: »Und? Hast du gefunden, wonach du gesucht hast?«

»Das *I Ging* sagte gestern: ›Übergewicht des Kleinen‹, und ich glaube, genau das habe ich gefunden«, sage ich. »Bleibt es dabei, oder glaubst du, ich habe noch Chancen?«

Steve lacht: »Es gibt auch noch das Hexagramm achtundzwanzig: ›Das Übergewicht des Großen‹. Oder dreiundfünfzig: ›Allmählicher Fortschritt‹. Such nur weiter. Du hast immer wieder eine neue Chance.«

»Hast du die Schweden getroffen?« frage ich.

»Die sind vorhin abgereist«, sagt er. Er verdreht die Augen und grinst ein bißchen. »Die Leiterin der Gruppe war total happy. ›Alles wird sich zum Besten wenden‹, hat sie immer wieder gesagt.«

»Und welches Hexagramm käme dafür wohl in Frage?« frage ich augenzwinkernd.

Steve lacht. »Das kommt drauf an: Was hältst du von Nummer vierundfünfzig?«

Ich schlage schnell in meinem Büchlein nach und lese: »Die heiratsfähige junge Frau.«

»Nummer vierundfünfzig ist perfekt«, sage ich, und dann kommt seine Freundin Sarah, und wir waten zusammen durch knietiefes Wasser, um im »Maharadscha« um die Ecke zu Abend zu essen. Ich schlage die Speisekarte auf, merke schnell, daß ich kein einziges Wort darauf verstehe, und bestelle schließlich irgend etwas, indem ich wahllos mit dem Finger darauf deute.

Zu meiner Erleichterung bringt der Kellner eine Art Pfannkuchen, mit Spinat gefüllt, aber auf Messer und Gabel warte ich vergeblich. Ich beobachte heimlich, wie die Inder am Nachbartisch ihr Essen mit der rechten Hand geschickt zusammenrollen und in den Mund werfen. So macht man das hier also. Kinderspiel, denke ich, das kannst du auch, und nehme Anlauf. Steve wischt sich den Spinat vom T-Shirt und sagt trocken: »Hexagramm Nummer drei.«

»Und das wäre?« erkundige ich mich verlegen. »›Triumph der Ungeschicktheit‹?«

Sarah schüttelt lachend den Kopf: »Don't worry. Nummer drei ist ›Die Anfangsschwierigkeit‹.«

Ich liebe das *I Ging*!

Unterwegs

Bevor ich Madras und des »Broadlands« sichere Oase Richtung Süden verlasse, rufe ich in Bangalore und in Vaithisvarankoil an, um Termine für ein Reading zu vereinbaren. Theoretisch ist Telefonieren in Indien kein Problem. An jedem Straßeneck gibt es die sogenannten S.T.D.-Phones, von denen aus man blitzschnell überall in der Welt anrufen kann. Schwierig wird es dagegen, wenn man mit jemandem in Indien telefonieren will. Nicht wegen der Technik, sondern wegen der Sprache. Laut Statistik leben in Indien zirka achthundert Millionen Menschen, die sich in 225 Sprachen und 845 Dialekten unterhalten, und wie ich mittlerweile aus leidvoller Erfahrung weiß, gehört Englisch nicht unbedingt dazu.

Das geht dann so: Ich wähle die Nummer und vernehme am anderen Ende der Leitung freundliche, aber unverständliche Laute in Tamil (wahlweise Telugu, Malayalam, Oriya und so weiter). »Hallo«, sage ich daraufhin, »do you speak English?« Und dann sage ich mein Sprüchlein auf – in dem schlichtesten Englisch, das mir zur Verfügung steht – und hoffe auf irgendeine Resonanz. Das Gegenüber antwortet ebenso unbeirrbar in einem Wortschwall von Tamil (Telugu, Malayalam, Oriya und so weiter, je nach Bundesstaat). »English?« schlage ich noch einmal vor. »English«, antwortet die Stimme am anderen Ende erfreut, und dann vergehen etwa zehn teure S.T.D.-Minuten. Sie holen jemanden, der Englisch kann, denke ich hoffnungsvoll, versuche, das zufriedene Gesicht des Telefonbesitzers zu ignorieren, der fasziniert beobachtet, wie auf seinem Zähler die Einheiten vorbeirauschen – und dann legt jemand am anderen Ende der Leitung auf. Deshalb drücke ich mich vor solchen Gesprächen, wo es nur geht.

Doch als ich schließlich absolut keine Ausrede mehr vor mir selbst finde und verzagt die Nummer von Sachidananda Murthy in Bangalore wähle, geschieht ein kleines Wunder: Eine Frauenstimme erkundigt sich freundlich und in fließendem Englisch nach meinem Geburtsdatum und teilt mir dann mit, daß Mr. Murthy mich drei Wochen von diesem Tag an erwarten würde, nachmittags um vierzehn Uhr, früher sei leider nicht möglich.

Fassungslos über soviel Erfolg wähle ich daraufhin die Nummer von Poosamuthu in Vaitisvarankoil – und ich bin fast erleichtert, daß es dort »normal« zugeht. Ich brülle schließlich entnervt »Mr. Poosamuthu« in den Apparat, schiebe »Vaithisvarankoil« und »Nadi« nach und kann nur hoffen, daß ich die Aussprache einigermaßen getroffen habe. Ratloses Schweigen am anderen Ende: Ist er weg? Verdammt noch mal, spricht denn kein Mensch hier Englisch?

Schließlich halte ich dem Besitzer des S.T.D.-Phone am Straßenrand Poosamuthus zweisprachigen Prospekt unter die Nase, er greift zum Telefon und erklärt dem Partner am anderen Ende, worum es geht, jedenfalls hoffe ich das. Dann bedeutet er mir zu warten. Erst jetzt merke ich, daß die Telefonnummer auf dem Prospekt eine S.T.D.-Nummer ist. Poosamuthu hat scheinbar kein eigenes Telefon und muß erst an den Apparat geholt werden.

Eine Viertelstunde später ertönt am anderen Ende der Leitung schließlich ein »Hello?« Mir fällt ein Stein vom Herzen. Zu früh allerdings, denn ich merke rasch, daß die Englischkenntnisse meines Gesprächspartners nur knapp über »hello« hinausgehen. Als ich ihm schließlich ein »some time next week« abringen kann, bin ich in Schweiß gebadet. Indien ist nicht eben ein Land, das es seinen Touristen leichtmacht. Aber nun steht zumindest meine Route fest: Ab Madras geht es den Golf von Bengalen entlang Richtung Vaithisvarankoil über Chidambaram und Kanchipuram, wo angeblich noch andere Palmblattleser zu finden sind, und dann über Kerala nach Bangalore.

Die Fahrt mit dem öffentlichen Bus nach Kanchipuram gehört zu den gefährlicheren Unternehmungen meines Lebens. Es gießt immer noch in Strömen. Die Straßen Südindiens, die um diese Jahreszeit eigentlich staubig und trocken sein sollen, versinken im Schlamm, aber das scheint den Fahrer nicht im geringsten zu irritieren. Ohne auch nur ein einziges Mal vom Gas – oder von der Hupe – zu steigen, rast er durch metertiefe Schlaglöcher und in mörderischem Tempo durch die Dörfer, deren Straßen von Menschen, Schafen, Ziegen und Kühen wimmeln. Wer nicht rechtzeitig zur Seite springt, hat keine Chance.

Aber offensichtlich gewinnt bei solchen Duellen der Bus längst nicht in jedem Fall. Rechts und links vom Straßenrand, manchmal auch unterhalb der Böschung, rosten die Wracks der zahllosen Gefährte, die eine Vollbremsung – oder die Kollision mit einer Kuh – nicht überstanden haben. An die Zahl der Opfer und an ihren Zustand mag ich gar nicht denken.

Ich versuche, nicht aus dem Fenster zu schauen, sondern in meinen Indienführer, aber das ist nicht möglich, weil der Regen, der durch das unverglaste Fenster hereinstürzt, mein Buch ebenso unter Wasser setzt wie mich. Also konzentriere ich mich fröstelnd darauf, den Schaffner mit Blicken zu motivieren, daß er mir zumindest mein Wechselgeld zurückgibt – was, wie jeder, der einmal in Indien unterwegs war, weiß, eine fast aussichtslose Sache ist.

Als ich schließlich Stunden später tropfnaß und frierend,

aber immerhin lebendig aus dem Bus steige und durch knietiefen Schlamm das nächste S.T.D.-Phone ansteuere, vorbei an Scharen von Indern, die am Straßenrand stehen und völlig ungeniert drauflospinkeln, während sie mich neugierig anstarren – »Hello, Miss, what your name?« –, da habe ich das ganz klare Gefühl, daß mir alle Palmblätter der Welt gestohlen bleiben können. Und als ich eine Stunde später die Telefonzelle verlasse und durch ein Gespräch, an dem mindestens fünf Personen beteiligt waren, erfahren habe, daß Mr. Brahamavaran, der ortseigene Palmblattleser, zwar möglicherweise Englisch spricht, zur Zeit aber auf unbestimmte Zeit verreist sei – »Pongal, Miss, Hindu people holiday! New year. Happy Pongal« –, läßt mich das auf seltsame Weise kalt. Happy Pongal!

Aber weil ich nun schon mal hier bin, versuche ich zumindest die Tempel zu besichtigen, für die den Reiseführern zufolge die Stadt so berühmt ist. Der Rikschafahrer ist nur zu gern bereit, mich dorthin zu bringen: fünf Tempel, hundert Rupien. Als wir beim ersten ankommen, erfahre ich, daß alle Tempel eine fünfstündige Mittagspause machen, aber die Tempelwärter sind gewillt, für mich eine Ausnahme zu machen, gegen Bares natürlich: »One hundred Rupies, Miss, and hundred for the guide.« Und danach könnte ich bei seinem Bruder wunderbare Seide einkaufen …

Als ich tropfnaß und mit schlammverschmiertem Rock in dem fensterlosen Bus wieder zurück nach Mahaballipuram fahre – mit abgezähltem Fahrgeld –, hasse ich Indien aus tiefstem Herzen.

Zurück in Mahaballipuram, wo ich Zwischenstation gemacht habe, geschieht ein Wunder. Zum erstenmal, seitdem ich in Indien angekommen bin, erlebe ich einen Sonnenuntergang. Blutrot versinkt die Sonne über den Vishnutempeln am Strand der Koromandelküste in den goldglitzernden Fluten des Golfs von Bengalen. Und als wenig später auch noch der Vollmond groß und leuchtend am Abendhimmel steht, hole ich tief Luft und bin fest entschlossen, weiterzusuchen. Wenn's sein muß, im äußersten Winkel des Landes und auf die Gefahr hin, daß ganze Bevölkerungsschichten unbeirrbar davon überzeugt sind, daß jemand, der blonde Haare hat, unermeßlich reich sein muß und deshalb für alles ohne weiteres den zehn- bis fünfzigfachen Preis zahlen könne.

»Vielleicht hilft es dir«, sagt Damini, die aus Oregon stammt und seit einigen Jahren in Nordindien in einem Ashram als Krankenschwester arbeitet und hier ein paar Tage Urlaub macht, »wenn du weißt: Die Menschen, die versuchen, dich auszunehmen und zu betrügen, die meinen damit nicht dich persönlich. Sie sind so, weil sie bettelarm sind und keine andere Chance haben. Nimm's nicht persönlich.«

Wir essen miteinander in einem Strandrestaurant, dessen Kellner mir zu Reis mit Chapathis und Chili unaufgefordert einen Löffel bringt. Ich greife dankbar danach. Sollen mich alle doch ruhig für einen unkultivierten Touri halten! Aber zu meiner insgeheimen Freude benutzt Damini auch einen.

»Du mußt ein Leben lang geübt haben, um einigermaßen mit Anmut im ›Indian style‹ zu essen«, erklärte sie mir lachend. »Bei den meisten Westlern sieht es einfach grauenhaft aus!«

Sie lächelt, als ich ihr nach dem Essen von meiner Palmblattsuche erzähle. »Da siehst du mal wieder, was in Indien alles möglich ist. Stell dir vor, was in den USA los wäre, wenn dort bekannt würde, daß man auf fünftausend Jahre alten Blättern sein Schicksal erfahren könnte. Am Abend nach der

Meldung wären fünfhundert Fernsehkameras vor der Tür des Palmblattlesers aufgebaut – Live-Berichterstattung rund um die Uhr. Dann Dokumentationen vom Typ ›Und was hat Mr. Miller beim Reading erfahren?‹ Dann kämen die Experten mit ausführlichen Erklärungen, warum die Existenz der Palmblätter ebenso unmöglich ist wie die weinenden Madonnen. Dann die Klagen, die Gerichtsverhandlungen, die Hundert-Millionen-Dollar-Schadenersatzforderungen wegen seelischer Grausamkeit, und so ginge das weiter und weiter. Und was passiert in Indien?

Fünftausend Jahre alte Palmblätter mit detaillierten Informationen über die Lebensumstände eines Menschen von heute – ja, warum denn nicht? Paranormale Fähigkeiten gehören hier zum Alltag. Hellseher, Wunderheiler, Schamanen und telepathische heilige Kühe haben das ganze Land auf ihrer Seite. Kein Inder würde es wagen, ihre Echtheit anzuzweifeln. Die gesamte Kultur bringt ihnen höchsten Respekt entgegen. Der kleinste Dorfzauberer ist hier ein Superstar, denn Hellsichtigkeit gilt in Indien als ein Zeichen von Heiligkeit. So etwas wie Beweisbarkeit und objektive Einstellung steht überhaupt nicht zur Diskussion. Hier ist man ohnehin der Ansicht, daß ein wenig Schwindel völlig in Ordnung ist, alle paranormalen Fähigkeiten dienen ja sowieso nur dazu, religiöse Wahrheiten zu übermitteln. Über unsere westliche Neigung, paranormale Phänomene einer Reihe von wissenschaftlichen Tests zu unterwerfen, würden die Inder nur ungläubig den Kopf schütteln.

Ich glaube, wenn du auf deiner Suche weiterkommen willst, mußt du auch umdenken lernen. Nicht nur fragen: Gibt es tatsächlich authentische Palmblätter, und wenn ja, wie finde ich sie, und wie kann ich die Schwindler von den echten unterscheiden? Obwohl das ohne Zweifel interessant wäre. Was du dich fragen mußt, ist dies: Was fange ich ganz persönlich mit den Informationen aus dem Palmblatt-Reading an?«

Ich schaue sie nachdenklich an. Damini ist fast zwanzig Jahre jünger als ich. Aber sie besitzt mehr Weisheit, als ich vermutlich bis an mein Lebensende erreichen werde.

»Lehrt dich dein Meister, so zu denken?« frage ich. Damini ist ihrem Guru nach Nordindien gefolgt, um dort zu helfen, ein Krankenhaus aufzubauen.

Dominie schüttelt die dunklen Locken. »Das hat mich Indien gelehrt. Und du wirst es auch bald begreifen.« Ich wünsche mir von Herzen, das sie recht behalten wird.

Zwei kleine Mädchen mit riesigen schwarzen Augen beobachten uns und blicken uns hoffnungsvoll an: »School-pen?« fragt die Jüngere von beiden. Alle indischen Kinder betteln um »School-pens« – Stifte und bunte Filzschreiber. Ich habe auch ein paar hundert davon eingekauft und weiß nie, ob ich sie nun herausgeben soll oder nicht. Indienreisende warnen einen immer davor, Kinder zum Betteln anzuhalten. Das haben die schlauen Kleinen natürlich längst mitgekriegt, und so betteln sie nicht mehr um ein paar Rupien, sondern sie fragen nach »School-pens«, weil sie wissen: Die halten die Westler für pädagogisch wertvoll. Verkaufen kann man das Zeug dann immer noch.

»Ich habe keine Ahnung, wie ich mich richtig verhalten soll«, sage ich zu Damini. »Geb' ich den Bettlern was, hab' ich ein schlechtes Gewissen. Geb' ich ihnen nichts, hab' ich erst recht ein schlechtes Gewissen.«

Damini lacht herzlich. »Immer ›politically correct‹ sein, nicht wahr? So ist es mir jahrelang auch ergangen. Jetzt tu' ich einfach das, was mir mein Herz sagt. Seitdem fühl' ich mich besser.«

Ich greife in meine Handtasche und geben den beiden Mädchen die ganze Schachtel. »Laßt sie euch aber nicht von den großen Jungen klauen«, sage ich warnend auf deutsch. Und auf englisch zu Damini: »Sollen sie sie doch ruhig verscherbeln!«

Als ich am nächsten Morgen zum Strandcafé komme, um meinen Tee zu trinken, warten die beiden kleinen Mädchen schon auf mich und überreichen mir schüchtern ein selbstgemaltes Bild: blaues Meer, gelbe Sonne und schokoladenbraune indische Kinder in leuchtendbunter Kleidung. Sie müssen alle achtundvierzig Stifte benutzt haben. Ich denke an meine jüngste Tochter, die nur wenig älter ist als die beiden, und mit einer Mischung aus Heimweh und Rührung und Sehnsucht zeige ich den beiden das Bild, das mir Jenny zum Abschied gemalt hat und das ich immer mit mir herumtrage: zwei indische Mädchen, die ein riesengroßes Palmblatt in der Hand halten. Im Hintergrund lächelt ein schokoladenbrauner Buddha. Die Mädchen nicken sachverständig. Und dann gehen wir alle zusammen frühstücken.

Ashram-Erfahrung in Pondicherry

Ungefähr auf halbem Weg zwischen Mahaballipuram und Vaithisvarankoil liegt Pondicherry. Für Reisende, die längere Zeit in Indien unterwegs waren, ist das Städtchen an der Koromandelküste auf den ersten Blick der Himmel auf Erden: ein Stück Europa auf dem großen Subkontinent, genauer gesagt: Indien mit einem Hauch von Côte-d'Azur-Charme. In Pondicherry herrschten nämlich bis 1954 die Franzosen.

Unglaubliches ist hier zu sehen: Neben Inderinnen in leuchtenden Saris Westlerinnen, die auf Fahrrädern, die man hier überall für ein paar Rupien mieten kann, die Stadt erkunden. Kaum Bettler. Buchhandlungen mit englischen Büchern in reicher Auswahl. Restaurants, auf deren Dachgärten man unter blühenden Bougainvilleen wunderbar essen kann. Und – fast eine Fata Morgana – das blitzsaubere »Park Guesthouse«, in einem grünen Park direkt am Indischen Ozean gelegen, mit schneeweißer Bettwäsche und einem Bad mit warmem Wasser. Ich dusche ausgiebig und lese dann nach, wem der müde Wanderer diesen Segen zu verdanken hat.

Sri Aurobindo, einer der großen spirituellen Meister Indiens, wurde 1872 in Kalkutta geboren. Er ging in England zur Schule, absolvierte ein Studium in Cambridge und kehrte dann nach Indien zurück. Dort gab er als einer der Führer der indischen Freiheitsbewegung eine neue Wende. Er verbrachte als politischer Häftling ein Jahr in Untersuchungshaft, wo er erste spirituelle Erfahrungen machte. Nach seiner Freilassung 1909 wandte er sich dann ganz dem spirituellen Yoga und der vedischen Philosophie zu.

Später ließ er sich in der französischen Enklave Pondicherry nieder und entwickelte dort sein philosophisches Konzept – eine Verschmelzung von Hinduismus und Okkultismus, von Neoplatonismus, Gnostizismus, Theosophie und anderen philosophischen Strömungen, die in der Erkenntnis mündet, daß die Evolution beim gegenwärtigen Menschen nicht aufhören wird und daß es unsere Aufgabe ist, dem künftigen »Superman« und seinem »Supermind« den spirituellen Weg zu bereiten. Gemeinsam mit seiner Lebensgefährtin, Schülerin, Sprecherin und Organisatorin Mira Alfassa, der legendären »Mutter«, begründete Sri Aurobindo in Pondicherry den Ashram, der heute das Stadtbild bestimmt. Als er sich aus dem aktiven Leben für immer in die Stille seines Meditationsraumes zurückzog, übernahm die »Mutter« seine Funktion und seine spirituelle Autorität.

Noch heute, fast fünfzig Jahre nach seinem Tod und fünfundzwanzig Jahre nach ihrem, schwebt der Geist von Sri Aurobindo und in noch stärkerem Maße der der »Mutter« über der gesamten Stadt. Die Zahl der Ashram-Anhänger geht immer noch in die Tausende, darunter sind zahlreiche Westler. Zum Ashram selbst gehören fast zweitausend Menschen. Auch in wirtschaftlicher Hinsicht hat der Ashram die Kontrolle über Pondicherry übernommen. In über vierhundert Gebäuden – »Guesthouses«, Fabriken, Tankstellen, Geschäfte – sind Ashram-Mitglieder beschäftigt.

Das Herzstück der Sri-Aurobindo-Bewegung ist der Main-Ashram, dort, wo sich seine sterbliche Hülle und die der »Mutter« in einem Marmor-Samadhi befinden, vor dem in tiefstem Schweigen von früh bis spät endlose Reihen von Menschen ins Gebet versunken sind. Im Main-Ashram finden auch die Kurse in Hatha-Yoga, theoretischem Yoga und vedischer Philosophie statt, die vom Ashram geleitet werden. Dort starten täglich die geführten Besichtigungsfahrten durch die Unternehmen des Ashrams, von der Batikfabrik bis zur Herstellung von ayurvedischer Medizin, die die staunenden Besucher davon überzeugen, wie effizient die Ashramiten sind – aber nicht ganz verhindern können, daß sich der Besucher an eine Kaffeefahrt mit Einkaufsmöglichkeit erinnert fühlt. Ich erstehe handgeschöpftes Schreibpapier, Rosenöl, Batiktücher, eine Biographie von Aurobindo und ein Jugendbildnis der »Mutter«.

Dies ist meine erste Begegnung mit einem Ashram, und ich bin fest entschlossen, mich anzupassen und den Bedingungen, die an einen Aufenthalt geknüpft sind, zu unterwerfen. Für Ashramiten sind Sex, Drogen und Politik streng verboten. In den Ashram-Gästehäusern werden die Gäste, auch solche gleichen Geschlechts, ermuntert, möglichst in getrennten Zimmern zu schlafen und sich auch nicht gegenseitig zu besuchen, um die meditative Stimmung nicht zu stören. Lautes Lachen ist nicht ausdrücklich verboten, wird aber nicht gern gehört. Rauchen ist ebenso verpönt wie dezente Kleidung obligat. Abends um elf Uhr wird, wie früher in der Jugendherberge, das Tor zugesperrt. Gemessen an dem Luxus, der dafür geboten wird, scheint mir das ein kleiner Preis zu sein.

Ich genieße die für Indien unglaubliche Stille. Den Blick auf den Indischen Ozean, dessen Wellen in riesigen Brechern auf die Felsen vor der Kaimauer prallen und dort zerschellen. Schaue bewundernd den Männern und Frauen zu, die auf dem Rasen vor meiner Terrasse die Asanas des Hatha-Yoga mit einer nahezu unglaublichen Vollkommenheit durchführen. Ich versuche, mich in der Bibliothek in die Schriften von Aurobindo einzulesen, und finde mich abends mit Tausenden von Menschen zur Meditation auf dem großen Spielplatz ein.

Dort wird über Lautsprecher die Stimme der »Mutter« übertragen, die in ihrer französischen Muttersprache spirituelle Botschaften verbreitet, die nur die wenigsten verstehen können – und der doch alle mit tiefster Ehrfurcht lauschen. Fast so allgegenwärtig wie ihre Stimme – und ihr Geist – sind ihre Fotos, die, mehr noch als die Sri Aurobindos, überall in der Stadt hängen. Kaum ein Ort, an dem nicht eine Sentenz der »Mutter«, eine Weisheit Aurobindos zu lesen ist.

In den ersten Tagen würde ich mich am liebsten unsichtbar machen, so hoffnungslos klein und unterlegen fühle ich mich in dieser Atmosphäre von elitärer Spiritualität, wo fast jeder den Eindruck vermittelt, unmittelbar vor der Erleuchtung zu stehen. Doch ganz allmählich weicht meine Ehrfurcht einer gewissen Irritation. Die allesbeherrschende Präsenz von Sri Aurobindo und der »Mutter« verursacht in mir ein Gefühl von Beklommenheit, »Big Brother is watching you«. Plötzlich fällt mir auf, daß ich noch nie so viele ernste, oft sogar bittere Gesichter gesehen habe wie hier im Ashram-Umkreis. Fast scheint es, als ob man hier auf dem Entwicklungsweg zum »Supermenschen« das Lächeln abgeben müsse … In der perfekt organisierten, superhygienischen und preisgünstigen Ashram-Kantine bleibt mir das wohlschmeckende vegetarische Essen fast im Halse stecken, als mir auffällt, daß hier niemand scherzt und kaum jemand spricht, Mahlzeiten dienen hier der Nahrungsaufnahme.

Abends schwinge ich mich auf mein Ashram-Fahrrad und radle stadteinwärts. Ob es in diesem geweihten Ort kein Restaurant gibt, in dem man gleichzeitig reden, lachen und essen darf? Der *Lonely Planet* empfiehlt das »Aristo«. Ich gehe die Treppen zur Dachterrasse hoch und höre schon von unten Stimmengewirr, unterbrochen von herzlichem Lachen. Oben ist es brechend voll von meist westlichen Gästen. Ich finde mit Mühe einen freien Platz an einem Tisch von amerikanischen und australischen »Dissidenten«.

»Auch auf der Flucht vor dem heiligen Ernst?« erkundigt sich amüsiert der schlaksige Amerikaner, der so spricht wie mein Mann und deshalb offensichtlich aus New York stammen muß.

»Ich komme schon jahrelang nach Indien«, erklärt er, »und ich habe auch schon in den verschiedensten Ashrams gelebt. Es gibt da zwei goldene Regeln: Erstens: Verlieb dich nicht, solange du im Ashram lebst. Zweitens: Laß dich nicht erwischen. Wenn man sich daran hält, kann man dort eine Menge lernen. Sind Sie auf der Suche nach einem Meister?« Ich schüttele den Kopf: »Ich bin auf der Suche nach meinem Palmblatt.«

»Und?« fragt einer aus der Runde. »Haben Sie es gefunden?«

»Bisher noch nicht«, sage ich und erzähle von meinem ersten Versuch in Madras.

Der Amerikaner lacht. »So etwas habe ich auch schon mal erlebt. In Bombay. Ich bin Professor für Parapsychologie und habe vor einigen Jahren eine Studienreise durch Indien gemacht, um psychische Phänomene wissenschaftlich zu untersuchen. Ich bin mit den höchsten Erwartungen hierhergekommen. Schließlich weiß doch jeder, daß übernatürliche Phänomene hier an der Tagesordnung sind und Wunder ein Teil der Kultur. Ach, Mutter Indien! Ich bin buchstäblich Dutzenden von Hellsehern, Wunderheilern und Schamanen begegnet, einmal sogar einer telepathischen heiligen Kuh, die angeblich die Zahlen in einem verschlossenen Briefumschlag lesen konnte …

Dann hörte ich, daß es in Bombay einen Schattenastrologen geben sollte. Ich bat einen Kollegen von der Universität Bombay, dort einen Termin für mich zu vereinbaren. Der Schattenastrologe, so wurde uns versichert, besäße in seinem Keller ›Tonnen‹ von Palmblättern. Und selbstverständlich dürften wir sie gern fotografieren. Als ich mit meiner Kamera und fünf Rollen Film dort vorsprach, hieß es jedoch, daß man nur an bestimmten glücksbringenden Tagen fotografieren dürfe. Dies wäre bedauerlicherweise kein glücksbringender Tag. Allerdings wäre der Schattenleser bereit gewesen, für fünfhundert Dollar eine Schattenhoroskoplesung durchzuführen.«

»Wie um alles in der Welt bestimmt man ein Schattenhoroskop?« will ich wissen.

»Kein Problem«, erklärt der Parapsychologe. »Der Schattenastrologe zieht einen auf seinen Balkon, mißt mit Hilfe einer langen Holzstange den Schatten des Kunden und sucht anhand der Schattenlänge das richtige Palmblatt heraus.

Ich war allerdings nicht bereit, fünfhundert Dollar dafür zu bezahlen. Deshalb erklärte sich der Leser bereit, mir mein Schicksal aus einem kleinen Stapel von Divinationspalmblättern vorzulesen, die er wohl für weniger zahlungskräftige Kunden auf seinem Schreibtisch liegen hatte. Er wählte nach dem Zufallsprinzip ein Blatt aus und fing dann an, es mir vorzulesen. Mein Kollege übersetzte für mich. Es handelte sich um eine Reihe von wohlklingenden Allgemeinplätzen, in die einige persönliche Beobachtungen eingebaut worden waren. Als er zu Ende war, bedankte ich mich überschwenglich, fotografierte das Palmblatt und verabschiedete mich.

Und dann geschah das Unglaubliche: Mein Kollege erwähnte, daß er dem Leser über die Schulter geschaut habe, um zu überprüfen, ob er den Sanskrittext auch richtig übersetze. Mir fiel jedoch ein, daß der Schattenleser gesagt hatte, der Text sei auf Malayalam geschrieben, eine Sprache, die weder mein Kollege aus Bombay noch ich verstehe. Der Professor wies mich leicht gekränkt darauf hin, daß ich das

Palmblatt ja fotografiert hätte. Nach dem Entwickeln würde sich zeigen, wer recht hätte.

Und dann geschah das Merkwürdige: Die Nahaufnahme des Blattes ergab, daß der Text weder in Sanskrit geschrieben war noch in Malayalam, noch in irgendeiner anderen bekannten indischen Sprache. Vermutlich war es überhaupt keine Sprache.

Worauf ich hinauswill, ist nicht die Frage, ob der Schattenastrologe ein Schwindler war oder ob sich mein Kollege, der zu den renommiertesten Kapazitäten an der Universität in Bombay gehört, vertan hat. Für mich ist das vielmehr ein typischer Fall von Maya – Täuschung, Illusion –: Wir alle sehen genau das, was wir sehen wollen. Ich habe das gleiche dann wieder und wieder erlebt: Objektive Meßbarkeit oder wissenschaftliche Überprüfbarkeit ist in Indien kein Thema. Über unsere westliche Art, paranormale Fähigkeiten einer Reihe von Tests zu unterwerfen, würden die Inder nur den Kopf schütteln. Menschen, die solche Gaben besitzen, sind in diesem Lande ›Saints‹. Kein Inder würde es wagen, ihre Echtheit anzuzweifeln. Und überhaupt – lehrten nicht schon die alten Rishis vor Jahrtausenden, daß sowieso alles nur Maya ist?«

»Es ist sehr schwer hier, hinter die Kulissen zu schauen«, bestätigt der Mann aus Brisbane, den sie Gilbert nennen. Er ist der erste und vermutlich auch der einzige Mensch in Pondicherry, der ein helles Sakko trägt – mit Krawatte. »Schwerer als in jedem anderen Land der Welt. Stellt euch vor, in Australien wird bekannt, daß in Melbourne eine Palmblattbibliothek existiert. Der ganze verdammte Kontinent stünde kopf. Und was ist hier? Palmblattleser, ja klar, die gibt es auch. Genauso wie Tempelprostitution, offizielles Eunuchentum, die Parsen, die ihre Toten den Geiern vorwerfen, und die Thags, die frommen Mörder, die ihre Opfer zu Ehren der Göttin Kali erwürgen. Ich bin jetzt zum zehntenmal hier, und jedesmal verstehe ich das Land ein bißchen weniger.«

»Kommen Sie wegen des Ashrams?« frage ich.

Gilbert zögert. »Nein«, erklärt er schließlich. »Ich habe ein Wirtschaftsberatungsunternehmen und reise jedes Jahr zu einer Astrologin. Meistens hält sie ihre Sitzungen in Neu-Delhi im Sheraton ab. Diesmal ist sie in Pondicherry. Ihre Klienten kommen nicht nur aus ganz Indien, sondern auch aus Hongkong, aus Frankfurt, aus New York oder, wie ich, aus Australien. Der einzige Unterschied zwischen den Besuchern aus dem Westen und aus dem Osten ist der: Die Inder kommen lediglich in Krisenzeiten, die Westler immer. Ich kann nur sagen: Bisher waren ihre Ratschläge immer Gold wert. Auf ihren Rat hin hat mein Kunde mit dem Börsengang gewartet, und tatsächlich war die Emission sechzigfach überzeichnet. Seitdem komme ich jedes Jahr. Börsengang jetzt oder später? Investition jetzt oder nie? Sie hat immer recht.«

»Macht sie das nur mit der Astrologie?« erkundigt sich der Professor aus New York so selbstverständlich, als ginge es darum, ob eine Rechnung mit Scheck oder mit Kreditkarte bezahlt werden könne.

Gilbert schaut ihn etwas unsicher an: »Sie kombiniert Astrologie mit anderen Methoden der Zukunftsschau. Weißt du, was das Sri-Chakra ist?«

Der Professor nickt: »Das ist ein altes Hindu-Diagramm aus Dreiecken, die einen Kreis aus Lotusblüten umrahmen.«

»Das benutzt sie jedenfalls auch zur Deutung«, erklärt Gilbert. »Ich sagte euch ja, ich verstehe nichts davon. Ich weiß nur eins: Seitdem sie mich berät, ist der Umsatz meiner Firma von zwei Millionen auf zweihundert Millionen gestiegen.«

174

»Wenn das so ist«, sagt der New Yorker, den sie Nick nennen, spontan, »kannst du uns doch alle zum Essen einladen!«

Wir essen Chapathis (Fladenbrot mit höllenscharfer Sauce), Alu Palak (Kartoffeln mit Spinat), Obstsalat aus Mangos, Ananas und Papayas. Zum Schluß bringt der Kellner einen kleinen Teller mit Anissamen. Gut gekaut, dienen sie als eine Art Atemerfrischer. Wir lachen und reden und erzählen von zu Hause und von unseren Plänen und vergessen für eine Weile die Einsamkeit, die man auf solchen Reisen so zuverlässig mit sich trägt wie seinen Reisepaß. Aber dieses Alleinsein ist es auch, das einen offen macht für all die »zufälligen« Begegnungen mit Menschen, die auch nach der Wahrheit suchen und nicht genau wissen, wo sie sie finden können.

Steve, der mich das *I Ging* gelehrt hat, ist nun unterwegs nach Puttaparthi, zu Sai Baba, den viele Menschen in Ost und West für einen Avatar halten, eine Verkörperung Gottes auf Erden. Damini kehrt zurück in ihren Ashram im Himalaya, um die Aufgaben zu erfüllen, die ihr Guru ihr stellt, und den bedingungslosen Gehorsam zu lernen, der für sie ein wichtiger Schritt auf dem Weg zur Wahrheit ist. Gilbert aus Brisbane sucht die Wahrheit auf dem Umweg über geschäftliche Erfolge. Nick, der New Yorker Professor, sucht die Synthese zwischen Wissenschaft und Spiritualität. Ich suche mein Palmblatt. Und dann?

Als ich zurück zum Ashram-»Guesthouse« radle, merke ich mit Schrecken, daß es kurz nach elf ist. Elf Uhr ist Sperrstunde. Wer zu spät kommt, muß draußen bleiben. Ich lächle dem indischen Wachmann, der mir, Tadel im Blick, das Tor aufhält, dankbar zu. Da geschieht ein Wunder: Er lächelt zurück! Das muß Maya gewesen sein, denke ich. Jeder sieht genau das, was er sehen möchte.

Bei Monas Palmblattleser
in Vaithisvarankoil

Im *Lonely Planet* stehen die Nummern der Busse, die einen jeweils zu den verschiedensten Orten des Landes bringen sollen, und wenn man Glück hat, stimmt die Nummer immer noch und steht sogar auf dem Bus drauf. Meistens ist allerdings nur der Zielort angegeben – in Hindu, Telugu, Malayalam oder was auch immer. Fragen ist natürlich jederzeit möglich, die meisten Inder sind unendlich hilfsbereit. Aber es hilft einem auch nicht in jedem Fall weiter. Einmal weiß man nie, ob man die Orte auch nur annähernd richtig ausspricht. Und zum anderen bringen es die Einheimischen scheinbar nie übers Herz, einen zu enttäuschen, indem sie zugeben, daß sie leider auch keine Ahnung haben. Und so sagen sie im Zweifelsfall lieber das Falsche als gar nichts. Insofern ist es manchmal reine Glückssache, ob man nach vier Stunden Busfahrt und zweimal Umsteigen tatsächlich dort aussteigt, wo man hinwollte. Ich habe anscheinend Glück: »Vaithisvarankoil«, nickt mir der Schaffner zu.

Ich gebe es auf, auf mein Wechselgeld zu hoffen, selbst schuld, wenn ich es nie passend habe, raffe meinen langen Rock, der ziemlich unpraktisch, aber in diesem Land für Frauen unumgänglich ist, und springe aus dem Bus in den Matsch, der mir jetzt allerdings nur noch bis zu den Knöcheln reicht – seit zwei Tagen hat der Dauerregen aufgehört, statt dessen hat eine lähmende Hitze eingesetzt. Gleich vor mir ist ein Straßenschild, Wunder über Wunder, in Tamil und in lateinischen Buchstaben angebracht – »West Car Street« –: ich bin am Ziel.

Poosamuthus »Nadi Astrological Centre« ist gut besucht.

Mindestens zwanzig Inder sitzen in dem überdachten Vorraum und mustern mich neugierig. Ich studiere die zweisprachigen Schilder, Tamil und englisch: »Täglich ab 6.00 Uhr geöffnet, ab 6.30 Uhr Daumenabdruck, Nadi-Lesungen ab 9.30 Uhr.« Kurz nach mir kommt noch ein indisches Ehepaar in westlicher Kleidung. Die beiden sehen mich überrascht an.

»Was hat Sie hierher verschlagen?« erkundigt sich der Mann in perfektem Englisch, mit breitem amerikanischen Akzent.

»Dasselbe wie Sie, vermutlich«, antworte ich. »Ich möchte mein Palmblatt finden.«

»Waren Sie schon mal hier?« will der Inder wissen.

»Nein«, sage ich. »Sie?«

»Wir kommen jedes Jahr«, erklärt der Mann. »Wir leben seit dreißig Jahren in Texas. Aber einmal im Jahr fliegen wir nach Hause, und bei dieser Gelegenheit besuchen wir Poosamuthu. Bisher ist alles, was er uns vorausgesagt hat, eingetroffen. Deshalb gehe ich zu niemand anders. Er ist der Beste.«

Ich habe so viele Fragen, aber in diesem Augenblick kommt ein baumlanger Inder auf mich zu, streckt mir die Hand mit dem längsten Fingernagel am rechten kleinen Finger entgegen, den ich in meinem ganzen Leben gesehen habe, und fragt: »You woman from Germany?«

Ich nicke, und er führt mich durch einen langen Gang in einen blumengeschmückten Raum, in dem ich von Poosamuthu persönlich empfangen werde: ein älterer hellhäutiger Inder, dem ein langes, weißes Gewand und die mit weißer und grauer Asche auf die Stirn gemalten Querstreifen Shivas priesterhafte Würde und Autorität verleihen. Ich lege die Handflächen zusammen und verneige mich – »Namaste«. Poosamuthu führt mich höchstpersönlich in einen Raum, wo in einem großen Schrank zahllose Palmblätter in

Bündeln aufbewahrt werden, jedes ist etwa fünfundvierzig Zentimeter lang und sechs Zentimeter breit.

»That is palmleaf-library«, erklärt der baumlange Übersetzer stolz in grauenhaftem Englisch und deutet mit dem fünf Zentimeter langen Nagel des kleinen Fingers auf die unschätzbaren Dokumente. »One is for you – maybe.«

Ich beglückwünsche mich insgeheim dafür, daß ich soviel Zeit in die Übersetzung von Monas Palmblatt gesteckt habe. Ohne diese Vorübung würde ich kaum ein Wort von dem, was er sagt, verstehen.

Der nächste Satz ist allerdings glasklar. »You pay hundred-fifty American Dollars now«, sagt er.

Mir verschlägt's die Sprache. Ich weiß zwar, daß die Lesungen von der Göttin Lakschmi unter anderem auch dafür vorgesehen sind, den Lebensunterhalt der Palmblattbesitzer zu finanzieren. Aber ich weiß auch, daß die oberste Regel für jeden Palmblattleser lautet, jedem, der kommt, mit maßvollen Forderungen zu begegnen. Zwei- bis dreihundert Rupien gelten zur Zeit für Westler als angemessen – zehn bis fünfzehn Mark. Hundertfünfzig amerikanische Dollar sind in einem Land, in dem ein Arbeiter durchschnittlich zwei Mark am Tag verdient, nicht maßvoll. Hundertfünfzig Dollar zu verlangen ist eine bodenlose Unverschämtheit. Ich hasse es, hier in Indien ständig um Preise zu feilschen. Aber noch weniger kann ich das Gefühl ertragen, von früh bis spät ausgenommen zu werden.

»Ich habe keine hundertfünfzig Dollar bei mir«, erkläre ich. »Du kannst fünfhundert Rupien haben. Das ist ein mehr als fairer Preis.«

»No Rupies. Gib mir Deutschmark oder Reiseschecks«, sagt gleichmütig der Übersetzer. »Alle westlichen Travellers tragen viel Geld bei sich.«

In mir kocht alles. Die alte Ungeduld steigt hoch – und

வஷிஷ்டர். சி. பூசமுத்து
நாடி நாவலர்,
வஷிஷ்டர் நாடி நூல் நிலையம்,
67, மேலரத வீதி, வைத்தீஸ்வரன்கோவில் - 609 117.

S.T.D. Phone No. 04364-82-455

Vashistar. **C. POOSAMUTHU**
Nadi Navalar,
Vashistar Nadi Astrological Centre,
67, West Car Street, **VAITHISVARANKOIL.**
Pin - 609117.

Werbebroschüre von Poosamuthu
mit interessanten Angeboten

179

maßloser hilfloser Zorn. Am liebsten würde ich ihm sagen, er solle sich mein Palmblatt an den Hut stecken. Aber bin ich nicht seit Wochen unterwegs, um hierherzukommen? Kreisen meine Gedanken nicht seit Monaten um diesen Ort? Und ist es nicht kleinlich, um den Preis für eine Erfahrung zu feilschen, die möglicherweise mein ganzes Leben beeinflussen wird?

Also ziehe ich meine Dollarschecks aus der Tasche und fange an zu unterschreiben. Für hundertfünfzig Dollar, denke ich mit zusammengebissenen Zähnen, kannst du halb Indien kaufen. Der Übersetzer steckt die Schecks ein und bringt mir zur Belohnung ein Glas Tee.

»I no money«, erklärt er mir, und ich ahne schon Schlimmes. »Do this only for Poosamuthu.«

Ich werfe einen Blick auf die westliche Kleidung, die er trägt, die schweren Goldketten um Hals und Armgelenke, den langen Fingernagel, der darauf hinweist, daß es sich hier um jemanden handelt, der es nicht nötig hat zu arbeiten, und schweige.

Er mustert mich eine Weile. »You woman alone«, sagt er und hält mir ein Stempelkissen für den Daumenabdruck hin. »No husband?«

Ich habe diese Frage, wenn ich unterwegs bin, schon tausendmal gehört und teile ihm mit, daß ich sehr wohl einen Mann habe, obwohl ich genau weiß, daß er mir das nicht abnimmt. Anständige indische Frauen verreisen nie ohne ihre Männer. Aber Geschäft ist Geschäft, und so macht er mir schließlich ein unwiderstehliches Angebot: »No worry. I treat you like older sister.«

»Thank you«, sage ich höflich, wische mir den blauen Daumen ab und wünsche ihn insgeheim zum Teufel.

Die nächsten Stunden verbringe ich allein in einem kargen Raum – ein Tisch, zwei, drei Stühle, an den Wänden die

üblichen blumenumkränzten bunten Bilder indischer Göt-
ter und Heiliger – und studiere das Gästebuch, während
Poosamuthus Mitarbeiter nach meinem Palmblatt suchen.
Die meisten Eintragungen kann ich nicht lesen. Sehr viele
Inder sind dort – samt Daumenabdruck – verewigt, ein paar
Japaner. Wenige Holländer, kaum Deutsche.
Irgendwann betritt eine indische Familie den Raum, Vater,
Mutter und halbwüchsige Tochter. Einer von Poosamuthus
Assistenten nimmt hinter dem Schreibtisch Platz, schaltet
das Tonbandgerät ein und beginnt die Lesung in dem
Singsang, von dem ich seit Monas Kassette weiß, daß es sich
um Alt-Tamil handelt. Ein zweiter übersetzt den Text in eine
neuzeitliche indische Sprache, vermutlich das Tamil, das
heute gesprochen wird. Am Ende strahlen alle. Der Mann
schaut mich völlig fassungslos an. »Unglaublich«, sagt er auf
englisch. »Sie wissen alles, sogar die Namen von dreien
meiner Freunde.«
Allmählich steigt meine Spannung. Vielleicht, denke ich,
hast du Poosamuthu unrecht getan. Was sind schon hundertfünfzig Dollar für eine solche Erfahrung?
Schließlich betritt mein Übersetzer den Raum. »We found
your palmleaf«, sagt er und deutet auf ein Bündel Palmblätter. »Eines davon ist deines. Wir müssen es nur noch verifi-
zieren. Wir stellen dir jetzt einige Fragen. Wenn du sie alle
mit Ja beantwortest, ist es dein Palmblatt.«
Diesen Vorgang kannte ich bereits von Mona. Erwartungsvoll beuge ich mich nach vorn. Ich muß die Namen meiner
Eltern auf ein Blatt Papier schreiben und die Namen meiner
beiden Ehemänner, dazu meinen eigenen Namen, Geburtsort und Zeit. Dann nimmt einer der Assistenten das Bündel,
ergreift ein Palmblatt und stellt mir Fragen – so lange, bis
ich eine Frage mit Nein beantworte. Dann ergreift er das
nächste Palmblatt und fragt weiter: »Bist du die älteste

Tochter?« – »Besitzt du ein Haus?« – »Hast du Kinder?« – »Bist du zur Schule gegangen?« – »Hast du einen Universitätsabschluß?« – »War deine Mutter berufstätig?« – »War sie im Haushalt angestellt?« – »Arbeitete sie in einem Büro?« – »Leben deine Eltern noch?«

Mir fällt ein, daß Holger Kersten mich auf diese ausführliche Befragung hingewiesen hat, die mich stark an das erinnert, was man im Englischen »fishing« nennt: Jemand wird so lange ausgefragt, bis man genügend Informationen über ihn bekommen hat. Aber hat andererseits nicht Mona erzählt, daß nach zehn mit Ja beantworteten Fragen ihr Palmblatt klar identifiziert war?

Bei mir scheint die Verifizierung kein Ende zu nehmen. Irgendwann fällt mir auf, daß eine Frage, die ich mit Nein beantwortet habe, nach geraumer Zeit so lange umformuliert wiederauftaucht, bis ich sie mit Ja beantwortet habe.

»That your palmleaf«, sagt der Leser schließlich zufrieden. Jetzt müsse es nur noch abgeschrieben werden, erklärt mir der Übersetzer, und dann sind die beiden wieder stundenlang verschwunden.

Ich mache mir sicherheitshalber Notizen über die Fragen, an die ich mich noch erinnere, und stelle dabei fest, daß sie nun eine Menge Informationen über mich besitzen. Sie wissen, daß meine Mutter noch lebt und welchen Beruf meine Eltern hatten, daß ich einen älteren Bruder habe und zum zweitenmal verheiratet bin, daß ich aus erster Ehe einen Sohn habe, der nicht mehr lebt, und von meinem jetzigen Mann zwei Töchter und zwei Söhne. Sie kennen seinen und meinen Beruf, wissen, ob wir ein Haus besitzen und ob unsere Beziehung gut ist, aus welchem Land mein Mann stammt und welche Schulen die Kinder besuchen. Ich bin neugierig, welche von diesen Informationen später auf meinem Palmblatt wiederauftauchen werden.

Wieder vergehen Stunden. Es ist schon Spätnachmittag, und ich weiß, daß nach Sonnenuntergang keine Lesung mehr gehalten werden darf. Was ist, wenn sie mir sagen, ich müsse morgen wiederkommen?

Schließlich betritt jedoch der Übersetzer mit einem der Assistenten den Raum. Er überreicht mir ein zur Hälfte vollgeschriebenes Schulheftchen, das angeblich den Text meines Palmblatts in Neu-Tamil enthält. Er schaltet den Kassettenrecorder an, schiebt eine Kassette ein und nickt dem Assistenten des großen Poosamuthu zu, der die Lesung abhalten wird: Das Reading kann beginnen.

Bereits nach den ersten Sätzen weiß ich, daß ich den langen Weg nach Vaithisvarankoil umsonst gemacht habe. Was mir hier vorgelesen wird, ist eine Biographie, die aus den Informationen, die sie alle von mir selbst haben, zusammengestrickt wurde – und das falsch. Mein Vater besaß angeblich ein Sägewerk, meine Mutter war Sekretärin, wir beide waren, erfahre ich, als ich zwischen ein und drei Jahre alt war, sehr krank. Davon weiß ich nichts. Ich bin mit hoher Intelligenz gesegnet, habe eine erstklassige Erziehung genossen und gute Schulen besucht. Aha. Das haben sie offensichtlich daraus geschlossen, daß ich ein Universitätsstudium absolviert habe.

Dann geht es zu früheren Leben. Ich habe mich viel mit Reinkarnationstherapie beschäftigt und bin deshalb nicht im geringsten irritiert, daß ich mich an das Leben, von dem hier auf meinem Palmblatt die Rede ist, nicht erinnere. Die Bilder der Seele, die man auch frühere Leben nennt, sind so zahlreich und so vielschichtig, daß wir nur einen Bruchteil von ihnen aus den Tiefen der Seele herausholen können. Hier ist die Rede von einem Leben in Sri Lanka als Tochter aus gutem, reichem Hause. Meine ältere Schwester, so erfahre ich, war verheiratet, konnte aber keine Kinder

*Schulheft mit der Abschrift
des Palmblatts*

bekommen. Deshalb wurde ich mit ihrem Mann verheiratet, brachte seine Kinder zur Welt und liebte ihn so sehr, daß ich darüber meine Schwester vernachlässigte. In ihrem Zorn verfluchte sie mich: In meinem nächsten Leben, so lautete der Fluch, würde ich keine Schwester haben.

Ich habe in diesem Leben nur einen Bruder, wie Poosamuthu spätestens seit der Verifizierung des Palmblatts weiß, und damit kann ich gut leben. Ich kann sogar damit leben, daß ich von den Rückführungen weiß, daß ich in früheren Leben wesentlich schlimmere Dinge getan habe, als meine Schwester zu vernachlässigen. Deshalb zucke ich etwas gleichgültig mit den Schultern, als der Übersetzer mir mitteilt, es gäbe ein Sühneritual, mit dem ich mich von dieser schweren Schuld befreien könne.

Folgende Dinge macht man mir zur Auflage (sicherheitshalber schreibt es mir der Übersetzer auf englisch in mein Schulheft): Erstens müsse ich in einer christlichen Kirche hundert Kilometer von Vaithisvarankoil entfernt zweiundfünfzig Kerzen anzünden und Blumenkränze opfern. Zweitens müsse ich zu zwölf Blinden gehen und ihnen eine Mahlzeit bringen. Und drittens müsse ich danach zu Poosamuthu zurückkommen und 20 016 Rupien als Sühne an die Schicksalsbibliothek zahlen, Blumengirlanden und Obst mitbringen sowie ein westliches Kleid meiner Wahl. Offenbar gefällt dem Übersetzer der lange schwarze Patchworkrock und die gepunktete Samtjacke, die ich heute trage. Wenn das nicht Chuzpe ist!

»Und was ist, wenn ich diese Buße nicht tue?« erkundige ich mich und versuche vergeblich, den zynischen Ton aus meiner Stimme zu kriegen.

Der Übersetzer versichert mir, daß es in meinem eigenen Interesse wäre, zumindest die letzte Bedingung zu erfüllen. Und dann kommt er zur Sache: Wie geht es mit meinem

Leben weiter? Um meine Zukunft, das wird bald klar, brauche ich mir scheinbar keine Sorgen zu machen. In den nächsten Jahren geht es pausenlos bergauf. Ich werde mit großem Erfolg schreiben (meinen Beruf kennen sie ja aus der Befragung) und berühmt werden. Zwischendurch bekomme ich ein paar Wehwehchen – Probleme mit der Haut und Wasser in den Händen –, aber alles geht gut aus. Irgendwann entwickle ich dann seherische Fähigkeiten und kann die Zukunft voraussagen. Daraufhin kommen dann die berühmtesten Leute aus aller Welt zu mir und wollen wissen, wie es in ihrem Leben weitergeht; und weil ich das weiß und außerdem auch große Katastrophen vorhersehen kann, rette ich vielen Menschen das Leben und werde noch berühmter, als ich ohnehin schon bin.

Ich drücke auf »Stop« und erkundige mich, woher denn diese plötzlichen seherischen Fähigkeiten stammten. Der Palmblattleser läßt mir versichern, das käme schon auf mich zu, wenn es soweit wäre. Wenn ich fünfundfünfzig bin, heiratet mein ältester Sohn, und aus allen Kindern wird etwas. Mit sechsundsechzig steige ich aus dem Beruf aus, gieße meine Blumen und genieße einen wundervollen Lebensabend an der Seite meines Mannes, bis ich im November meines dreiundsiebzigsten Jahres, vor meinem Partner, diese Welt verlasse und zu Füßen des Allmächtigen knie, und zwar für immer, weil dieses nämlich meine letzte Inkarnation sei.

Dann erklärt der Übersetzer, die Lesung sei beendet, jetzt wolle er noch Trinkgeld, ganz egal, in welcher Währung. Ich werfe ihm zweihundert Rupien hin, nehme meine Tasche und gehe, so schnell ich kann, aus dem Haus. Keiner soll die Tränen der Enttäuschung und des Zorn sehen, die mir in den Augen stehen. Nichts wie weg hier!

Auf der langen Busfahrt zurück nach Pondicherry gehen mir tausend Fragen durch den Kopf. Ist denn alles, wonach ich suche, nur Maya? Ist auch die Vorstellung, daß unser aller Schicksal im Goldenen Buch des Lebens jenseits von Zeit und Raum niedergeschrieben ist und manchen von uns von weisen Menschen zur rechten Zeit mitgeteilt wird, uns und der Welt zum Nutzen, ebenso eine Illusion wie Sri Aurobindos Traum vom Übermenschen der Zukunft – und die Hoffnung, daß man sich diesem Ideal durch Verzicht auf Sex, Politik, Drogen und Lachen nähern kann? Oder bin ich nur einem geldgierigen, skrupellosen Geschäftemacher begegnet, der die ihm vererbte Gabe mißbraucht? Aber wieso war der Inder aus Texas so zufrieden? Und die Familie, bei deren Lesung ich anwesend war? Und was war mit Mona? Spricht nicht alles dafür, daß er in ihrem Fall wirklich im Buch des Schicksals geblättert hat? Warum nicht bei mir? Ob er mein Palmblatt nicht gefunden hat und das nicht zugeben wollte, weil er ja schon kassiert hatte?

Krank vor Enttäuschung und Heimweh, rufe ich spätabends zu Hause an. Ich kann nie aufhören, darüber zu staunen, wie reibungslos in diesem chaotischen Land das internationale Telefonnetz funktioniert.

»Gib noch nicht auf«, sagt mein Mann. »Du kannst nicht erwarten, daß dir eine solche Erkenntnis, wie du sie erhoffst, in den Schoß fällt. Was sind schon ein paar Schwindler auf dem Weg zur Wahrheit? Such weiter. Wir warten hier auf dich.«

»Und wenn ich nun weitersuche und finde, daß das alles nur Märchen, Mythen und Träume sind?« frage ich weinend.

»Dann komm zurück, und erzähl von den Märchen, den Mythen und den Träumen. Aber nimm dir alle Zeit, die du brauchst. Und vergiß eins nicht: Wenn du wirklich herausfinden solltest, daß unser Schicksal nirgendwo geschrieben steht und daß all diese Geschichten nur erfunden sind – dann heißt das auch: Wir sind frei, unser Leben selbst zu gestalten – mag das nun gut sein oder schlecht.«

»Weißt du, wie sehr ich dich liebe?« sage ich.

»Ich liebe dich auch«, sagt mein Mann. »Deshalb lasse ich dich ja immer gehen.«

Basti, mein jüngerer Sohn, kommt ans Telefon. Ich erfahre die letzten Neuigkeiten aus der Schule (eine miserable Note in Mathe, leider), seinem Freundeskreis (Max hat eine neue E-Gitarre, David hat jetzt eine Freundin), über seinen eigenen Gemütszustand (zur Zeit nur »mittelmäßig« verliebt) und die Ernährungsgewohnheiten meiner Familie (»Super – diese Woche waren wir dreimal bei McDonald's!«). Und dann sagt er: »Übrigens, eine Mona hat angerufen. Ich soll dir ausrichten, daß sie sich scheiden läßt. Aber nicht wegen Annamaria, soll ich dir sagen.«

Ich überlege kurz, ob ich Mona anrufe und ihr rate, die verhängnisvolle Palmblattlesung bei Poosamuthu um Gottes willen nicht zu ernst zu nehmen und bloß keine überstürzten Entscheidungen zu treffen. Dann entscheide ich mich dagegen. Wie war das noch? Jeder bekommt das Palmblatt, das er braucht. Mona braucht vielleicht eine Rechtfertigung dafür, sich aus ihrer Ehe zu befreien. Aber wofür um alles in der Welt brauche ich den Schwindel und den Betrug?

»Wir vermissen dich, Mama«, sagt mein fünfzehnjähriger Sohn, und weil ihm soviel unverhüllte Sentimentalität peinlich ist, fügt er hastig hinzu: »Kein Mensch findet hier mehr was.«

»Ich vermisse euch auch, Basti«, sage ich wehmütig. »Und das Schlimme ist: Ich finde hier ja auch nichts!«

Basti ist mit seinen Gedanken schon wieder ganz woanders: »Gibt's viel Haschisch in Indien?«

188

»Jede Menge«, antworte ich. »Es heißt hier Gandja.«
»Cool«, meint mein Sohn beeindruckt. »I love you, Mom« –
auf englisch sagt sich das viel leichter –, und weg ist er.

In dieser Nacht sitze ich lange auf meiner Terrasse und
lausche den Wellen des Indischen Ozeans. Ganz allmählich
verraucht mein Zorn. Bloß weil der Palmblattleser in Vaithisvarankoil nichts über mein Leben weiß, heißt das doch
nicht, daß nicht irgendwo, in einer anderen Bibliothek,
mein echtes Palmblatt auf mich wartet. Und selbst wenn ich
es nirgendwo finde, bedeutet das längst nicht, daß es niemanden gibt, der unser Schicksal lenkt. Vielleicht ist das
Geheimnis nur um vieles größer, als wir uns vorstellen
können.
Ich vergleiche meine Notizen aus Madras und aus Vaithisvarankoil. Bei dem zweiten Leser habe ich, was meine Lebenserwartung betrifft, fünfzehn Jahre mehr vor mir. Aber
gibt es vielleicht auch irgendwelche Parallelen? In Madras
habe ich erfahren, daß ich in einem früheren Leben vielen
Menschen das Leben gerettet haben soll. In Vaithisvarankoil wird das angeblich noch in diesem Leben stattfinden.
Beide stellen mir für die Zukunft seherische Fähigkeiten in
Aussicht. Das ist immerhin interessant. Denn bisher sind
meine seherischen Fähigkeiten auf zwei Bereiche be-
schränkt: Erstens weiß ich bei jedem Film, wie er ausgehen
wird, was von meiner Familie vor allem bei Fernsehkrimis
als sehr störend vermerkt wird. Und zweitens weiß ich, wenn
ich eine schwangere Frau sehe und mich konzentriere, mit
absoluter Sicherheit, ob sie einen Sohn oder eine Tochter
bekommen wird. Ich vertue mich nie. Aber was bringt das
schon? Immerhin – falls die beiden Palmblattleser zumindest in dieser Beziehung recht hätten, stünden mir interes-
sante Zeiten bevor. Ein bißchen getröstet gehe ich schlafen.

Madurai

Fahren Sie nach Madurai«, hatte mir Nick aus New York geraten. Wir waren uns in einer der englischsprachigen Buchhandlungen von Pondicherry wiederbegegnet. Ich hatte gerade wieder eines der Bücher über Nadi entdeckt, von denen ich immer noch nicht mehr als die Einleitung und die Fallbeispiele verstehe. Aber die Beispiele scheinen alle nach dem gleichen Schema abgefaßt zu sein wie die Texte in den Palmblättern. Zeitsprünge von jeweils zwei bis fünf Jahren. Schwerpunkt auf früheren Leben, Familie, finanzieller Situation, Anzahl von Söhnen, gesellschaftlichem Status und spiritueller Entwicklung. Es gibt sogar viele Formulierungen, die mit denen auf den Palmblättern, die ich mittlerweile kenne, völlig identisch sind. Ich kaufe jedes Buch, das ich kriegen kann – in der Hoffnung, daß ich eines Tages doch noch hinter das Geheimnis kommen werde.

»Madurai ist eine der größten Pilgerstädte des Landes«, erklärte mir Nick. »Jeden Tag treffen dort zehntausend Pilger aus ganz Indien ein, um den berühmten Meenakshi-Tempel zu besuchen. Es herrscht ein unglaublicher spiritueller Rummel dort. Handleser und Zukunftsdeuter haben Hochkonjunktur. Vielleicht finden Sie dort eine Schicksalsbibliothek, die Ihr Palmblatt hat.«

»Ich habe ja noch einen Termin in Bangalore«, erzählte ich ihm. »Aber das sieht auch nicht gut aus. Bei der Rundfahrt durch die Ashram-Betriebe habe ich ein älteres indisches Ehepaar getroffen. Der Mann hat mir von der Bangalorer Palmblattbibliothek erzählt. Er sagte, er wäre vor dreißig Jahren einmal dort gewesen. Der damalige Besitzer, ein Mann namens Shastri, sei in ganz Indien berühmt gewesen.

›Es war erstaunlich‹, sagte der alte Herr. ›Ich weiß es noch wie heute. Ich war damals, Anfang der sechziger Jahre, in der Armee und hatte frustriert meine Entlassung eingereicht, aber nichts geschah. Niemand reagierte darauf. Also bin ich zu Sri Shastri gegangen. Er sah mich an, nannte meinen Namen und sagte, aus welcher Familie ich stammte und wie meine Onkel hießen. Dann teilte er mir ungefragt mich, daß mein Gesuch um Entlassung abgelehnt worden sei. Ich solle es in einem Monat nochmals versuchen, dann würde es akzeptiert. Und so geschah es tatsächlich.‹

Ich fragte den älteren Gentleman, ob er seinen Namen und seine Geburtsdaten angegeben habe, aber er erklärte nachdrücklich: ›Ich habe damals gar nichts angegeben, nicht einmal mein Geburtsdatum. Sri Shastri hat alles so gewußt. Aber mittlerweile ist er tot, und ich habe gehört, daß sein Sohn, dieser Murthy, der sein Nachfolger geworden ist, nicht gut sein soll.‹«

»Ich habe das auch gehört«, hatte Nick gesagt. »Der eigentliche Nachfolger soll genausogut gewesen sein wie der alte Shastri. Aber vor zwei Jahren ist er ganz plötzlich gestorben. Sein jüngerer Bruder hat die Bibliothek übernommen, aber er ist nie dafür ausgebildet worden. Man hört über ihn nicht viel Gutes. Darum ist Madurai erst recht einen Versuch wert. Was haben Sie schon noch zu verlieren?«

Er hatte natürlich recht, und so habe ich für den nächsten Morgen eine Zugkarte nach Madurai gekauft.

In Indien ist das, wie vieles, eine höchst umständliche Sache. Man geht zum Bahnhof, füllt ein Formular aus, das an Ausführlichkeit kaum zu überbieten ist, und erhält, sofern noch vorhanden, schließlich eine Fahrkarte, auf der die Abfahrtszeit sowie Geschlecht und Alter des Reisenden vermerkt sind. Ich habe in die Spalte mit »Age« »100« geschrieben und in die mit »Sex« »no«. Das hat aber leider nichts genützt, denn die Abfahrtszeit stimmte auch nicht. Als ich eine halbe Stunde vor der Abfahrt mit meinem Gepäck am Bahnhof stehe, erklärt mir der Beamte, der Zug sei bereits weg. Die Zeit auf der Fahrkarte bezöge sich auf den Zug an der »Junction« – den »Trivandrum Mail«. Der Zug aus Pondicherry führe eine Stunde früher ab. Der nächste Zug ginge morgen um die gleiche Zeit. Und für den bräuchte ich leider eine neue Fahrkarte. O Indien!

Ich fahre also mit der Rikscha zum Busbahnhof und erwische dort tatsächlich einen der Überlandbusse, der einen, sofern man Glück hat, in zehn Stunden und durch Millionen von Schlaglöchern lebend nach Madurai im Landesinnern bringt. Als wir abends in die Stadt kommen, ist es längst dunkel. Panik befällt mich, als der Bus plötzlich durch Straßenzüge fährt, in denen dichter, blauschwarzer, beißender Rauch steht. Merkt denn der Fahrer nicht, daß die ganze Stadt brennt? Ich presse hustend ein Taschentuch gegen den Mund und stelle dann fest, daß die übrigen Fahrgäste völlig ungerührt zu sein scheinen.

»Too many moskitos«, sagt schließlich die Inderin im Sitz neben mir. »Smoke kill moskitos.« Ich muß noch unendlich viel lernen in diesem Land!

Das Mittelklassehotel, das die »Indienbibel« empfiehlt, hat im fünften Stock ein Zimmer frei. Die beiden Jungs, die für mich, o Luxus, das Bett frisch beziehen, überreichen mir mit Verschwörermiene eine winzige Rolle Toilettenpapier, das in Indien nur Westlern zugestanden wird, und auch das nur gegen Bares, kassieren ihr Trinkgeld und verziehen sich.

Ich falle todmüde ins Bett und habe noch nicht lange geschlafen, als in meinem Zimmer aus einem Lautsprecher neben der Tür ein grauenhafter Alarm losgeht, dazu wild flackerndes Licht. Feuer? Panisch rufe ich bei der Rezeption an: »Any fire in the hotel?«

»No problem, Madam, we check.«

Dann passiert weiter nichts. Ich schaue aus dem Fenster. Pechschwarze indische Nacht. Keine Flammen, soweit. Ich setze sicherheitshalber meine Kontaktlinsen auf, stecke meinen Paß und mein Geld ein und warte darauf, ob die Bewohner der Nachbarzimmer auf den Flur stürzen. Als nichts geschieht, beschließe ich weiterzuschlafen. Zwei Stunden später wiederholt sich die Szene. Ich vermute nun, daß es sich dabei um einen indischen Weckdienst handeln muß, rufe abermals bei der Rezeption an, um mitzuteilen, daß ich keinen »Wake-up call« wünsche, und falle wieder in tiefen Schlaf.

Im Traum bin ich bei einem Palmblattleser in Madurai. Er sagt mir voraus, daß ich hellseherische Fähigkeiten entwickle und damit vielen Menschen das Leben retten werde. Ich würde hundertfünf Jahre alt und mein Mann betrüge mich mit Mona. Stinkwütend wache ich auf. Wenn das Schicksal auch nur über einen Funken Gerechtigkeit verfügt, müßte ich nach all den Strapazen hier in Madurai eigentlich fündig werden.

Am nächsten Morgen folge ich der endlosen Prozession von Pilgern, Männern in safranfarbenen Lunghis, die nackten Oberkörper großzügig mit Asche beschmiert, viele tragen ein Bündel mit spärlichem Gepäck auf ihren kahlrasierten Schädeln. Ich laufe einfach hinterher, in der Hoffnung, daß sie den Weg zum berühmten Meenakshi-Tempel einschlagen würden.

Indien ist ein Land, in dem immer alle unterwegs zu sein scheinen, und Pilgerfahrten sind eine besondere Form dieses ungebremsten Bewegungsdranges. Die Inder veranstalten solche Reisen – zu Fuß oder mit dem Bus, kreuz und quer durchs Land – aus Frömmigkeit, um sich den Respekt der Götter zu erwerben, weil sie ein Gelübde abgelegt haben, aus Dankbarkeit dafür, daß ihnen ein Wunsch erfüllt oder ein Schicksalsschlag erspart wurde, oder ganz einfach deshalb, weil es alle anderen auch tun und es Abwechslung in den Alltag bringt. Täglich zehntausend sollen es sein, die sich den Meenakshi-Tempel zum Ziel machen. Noch mehr Pilger habe ich nur in Tirumala erlebt, dort sollen es angeblich sogar täglich dreißigtausend Fromme sein, die zum Venkateshwara-Tempel pilgern, um dort dem Gott sackweise Geld, Schmuck und Edelsteine zu opfern.

In Indien gilt es als völlig natürlich, daß es einen Gott des materiellen Wohlstands gibt, dort wird mehr von Geld, Wohlstand und materiellen Dingen gesprochen als in den sogenannten materialistischen Gesellschaften. »peace and prosperity« ist das, was man einander wünscht, und trotzdem durchdringen Religion und Rituale das Leben des Volkes mehr als irgendwo anders auf der Welt. Venkateshwara, eine Inkarnation Shivas, wird, so der feste Glaube, genährt durch zahllose Legenden, einem jeden seine Spende noch in dieser Inkarnation hundertfach vergelten. Diese Überzeugung hat den Tempel zum reichsten Indiens gemacht, und als ob die Einnahmen von jährlich vielen hundert Millionen Rupien noch nicht ausreichen, gilt es als Ehrensache, sich dort der »Kalyana katta« zu unterziehen, der »Abschneiderei der Glückseligkeit«. Zu Ehren des Gottes lassen sich so viele Tirumala-Pilger vor Ort eine Glatze scheren, daß die Stadt dank diesem Haaropfer zur größten Sammelstelle für Menschenhaar in der Welt geworden ist, ebenfalls natürlich zu Ehren des materiell belohnenden, glückverheißenden Gottes Venkateshwara.

Mittlerweile weiß ich, daß die verwirrende Vielfalt der Hindugötter, die noch dazu in unterschiedlichen Inkarnationen verschiedene Namen tragen, im Grunde ganz einfach zu erklären ist: Jeder Gott und jeder Gottesname ist nur ein anderer Name für den einen Gott, all die verschiedenen Bezeichnungen stehen nur für die diversen Teilaspekte dieses einen Gottes. Venkateshwara ist eine Inkarnation Vishnus, ebenso wie Krishna, und Govinda ist wiederum ein anderer Name für Krishna. Meenakshi wiederum ist eine Inkarnation der Göttin Parvati, die die Gemahlin Shivas ist, der in dem Meenakshi-Tempel, auf den sich der Pilgerstrom zubewegt, wiederum als Lord Sundareswaran verehrt wird, ganz schön kompliziert.

Der Tempel, bei dem die Wanderung der zahllosen Pilger erwartungsgemäß endet, erweist sich als eine ganze Tempelstadt, die von einer hohen, pink und weiß gestreiften Mauer umgeben ist, um das Chaos von Verkaufsständen, Rikschas und unzähligen geschäftstüchtigen Händlern und das Gewühl im tempeleigenen Bazar am Osttor der Anlage, das außerhalb der Tempelmauern herrscht, zumindest einigermaßen fernzuhalten. Im Tempelinneren selbst ist es vergleichsweise ruhig. Ich folge den Pilgern, die in Gruppen oder ganzen Familienverbänden den Teil des Tempels aufsuchen, in dem der Gott angebetet wird, den sie besonders verehren wollen. Die meisten streben den Räumen von Meenakshi und Sundareswaran zu, die in getrennten Räumlichkeiten untergebracht sind. Aber jeden Abend wird Lord Sundareswaran (Shiva), unsichtbar in einer Sänfte verborgen, in einer feierlichen Prozession unter Fackelschein und Trommelwirbel in das Schlafgemach seiner Gattin Meenakshi (Parvati) gebracht.

Scharen von Touristen folgen dem Schauspiel mit verständnisvollem Lächeln und gezückten Kameras, und die Videorecorder stehen aufgereiht wie Soldaten in einer Schlacht.

Ich laufe stundenlang durch immer neue Bezirke der Tempelstadt und halte schließlich ermattet beim »Golden Lotus Tank«, einem heiligen Teich innerhalb des Tempels. Er diente früher, so wird erzählt, unter anderem auch dazu, die Qualität von Literatur zu bewerten. Gute Texte bleiben an der Wasseroberfläche, schlechte versinken auf der Stelle. Ich überlege kurz, ob ich die Notizen, die ich mir von den Aussagen der Palmblattleser in Madras und Vaithisvarankoil gemacht habe, hier nochmals einer Qualitätsprüfung unterziehen soll, aber weil die Antwort sowieso ziemlich eindeutig sein dürfte und auch weil nicht ein einziges Blatt Papier auf der Oberfläche des Teichs schwimmt, entscheide ich mich dagegen.

Zwei Stufen hinter mir sitzt eine junge Frau mit kastanienfarbenem Pferdeschwanz und sehnsüchtigen Augen: Anna aus Liverpool. Sie erzählt mir, daß sie schon seit zehn Tagen hier ist und auf ihren Mann wartet. Er sei in den Himalaya gereist, um sich mit einem Freund zu treffen, der ihm Geld aus der Schweiz mitbringen soll. Jahrelang, erzählt sie mir freimütig und nicht ohne Stolz, habe er für die Chinesen Kokain aus dem Goldenen Dreieck nach Hongkong geflogen, »… aber er hat nie jemanden getötet. Er spricht vierzehn Sprachen. Er ist unglaublich charmant – und ein verdammt guter Pilot.« Jetzt fliegt er ganz bürgerlich Skiläufer, Drachenflieger und gelegentlich auch normale Sightseeingtouristen zum Fernblick auf die fast unberührten Spitzen des Matterhorns. Von dem Geld, das er in der Saison verdient, verbringen die beiden die Zeit außerhalb der Saison in Indien. Geldsorgen hätten sie nie, irgendein Freund brächte ihrem Mann immer Nachschub, aber diesmal schien ihm etwas dazwischengekommen zu sein. Sie sei zurückgeblieben, weil sie gerade gemerkt hat, daß sie schwanger ist, und nun sei das Geld weg und sie sitze hier und warte und warte, und ihre Sorge um ihn wird immer größer, denn im Himalaya gäbe es um diese Zeit gewaltige Schneefälle.

Wer viel unterwegs ist, erfährt die buntesten, tragischsten und seltsamsten Schicksale, wenn er nur hinhören möchte, und ob es sich dabei um die ganze Wahrheit handelt oder um die halbe, ist in Indien, dem Land der Maya, noch unwichtiger als anderswo.

»Was hältst du davon«, frage ich die zarte junge Frau mit dem sanften Gesicht und dem hinreißenden Liverpooler Dialekt, »wenn ich dich zum Essen ausführe?«

»Ich habe noch fünf Rupien«, erklärt sie spontan, »dafür stifte ich die Rikscha!«

Mit dieser großzügigen Geste hat sie meine Sympathie vollends gewonnen. Deshalb und ebenso weil ich mir wünsche, daß meine abenteuerlustigen Kinder auch jemanden finden werden, der ihnen unter die Arme greift, wenn sie irgendwo auf der Welt in Schwierigkeiten geraten, bleibt Anna in den nächsten Tagen bei mir.

Schließlich stößt noch Belinda dazu, eine mütterliche britische Aristokratin, die das Schicksal nach Nepal verschlagen hat, nachdem ihre Ehe mit einem Air-Force-General nach dreißig loyalen Jahren in einem Skandal zu Ende ging. Nun arbeitet sie als Physiotherapeutin in Kathmandu, behandelt Trekkingtouristen, die mit müden Knochen und verspannten Muskeln aus den Siebentausendern zurückkommen, und verkauft nebenbei buddhistische Kunst. Die mütterliche Belinda, die auch mit ihrem Backpack noch aussieht wie eine echte Lady, und die junge Frau des Kokainfliegers verstehen sich auf Anhieb.

Zu dritt begleiten wir jeden Morgen den Tempelelefanten, der durch den Hof vor unserem Hotel zieht, zu seinem Arbeitsplatz im Tempel, und abends begleiten wir Shiva, wenn er, unsichtbar in seiner Sänfte verborgen, per Fackelzug ins Schlafgemach seiner Gattin getragen wird. Wir durchstöbern die endlosen Bazare, wehren, meist erfolglos, die hunderttausend Rikschafahrer, Tempel-Guides und fliegenden Händler ab, die hinter dem Geld der täglich zehntausend Pilger her sind, und warten darauf, daß Annas verschollener Maoriflieger mit der italienischen Mutter und dem indischen Paß heil aus dem Himalaya zurückkehrt; und außerdem warten wir darauf, daß Mandi mit neuen Nachrichten von dem Palmblattleser kommt, der seit einigen Tagen nach meinem Palmblatt sucht.

Das war nämlich so: Am Westtor des Tempels, nahe der Statue des Elefantengottes Ganesha, wo von früh bis spät die Handleser sitzen und den Pilgern und den Touristen ihre Dienste anbieten, trafen wir eines Morgens den dunkelhäutigen Mann mit den stillen Augen, der hinter seinem Schild »Palm-Reading, your future today« auf dem Boden an der Tempelmauer gelehnt saß.

»Warum fragst du nicht den, ob er etwas über deine Zukunft weiß?« fragte Anna, die die Geschichte meiner erfolglosen Palmblattsuche so gut kennt wie ich ihre Liebesgeschichte mit dem ehemals kokainfliegenden Hubschrauberpiloten, der im schneebedeckten Norden verschollen ist und noch nicht weiß, daß seine Frau ein Kind von ihm erwartet. Ich habe Anna gesagt, daß es ein Mädchen sein wird.

»Komm, Anna, bloß weil ich mein Palmblatt suche, muß ich doch nicht jeden dahergelaufenen Wahrsager über meine Zukunft befragen. Erstens sind die meisten hier sowieso Schwindler. Zweitens habe ich Angst davor, daß ich an einen geraten könnte, der kein Scharlatan ist. Und drittens können wir von den hundertfünfzig Rupien, die der Spaß kostet, zwei Tage lang leben!«

»Bist du nicht hierhergekommen, um etwas über die Zukunft zu erfahren? Warum versuchst du's nicht?«

Sie hatte natürlich recht, und so habe ich mich vor dem Handleser mit den stillen Augen auf den Boden gehockt, er nahm seine Lupe und ein kleines Lineal, studierte und vermaß schweigend meine Handlinien, schrieb einige Ziffern auf ein kleines Blatt Papier und sagte schließlich: »Die Handfläche ist das Instrument, das den Willen Gottes in reinster Form erkennen läßt.« Er sagte das so endgültig, als sei damit alles Wesentliche geklärt.

Und dann erzählte er mir Einzelheiten über mein Leben und meinen Charakter, die sich als verblüffend präzis erwiesen: daß ich mit einem ungewöhnlich stark ausgeprägten Gerechtigkeitssinn und einer Kompromißlosigkeit geschlagen bin, die mir im Leben einige dauerhafte Freundschaften eingebracht haben, aber auch eine lange Reihe von Schwierigkeiten und Konfrontationen, an denen ich jedoch nie zerbrochen bin. Er sah, daß in dieser Inkarnation »bis zu sechs« Kinder für mich vorgesehen sind und daß ich Bücher schreibe. Daß er mir für das kommende Jahr außergewöhnliche Kreativität, beruflichen Erfolg, Glück und Reichtum in Aussicht stellte, habe ich mit Freude gehört, aber nicht weiter ernst genommen, solche Voraussagen gehören vermutlich zum Handwerk, das gleiche haben die beiden anderen Palmblattleser auch gesagt. Auch in privater Hinsicht stünde Glück ins Haus, sofern es mir gelänge, in den nächsten Monaten einen klaren Kopf zu behalten und nicht auszurasten. Wenn ich allerdings unvorsichtig wäre, bedeute das das Ende einer langjährigen guten Beziehung. Im übrigen bräuchte ich mich weder vor ernsthaften Krankheiten noch vor Unfällen zu fürchten, ich käme aus den erstaunlichsten Situationen heraus, ohne daß mir ein Haar gekrümmt würde. Mit fünfundsechzig Jahren begänne eine neue Phase meines Lebens, weite Reisen, möglicherweise stünde auch ein Umzug ins Haus – und im übrigen hätte ich ein langes Leben ohne Krankheiten und finanzielle Sorgen vor mir.

Belinda, die still zugehört hatte, ergriff plötzlich meine Hände, studierte sorgsam beide Handflächen, lächelte und nickte. »Ich möchte auch ein Reading«, sagte sie.

Mandi, der Handleser, griff erneut zu seinem Werkzeug, maß, rechnete, dachte sichtbar nach und sagte ihr schließlich viele Dinge, von denen ich nicht beurteilen konnte, ob sie richtig oder falsch waren, weil ich zuwenig über Belinda wußte. Aber ihre Charakterisierung als starke, unabhängige und freiheitsliebende Frau, die fünfundzwanzig Jahre lang voll Tapferkeit mit größten Schwierigkeiten gekämpft habe, bevor sie sich schließlich mit zweiundfünfzig Jahren aus den Konventionen einer beklemmenden Partnerschaft und einer noch beklemmenderen Gesellschaftsschicht befreit hätte und, nach vielen Reisen, in einem anderen Teil der Welt ein neues Leben begonnen habe, schien mir eine ziemlich treffende Beschreibung zu sein.

Belinda nickte wieder, wir zahlten, und dann bat sie plötzlich den Handleser, ihr doch einmal seine Handflächen zu zeigen. Amüsiert streckte er ihr die Hände hin. Belinda studierte die Linien, sah ihn an und sagte: »Sie sind verheiratet und haben sechs Kinder. Fünf Söhne und eine Tochter.«

»Das stimmt«, sagte der Handleser verblüfft.

»Sie haben mit Ihrer Frau viele Probleme«, fuhr Belinda fort.

Der Handleser sagte nichts, aber wir merkten ihm deutlich an, daß Belinda den Nagel auf den Kopf getroffen hatte.

Belinda studierte abermals die Linien in seiner Hand und fragte dann: »Und wo ist die andere Frau in Ihrem Leben? Haben Sie zwei Frauen?«

Der Palmreader errötete unter seiner dunklen Haut. »Es

gibt keine zweite Frau«, sagte er schließlich. »Aber ich kenne meine Handlinien auch und weiß, daß sie möglicherweise bald in mein Leben treten wird.«

Belinda sah ihn zweifelnd an, sagte aber nichts. »Können Sie mir sagen, ob es hier in Madurai einen Palmblattleser gibt?« fragte sie schließlich.

Mandi blickte sie überrascht an, warf dann einen Blick auf seine zahllosen Kollegen, die um uns herumstanden, und sagte dann leise: »Sagen Sie mir, in welchem Hotel ich Sie finden kann, ich werde Sie heute nachmittag um fünf Uhr dort besuchen. Dann können wir offen sprechen.«

»Er versteht etwas von seinem Handwerk«, sagt Belinda später. »Aber daß es die zweite Frau in seinem Leben noch nicht gibt, nehme ich ihm nicht ab. Ich habe sie genau gesehen.«

Anna und ich sahen sie verblüfft an. »Kannst du denn auch aus der Hand lesen?«

»Ich bin mein Leben lang hellsichtig, so wie die meisten Frauen aus meiner Familie«, erklärte Belinda wie selbstverständlich. »Aber ich habe lange nicht damit umgehen können. Mein Mann hat mich immer für verrückt gehalten. Irgendwann, als wir für eine Weile in London lebten, bin ich dann dort auf das College für Psychic Awareness gegangen. Seitdem kann ich ganz gut damit leben.«

»Hast du dort gelernt, aus der Hand zu lesen?« fragte Anna.

»Ja und nein«, entgegnete Belinda. »Ich benutze die Hand nur als Konzentrationshilfe. Dann läuft der Film ganz von allein ab. Aber überschätzt mich nicht. Bei all diesen Künsten ist auch eine ganze Menge simple Menschenkenntnis im Spiel und eine gehörige Portion schauspielerisches Talent. Eines kann ich dir jedenfalls verraten. Heute nachmittag wird Mandi dir einen Palmblattleser präsentieren.«

»Kannst du auch sagen, ob ich diesmal Erfolg haben werde?« fragte ich aufgeregt.

Belinda lächelte und sagte nichts.

Am Nachmittag kam Mandi, der Handleser, in den Hof unseres Hotels, gleich nach dem Tempelelefanten, der nach Dienstschluß immer mit seinem Mahout vorbeischaut und von den entzückten Touristen, die dort ihren Tee trinken, mit dem Rüssel ein paar Rupien und einige Kekse einkassiert, die Rupien reicht er an seinen Treiber weiter, die Kekse frißt er selbst.

Mandi setzte sich an unseren Tisch und entschuldigte sich dafür, daß er am Morgen so geheimnisvoll getan habe. »In meinem Beruf gibt es viel Konkurrenz und noch mehr Neid«, erklärte er. »Ich muß mit meinen Informationen überaus vorsichtig sein.« Dann berichtete er, daß er einen Palmblattleser kenne, der in einem Dorf, fünfundzwanzig Kilometer von Madurai entfernt, lebte. Er sei etwa achtzig Jahre alt, ein weiser Priester, dessen Palmblätter seit vielen Generationen in der Familie wären. Mandi selbst hätte ihm schon einige europäische Kunden gebracht. Man bräuchte allerdings viel Geduld. Die Prozedur nähme Tage in Anspruch, manchmal Wochen, der alte Leser ließe sich nicht drängen. Es gäbe auch keine Garantie für Erfolg. Er selbst, Mandi, warte noch heute auf sein Palmblatt, obgleich er dem Leser schon einige Kunden zugeführt habe. Wenn ich einverstanden wäre, würde er heute noch mit dem Bus dorthin fahren, meinen Daumenabdruck und meine Geburtsdaten abliefern und versuchen, die Prozedur zu beschleunigen. Bei Erfolg würde er tausend Rupien Vermittlungsgebühr verlangen, der Leser selbst erwarte ein Honorar von fünfhundert Rupien, zahlbar nur bei Erfolg.

Ich überlegte nur kurz und beschloß dann, mich auf den Handel einzulassen. Mandi schien ein ehrlicher Mann zu sein. Der Handleser nahm mit Hilfe eines Spiegels und eines weißlichen Pulvers meinen Daumenabdruck und versprach, morgen früh mit neuen Nachrichten zurückzukommen.

Und so war ich seit einigen Tagen in der heißen, staubigen und unendlich lauten Pilgerstadt gestrandet, ebenso wie Anna, deren Mann immer noch nicht wieder zurückgekehrt war, und Belinda, die von hier aus zu einem Ashram im Bundesstaat Kerala wollte, in dem ayurvedische Massage-techniken gelehrt wurden, aber bisher hatte sie vergeblich versucht, den Arzt zu erreichen, bei dem sie sich anmelden konnte. Mandi kommt jeden Morgen mit den neuesten Nachrichten, noch wäre mein Palmblatt nicht gefunden, aber der Leser sei optimistisch, und irgendwann steht er abends vor unserem Tisch, lächelt auf seine stille Art und erklärt, nun sei mein Palmblatt gefunden, morgen könne ich mitkommen, um sicherzustellen, daß es das meine sei.

Früh am nächsten Morgen fahren wir mit dem Bus durch eine grüne, lichtflimmernde Palmenlandschaft ins Nirgend-wo. Mandi hat mir den Namen des Ortes genannt, aber ich konnte ihn auf keiner Karte finden. Unterwegs erzählt er mir manches: Ich erfahre, daß der Daumenabdruck neben dem genauen Geburtstermin noch weitere geheime Infor-mationen enthalten soll, die den Palmblattleser in die Lage versetzen, Menschen, die zum gleichen Zeitpunkt geboren sind, voneinander abzugrenzen.

»Du bist doch Handleser«, sage ich, »kannst du das nicht auch?«

Mandi lächelt bedauernd. »Ich kann das ungefähre Ge-burtsdatum erkennen, mehr nicht. Du brauchst ›divine powers‹, göttliches Wissen, damit du dieses Geheimnis er-fährst.«

»Und was ist mit dem Todesdatum?« will ich wissen.

»Das haben die Rishis niedergeschrieben«, erklärt er, »ebenso wie den Hinweis, daß es sich um die letzte Inkarnation handelt. Die Astrologen wissen, daß ein Mensch zum letztenmal inkarniert, wenn Ketu im zwölften Haus steht. Ketu ist ein imaginärer Planet, den wir normalen Sterblichen nicht sehen können, wohl aber die Rishis und die Heiligen.«

»Kannst du mir auch sagen, warum einige Menschen ihr Schicksal erfahren sollen – und für andere bleibt es ewig ein Geheimnis?« frage ich.

Mandi schaut mich an und verbirgt mit Mühe sein Erstaunen darüber, daß jemand so dumme Fragen stellen kann.

»Because it is your fate«, sagt er schließlich. »Weil es dein Schicksal ist.«

Natürlich. Für Hindus können die großen Fragen des Lebens ganz einfach sein.

Der weißhaarige alte Mann mit der starken Brille und dem jungen Gesicht läßt sich durch unseren Besuch nicht aus der Ruhe bringen. Er fertigt seine Kundschaft der Reihe nach ab – keine Sonderbehandlung für zahlungskräftige Westler.

»Keine Angst«, flüstert Mandi, als ich mit Schrecken die vielen Menschen in dem winzigen Warteraum am Ende der Dorfstraße sehe. »Sie wollen keine Palmblattlesung, sie kommen meist nur mit einer einzigen Frage.«

Ich warte so geduldig, wie ich es nie für möglich gehalten habe, und als ich endlich dran bin, fällt der Strom aus. Ohne seine starke Speziallampe kann der alte Mann die winzigen Schriftzeichen auf den Palmblättern nicht erkennen, und so warten wir weiter, viele Stunden. Schließlich nimmt sich Mandi seufzend ein Stück Papier und beginnt, die Schrift auf dem Palmblatt in großen Lettern auf das Papier zu übertragen. Lesen kann er den Text nicht, erklärt er. Zum einen, weil die Wörter alle miteinander verbunden sind,

zum anderen wegen der Bildersprache, die einem Geheim-
code gleichkommt. Es dauert zwei Stunden, bis er die beiden ersten Zeilen abgeschrieben hat. Erst jetzt wird mir klar,
wieviel Informationen auf diesem einen, etwa dreißig mal
vier Zentimeter großen Palmblatt enthalten sind. Mir fällt
auf, daß die Palmblätter hier viel kleiner sind als in Vaithisvarankoil.

»Das dürfte für die Verifizierung reichen«, sagt Mandi
schließlich und will das Papier dem Palmblattleser überreichen, aber der hat mittlerweile seine Mittagsruhe begonnen
und darf keinesfalls gestört werden. Irgendwann beendet
der alte Mann seinen Mittagsschlaf und beginnt mit der
Nagelprobe.

Mandi übersetzt: »Ich stelle dir jetzt einige Fragen. Antworte
bitte nur mit Ja oder Nein. – War dein Mann vor dir schon
einmal verheiratet?«

»Nein, *ich* war vorher schon einmal verheiratet.«

»Hast du zwischen zwanzig und vierundzwanzig Jahren geheiratet?«

»Nein, ich war fünfundzwanzig.«

»Hast du zwischen dreißig und zweiunddreißig ein Kind
geboren, das verstorben ist?«

»Nein, ich war achtundzwanzig, als mein Kind geboren
wurde und starb.«

»Dann«, entschied der alte Leser, »ist dieses Palmblatt nicht
das deine.«

»Aber es ist so nah dran«, sage ich enttäuscht. »Können wir
nicht noch ein paar Fragen versuchen?«

»Wenn du auch nur eine Frage mit Nein beantwortest«, sagt
der Alte, übersetzt von Mandi, »dann ist es nicht das richtige
Palmblatt. Wir müssen weitersuchen.«

Neuer Daumenabdruck, lange Diskussion in einer fremden
Sprache, ausführliches Suchen, schließlich beginnt Mandi

damit, ein zweites Palmblatt zu transkribieren, da kommt, nach sieben Stunden Wartezeit, der Strom wieder. Der Alte setzt seine Brille auf, studiert das Palmblatt und fragt mich: »Hat deine Mutter außer dir noch fünf Kinder?«

»Nein, ich habe nur einen Bruder.«

»Dann ist auch dieses Palmblatt nicht deines«, entscheidet der Alte und schickt uns nach Hause. »Wir müssen weitersuchen. Komm morgen oder übermorgen wieder.«

Am nächsten Tag wollte ich mit Belinda in das Tigerreservat am Lake Thekkady, auf die Hillstations von Kodaikanal und dann mit dem Zug über die Western Ghats nach Aleppi. Weiter mit dem Schiff durch die palmengesäumten Backwaters von Kerala die Westküste Indiens aufwärts Richtung Norden und von dort aus zum Dharma-Ashram von Indiens »Göttlicher Mutter«, Mata Amritanandamayi, und dann zu meiner letzten Station Bangalore. Soll ich das alles aufgeben, und dann finde ich mein Palmblatt vielleicht doch nicht? Aber ich bin so dicht dran – die beiden sind so ehrlich bemüht – ich beschließe, noch einen Tag dranzuhängen, Shiva ein letztes Mal zu Parvatis Schlafgemach zu begleiten und morgen, wenn Shiva und das indische Elektrizitätswerk so wollen, erneut in das kleine Dorf mit dem unaussprechlichen Namen zu fahren und auf dem alten Bett im Warteraum sitzend auf mein Palmblatt zu hoffen.

Am nächsten Tag ist wieder Stromausfall, nichts geht vom Fleck, aber trotzdem vergeht mir die Zeit schneller, denn mittlerweile kennt mich schon die ganze Straße. Die Frauen erwidern lächelnd meinen Gruß, und die Kinder können es immer noch nicht fassen, wie merkwürdig ich aussehe. Sie stehen in dichten Trauben auf der Treppe zum Haus des Palmblattlesers, zeigen mit den Fingern auf mich und heben ihre kleinen Geschwister hoch, damit sie meine blonden Haare berühren können. Ich verteile die letzten bunten

Filzschreiber, fotografiere die kleine Meute, die sich begeistert und mit breitem Honigkuchengrinsen in ihren bildschönen, schokoladenbraunen Gesichtern zum Gruppenfoto aufstellt, und helfe den Enkeln des Palmblattlesers bei ihren Englischhausaufgaben.

Mandi schenkt mir mit großer Feierlichkeit und »von seinem Herzen« das Symbol des Gottes der Weisheit, Muren, eine Art kupfernes Schild mit dem Symbol Shivas auf der einen Seite und dem ewigen OM auf der anderen. Ich möge es stets aufrecht stehend aufbewahren, an einem heiligen Ort, dann werde ich der Weisheit Murens teilhaftig. Ich bin tief berührt. Aber mein Palmblatt bleibt den ganzen Tag unauffindbar.

Als wir abends mit dem Bus zurück nach Madurai fahren, kann ich vor Enttäuschung kaum sprechen. Mandi und der alte Leser haben versprochen weiterzusuchen, sie werden nicht aufgeben, und Mandi wird mir mein Palmblatt notfalls nach Madras bringen und im »Broadlands« auf mich warten, er wird es mir in drei Kopien mit der Post schicken und nicht eher ruhen, bis er die Angelegenheit zu einem guten Ende gebracht hat, »… trust me«.

Ich vertraue ihm, und selbstverständlich zahle ich auch den vereinbarten Preis, denn ich weiß, daß sie in großer Aufrichtigkeit danach gesucht haben und vielleicht auch weitersuchen werden, aber sie werden es nicht finden, weil das Schicksal es nicht so vorgesehen hat oder, wie Mandi das ausdrücken würde, »because it is not my fate«.

Belinda hat Zugkarten für uns drei besorgt. Sie und ich werden über die Western Ghats nach Kerala weiterreisen und dort einige Tage im Ashram von Amritapuri verbringen. Anna wird nach Madras fahren und dort bei Freunden ihres Mannes auf seine Rückkehr warten. Wir haben in ihrem alten Lodge und in meinem Hotel eine Nachricht für ihn hinterlassen, Annas Vater in England angerufen mit der Bitte, ihr telegrafisch Geld nach Madras zu überweisen, und die Britische Botschaft in Neu-Delhi, um herauszufinden, ob im schneebedeckten Norden ausländische Touristen steckengeblieben sind. Die Botschaft ist nur über einen Tunnel informiert, der von einer Lawine verschüttet worden sei, aber mittlerweile wären alle Opfer längst befreit. Niemand weiß etwas von einem Maori mit indischem Paß, der mit einem Mädchen aus Liverpool verheiratet ist.

Wir setzen Anna in den Nachtzug nach Madras. Ich gebe ihr die dicke Samtjacke, die ich mitgenommen habe, weil in Europa tiefster Winter ist, wenn ich zurückkomme. Sie wird sie besser gebrauchen können, falls sie nach Norden fährt, um ihren Mann zu suchen. Wir heucheln Optimismus und verabschieden uns unsentimental, wie sich das für Briten gehört, aber innerlich hoffe ich aus tiefstem Herzen, daß ihr Mann sie nicht im Stich gelassen hat. Jeden Abend, wenn wir Shiva zu Parvatis Schlafgemach begleitet haben, habe ich mir vorgestellt, daß aus der verhängten Sänfte plötzlich der kraushaarige Maoriflieger aussteigen würde wie aus seinem Hubschrauber auf dem Matterhorn oder vor den zwielichtigen Bars in Burma, wo er seine »Ware« abgeholt hat, und Anna würde ihn uns strahlend in ihrem unnachahmlichen Liverpooldialekt vorstellen: »That's mah huhsband«, und dann würden die beiden in Parvatis Schlafgemach verschwinden. Ich habe Belinda gefragt, ob sie nicht mal mit ihrem dritten Auge nachschauen könnte, wo er steckt, aber sie sagt, sie hat ihn nirgends gefunden.

God bless you, Anna, und wenn nicht Gott, so Shiva oder wer auch immer. Irgend jemand muß jetzt gut auf dich und deine kleine Tochter aufpassen.

Weiter

Belinda und ich haben einen Schlafsack über die harten Holzbänke des Zugabteils gelegt, und nun hängen wir, jede für sich, unseren Gedanken nach, während der Zug im Schneckentempo über das Hochland der Western Ghats kriecht und zwischendurch auf offener Strecke immer einmal anhält, um Bananenstauden und Reissäcke aufzuladen, die neben den Schienen stehen, transportbereit für den Weg in die nächste Stadt Quilon.

Ich denke darüber nach, wie absurd es doch ist, daß ich jahrzehntelang jeden Blick in die Zukunft gemieden habe wie die Pest, und nun ziehe ich quer durch den heißen indischen Süden, um herauszufinden, was das Schicksal für mich bereithält – und bin tief enttäuscht, daß ich keine befriedigende Auskunft bekomme. Heißt das, daß ich nicht zu denen zähle, die das Schicksal für würdig hält, im Goldenen Buch zu lesen – oder daß ich, wer weiß, gar nicht darin vorkomme? Bedeutet das möglicherweise sogar, daß es dieses Goldene Buch, von dem seit Jahrtausenden in allen Kulturen der Welt die Rede ist, in Wirklichkeit gar nicht gibt? Oder es existiert zwar in der Welt jenseits von Zeit und Raum, aber die Vorstellung, daß jemand, und sei er noch so weise oder erleuchtet oder heilig, mehr darin lesen könnte als hier und da eine kleine Zeile, ein winziges Kapitel, ist nichts weiter als menschliche Hybris. In Wirklichkeit ist das, was auch immer auf den echten Palmblättern stehen mag, genauso unvollkommen wie das, das der Handleser in den Handlinien sieht, die Kartenlegerin in den Tarotkarten, der Numerologe in den Zahlen, die Zigeunerin im Kaffeesatz, die Wahrsagerin in der Kristallkugel? Oder aber, und diese

Vorstellung scheint mir am wahrscheinlichsten und auch am tröstlichsten: Es ist zwar alles in allem zu erkennen, der Makrokosmos im Mikrokosmos, das Große im Kleinen, das Göttliche im Profanen und das Einzelschicksal in der Handfläche oder auf dem Blatt einer Stechpalme – aber unsere Fähigkeit, diese Botschaften zu entschlüsseln, ist so unvollkommen wie wir Menschen selbst. Von all den Astrologen, Handlesern, Numerologen, Kartenlegern, Wahrsagern, die quer durch die Geschichte versucht haben, dem Schicksal in die Karten zu schauen, bleibt kaum mehr als eine Handvoll übrig, deren Voraussagen wegen ihrer Treffsicherheit die Zeit überdauert haben. Ihre Erfolge werden wieder und wieder erzählt, immer die gleichen Geschichten, und die Fehlschläge sind in Vergessenheit geraten.

Ähnlich mag es sich mit den Palmblättern verhalten. So weise die großen Rishis auch gewesen sein mögen, die die verschlungenen Wege des Schicksals erkannt, systematisiert und niedergeschrieben haben – auch sie waren nur Menschen, und das, was sie hinterlassen haben, ist ebensowenig unfehlbar wie sie selbst. Und die Menschen, die ihr Erbe verwalten, sind es noch weniger.

Auch Mr. Murthy in Bangalore, der letzte Palmblattleser auf meiner Reise, wird keine Ausnahme sein. Wie es heißt, weiß er sogar weniger als andere, weil ihm doch die Palmblattbibliothek buchstäblich in den Schoß gefallen sein soll. Aber was auch immer er sagen mag, ich werde diesmal nicht enttäuscht sein, wenn ich von dem Reading zurückkomme. Denn beim nächstenmal werde ich kein Wunder erwarten, bestenfalls eine angenehme Überraschung.

»Das Problem ist«, sagt Belinda plötzlich, »daß ich zwar sehe, wie die Ereignisse im Leben eines Menschen voraussichtlich ablaufen werden. Aber wer sagt mir, daß dieser Film, der da abläuft, unabänderlich ist? Selbst wenn ich jetzt sehe, daß Anna allein nach Liverpool zurückkehren wird und dort ihr Kind zur Welt bringt, dessen Vater wieder als Drogenkurier in Südostasien fliegt, bis er in vier, fünf Jahren geschnappt wird – wer sagt mir, daß ihn nicht vorher die Reue packt oder die Liebe, und er kehrt zurück zu ihr und in die Bürgerlichkeit? Alles, was ich sehe, sind Abläufe, die nach dem jetzigen Stand der Dinge wahrscheinlich sind. Aber ich bin davon überzeugt, daß unser Schicksal nicht völlig vorgezeichnet ist. Jeder von uns bekommt immer wieder eine neue Chance.

Das kannst du übrigens auch an den Handlinien erkennen. Die linke Hand zeigt das, was du mit auf den Weg bekommen hast – an Veranlagung, Karma, genetischer Ausstattung, wie auch immer du es nennen willst. Und die rechte Hand zeigt, was du im Laufe deines Lebens daraus machst. Nicht umsonst sind die Linien der rechten und der linken Hand bei den meisten Menschen völlig verschieden. Übrigens hat jede Kultur, sogar jedes Land seine eigene Art, die Formen und Linien zu deuten. Aber in den wesentlichen Punkten stimmen alle überein.«

»Und die wären?« frage ich gespannt. Bisher war Belinda nie bereit gewesen, über ihre ungewöhnliche Begabung zu sprechen. Sie fährt mit den Fingern über die großen Linien in meiner rechten Hand. »Die wichtigsten Linien sind die Herzlinie, die über unser Verhältnis zur Liebe spricht, die Kopflinie, die Intelligenz und gesunden Menschenverstand zeigt, und die Lebenslinie, an der geübte Leser die voraussichtliche Lebensdauer ablesen können und auch die Zeiten, in denen Unfallgefahr und Krankheit drohen. Die senkrechte Schicksalslinie in der Mitte der Hand zeigt die Dinge an, die möglicherweise außerhalb unserer Kontrolle sind.«

»Wo hast du das Handlesen gelernt, Belinda?« will ich wissen. »In London auf dem College für Hellsichtige?«
Belinda schüttelt den Kopf. »Nein, richtig gelernt habe ich es erst in Indien, wie übrigens auch Cheiro, der berühmteste Handleser der Geschichte. Sein richtiger Name war Louis Hamon, er wurde um die Mitte des neunzehnten Jahrhunderts in Irland geboren. Die Chiromantie hat er angeblich in Indien studiert, als Schüler eines Brahmanen, der ihm dieses Wissen nach siebenmonatiger Fastenzeit und härtesten Initiationsriten in völliger Abgeschiedenheit von der Welt übermittelt haben soll. Bei mir ging das viel leichter. Mir hat die Frau, bei der ich die indische Massagetechnik gelernt habe, auch das Handlesen beigebracht.
Aber Cheiro war natürlich auch ein begnadeter Chiromantiker. Allerdings war er ebenso ein begnadeter Geschichtenerzähler, wenn es um seine eigene Biographie ging, die Grenzen zwischen Dichtung und Wahrheit sind da sehr fließend. Doch zumindest ist sicher, daß er längere Zeit in Indien gelebt hat. Nach seiner Rückkehr nach England ließ er sich als Handleser in London nieder, und schon nach kurzer Zeit war sein Ruhm so groß, daß sich jeder, der damals Rang und Namen hatte, von Cheiro die Zukunft sagen ließ.
Seinem Ruf ist es zu verdanken, daß viele seiner berühmten Kunden sich Notizen über seine gewagten Prognosen machten – für die Biographie. Dadurch ist es relativ leicht zu überprüfen, ob seine Vorhersagen eingetreten sind oder nicht. Es sieht so aus, als hätten sich die meisten erfüllt. So gibt es zum Beispiel Aufzeichnungen über eine Soiree, die eine Dame der Londoner Gesellschaft zu Ehren von Oscar Wilde gab, der damals noch das Lieblingskind der britischen Aristokratie war. An diesem Abend hatte sein neuestes Stück ›Eine Frau ohne Bedeutung‹ Premiere gehabt.

Die Gastgeberin hatte als besondere Attraktion Cheiro engagiert. Die Gäste, zu denen natürlich auch Oscar Wilde zählte, streckten einer nach dem anderen ihre Hände durch einen Vorhang und ließen sich von Cheiro – ohne Ansehen der Person – die Zukunft weissagen. Cheiro betrachtete Wildes linke und nannte sie ›die Hand eines Königs‹. Dann blickte er auf die rechte und fügte hinzu: ›Das ist die Hand eines Königs, der sich selbst ins Exil schickt.‹

›Wann wird das sein?‹ wollte Wilde wissen.

›In einigen Jahren, etwa mit vierzig‹, sagte Cheiro.

Oscar Wilde war vierzig, als er wegen Homosexualität ins Gefängnis gesteckt wurde, und lebte nach seiner Entlassung im Ausland. Das ist eine Geschichte, die du in Büchern über Chiromantie immer wieder lesen kannst. Aber die indischen Weisen haben schon vor Jahrtausenden gewußt, daß die Handlinien eines jeden Menschen einzigartig sind und daß man darin ebensogut lesen kann wie im Goldenen Buch des Schicksals. Oder wie in deinem Palmblatt, falls du es je finden solltest.«

»Das mußt *du* doch wissen«, sage ich und strecke ihr meine Handflächen entgegen, aber Belinda lacht nur und streicht sich ihren langen bunten Seidenrock glatt. Selbst in dieser brütenden Hitze und unter ihrem vierzig Kilo schweren Rucksack schafft sie es mühelos, so ladylike und elegant auszusehen, als wäre sie soeben auf dem Weg zu einer Gardenparty der Britischen Botschaft in Neu-Delhi.

»Und wieso ist dann die Kriminalistik erst vor ein paar Jahrzehnten dahintergekommen, daß Fingerabdrücke ein einzigartiges Mittel zur Identifizierung eines Menschen sind?« frage ich.

»Nicht nur das«, sagt Belinda, »Hände können auch präzise Auskünfte über mögliche kriminelle Tendenzen geben. Daß die Kriminalistik in diesem Fall nicht den Begriff Handlesen verwenden mag, den man lange mit den Zigeunern in Verbindung gebracht hat, sondern fein von ›Fingerabdrücken‹ spricht – was soll's?

Übrigens haben die Ärzte vor einiger Zeit entdeckt, daß bei Menschen, die mit dem Down-Syndrom geboren werden, also mongoloid sind, stets die Herzlinie mit der Kopflinie verbunden ist, was man so deuten kann, daß Mongoloide mit dem Herzen denken. Vor etwa dreißig Jahren haben dann mutige Mediziner damit begonnen, nach weiteren Parallelen zwischen Handlinien und Krankheiten zu suchen – und in über vierzig Fällen bemerkenswerte Übereinstimmungen zwischen einzelnen Handlinien und einem bestimmten Krankheitstyp festgestellt. Aber die Schulmedizin kann darüber nur lächeln.

Außerdem gibt es eine ganze Reihe von Parallelen zwischen Handlesekunst und Astrologie. Die einzelnen Teile der Hand werden den verschiedenen Planeten zugeordnet. Der Ringfinger wird zum Beispiel mit Apollo in Verbindung gebracht, dem Sonnengott. Der Ehering, der ja fast immer aus Gold besteht, dem Metall der Sonne, wird auf den Ringfinger gesteckt, weil die Alten glaubten, daß eine Energielinie genau vom Ringfinger zum Herzen führte.«

»Belinda«, sage ich lachend, »ich bin sehr beeindruckt von deinem Wissen. Aber kannst du es nicht auch mal praktisch anwenden?«

»Wenn du wissen willst, ob du dein Palmblatt findest«, sagt Belinda, »dann kann ich dir nur sagen: Deine linke Hand sagt ja. Aber deine rechte verweigert in diesem Punkt die Aussage. Sie verrät mir allerdings auch, daß du in einigen Jahren viel mehr über diese Dinge wissen wirst als ich. Hab ein bißchen Geduld!«

Merkwürdig. Das höre ich jetzt schon zum viertenmal auf dieser Reise. Ich kann mir das nur damit erklären, daß die meisten Westler, die hier unterwegs sind, um Erleuchtung, die Wahrheit, einen Meister oder wenigstens die Erlangung des einen oder anderen Siddhis zu finden, genau das erfahren wollen, und die Inder machen ihnen die Freude und stellen ihnen eine große spirituelle Entwicklung in Aussicht. Aber wieso fängt plötzlich auch Belinda damit an? Ich brenne vor Neugierde. Andererseits – hat sie mich nicht ermahnt, Geduld zu haben? Also spiele ich mit und sage, ebenfalls lachend: »Vielen Dank für die Auskunft. Aber was ich eigentlich von dir erfahren wollte, ist, ob wir heute abend ein Bett im Ashram bekommen werden.«

»Ich bin länger in Indien als du«, antwortet Belinda. »Und ich bin eine Hellseherin aus einem Land mit großer hellseherischer Tradition. Deshalb kann ich dir weissagen: »Wir bekommen bestenfalls eine dünne Matratze!«

Die Hitze liegt wie eine schwere Glocke über dem Strand, als uns am frühen Nachmittag das kleine Fährboot am Landesteg von Amritapuri absetzt, zusammen mit einer Handvoll Ashrambesuchern aus Kanada und Australien. Der Main-Ashram von Mata Amritanandamayi liegt verborgen in einem riesigen Palmenhain am Ufer der Backwaters von Kerala und ist nur auf dem Wasserweg zu erreichen. Ich fühle mich nicht besonders wohl bei dem Ashram-Tourismus, den ich da betreibe, so wie viele Westler, die von Ashram zu Ashram ziehen auf der Suche nach einem Meister, einer Lehre, nach Spiritualität ganz allgemein oder manchmal auch nur nach einer Alternative zu ihrem altgewohnten Lebensstil. Nick, der New Yorker Parapsychologe, hat in diesem Zusammenhang einmal verächtlich von »Guru-Shopping« gesprochen.

Aber die meisten Ashrams in Indien sind wesentlich weniger kritisch, sie halten die Türen weit auf für alle Gäste, die bereit sind, sich den dort herrschenden Regeln anzupassen: diskrete Kleidung und diskretes Verhalten, kein Sex, keine Drogen im Austausch für eine Atmosphäre von Spiritualität und gemeinsamer Verehrung des Meisters oder, wie hier, der »Göttlichen Mutter«, eine Atmosphäre, die für viele, die als Touristen kommen, so attraktiv ist, daß sie eines Tages zurückkehren, um als »devotees« oder »disciples« für immer zu bleiben – oder zumindest für länger. Eine überraschend hohe Zahl der Anhänger der indischen »Saints« stammt aus dem Westen.

Damini aus Oregon, die längst im Norden wieder in ihren Ashram zurückgekehrt ist, hatte mir das damals in Mahaballipuram so erklärt: »Die Meister brauchen die Westler, die die Arbeit für sie machen: die Organisation des Ashrams, die sozialen Projekte, den Aufbau spiritueller Zentren in anderen Ländern. Die Inder sind meistens mit Darshan zufrieden – dem Segen, den der Guru bei seiner täglichen Audienz seinen Anhängern erteilt.«

Am Ende meines Aufenthaltes bei Amma, der »Divine Mother« im Palmenhain von Amritapuri, und später bei Sai Baba in Puttaparthi weiß ich mit Sicherheit, was ich mit Erleichterung, aber auch mit einem Anflug von Bedauern schon in der Ashram-Atmosphäre von Sri Aurobindo und der »Mutter« in Pondicherry gespürt habe: Ich gehöre nicht zu denen, deren Weg auf der Suche nach Spiritualität aus der Welt in das behütete Leben zu Füßen eines Meisters führt. Der große Test war die persönliche Begegnung mit der »Göttlichen Mutter« bei dem »Special Darshan«, den sie am Abend vor ihrer Abreise gewährte, ehe sie, mit sechshundert Schülern, zu einer sechswöchigen spirituellen Reise in den Norden Indiens aufbrach. In dem sonst so stillen Ashram sprach es sich plötzlich wie ein Lauffeuer herum, daß Amma (deren Göttlichkeit ihre Anhänger auch dadurch unterstreichen, daß sie in den Broschüren »Sie« und »Ihr« mit großen Anfangsbuchstaben schreiben, wenn von »Ihr« die Rede ist) denjenigen ihrer »Kinder«, die nicht mitreisen können, und auch den Gästen des Ashrams unter den Bougainvilleen hinter dem Tempel ihren besonderen Segen erteilen wird. Viele hundert meist weißgekleidete »devotees« strömen in den Garten und bilden einen dichten Kreis um die mollige kleine Frau mit dem warmen, mütterlichen Lächeln, die im weißen Gewand in einem Sessel sitzt, während ihr zwei ihrer weißgekleideten Schüler Kühlung zufächeln. Sie tut das, was für einen indischen Guru einzigartig ist und was Amma weit über Indien hinaus berühmt gemacht hat: Jeden einzelnen der vielen Menschen, die sich ihr auf Knien nähern und ihren Kopf in ihren mütterlichen Schoß betten, wiegt sie in ihren Armen und flüstert ihm in ihrer Muttersprache liebevolle Worte zu. Ich beobachte fasziniert, mit welch beseligtem Lächeln jeder sich aus Ammas mütterlicher Umarmung löst. Tausende sollen, so heißt es, durch die magische Berührung dieser charismatischen Frau zu ihren Anhängern geworden sein.

»Wie lange bist du schon hier?« frage ich flüsternd die junge Amerikanerin in den weißen Gewändern, die verzückt zuschaut, wie Amma ihre Kinder segnet, oder auch die kleine dunkelhäutige Amma-Puppe, die man im ashrameigenen Shop für viel Geld kaufen kann und die ihren »devotees« in der Ferne Ammas besonderen Segen zuteil werden lassen soll.

»Zwei Jahre!« flüstert sie stolz.

»Und wie lange wirst du noch bleiben?«

»Oh, für immer. Ich kann ohne Ammas Energie nicht leben. Wir alle, die wir hier leben, brauchen sie. Deshalb wird auch fast der gesamte Ashram Amma auf ihren Reisen begleiten.«

Ich schwanke lange, ob ich mich auch in die lange Schlange

der geduldig Wartenden einreihe, die die letzten Schritte zu Ammas Sessel unbeholfen auf Knien zurücklegten. Dann stelle ich mich entschlossen hinten an. Als ich an der Reihe bin, bettet sie meinen Kopf in ihren Schoß und wiegt mich mit unendlicher Sanftheit und so, als hätte sie alle Zeit der Welt und auch alle mütterliche Liebe, in ihren weichen Armen.

Ich spüre eine tiefe Geborgenheit, und zu meiner großen Überraschung spüre ich plötzlich auch, daß mir Tränen in die Augen steigen. Als Amma mich aus ihrer Umarmung entläßt, schiebt sie mir ein Bonbon in die Hand, wie einem Kind. Die Wärme in mir hält den ganzen Abend an. Aber mehr geschieht nicht. Amma und ihre Botschaft von Spiritualität und Nächstenliebe ziehen mich nicht dauerhaft in ihren Bann, ebensowenig wie später Sai Baba in Puttaparthi, der derzeit bekannteste aller Gurus in Indien, dem täglich dreißigtausend Anhänger aus aller Welt zu Füßen liegen.

Da sitze ich in der Reihe der »devotees«, die in ergriffenem Schweigen verharren, die Gelähmten in den Rollstühlen, die Kranken und Verzweifelten, die sich von diesem Gott ein Wunder erhoffen, und spüre: Dieser kleine Mann mit dem mächtigen Afro-Kopf, der da lächelnd und segnend die Reihen seiner Anbeter durchschreitet, ist ein charismatischer spiritueller Superstar, und falls er auch ein Gott ist, wie viele meinen, so ist er nicht der meine.

Und mit dieser Erfahrung und dem Wissen, daß ich in Indien keinen Meister gefunden habe, dem ich folgen kann, komme ich nach Bangalore, der letzten Station auf meiner Reise. Zumindest in dieser Hinsicht fühle ich mich frei.

Die Palmblattbibliothek in Bangalore

Ich bin müde und um etliche Kilo dünner geworden, als ich in Bangalore frühmorgens aus dem Nachtbus steige. Indien verlangt von jedem seinen Zoll: einen erheblichen Teil der Kraft und der abendländischen Energie, mit der man sich diesem Land nähert, und den größten Teil der Illusionen. Indien macht bescheiden. Ich habe es längst aufgegeben, hier die Wahrheit finden zu wollen, Wissen, oder »Erleuchtung« – oder wie immer man es nennen mag –, und ich beginne nun zu ahnen, daß auch die »Meister« und die »Saints«, von denen es in diesem Land mehr gibt als in jedem anderen der Welt, trotz ihrer Spiritualität und der Beherrschung verschiedener Siddhis keine Verkörperungen Gottes, sondern Menschen mit menschlichen und allzu menschlichen Eigenschaften sind, vollkommener vielleicht als normale Sterbliche, aber fern von Vollkommenheit, was immer ihre missionarischen Schüler darüber denken mögen.

Auch in Indien gibt es keine Schnellstraße auf der Suche nach dem Sinn des Lebens. Es gibt immer wieder Begegnungen mit Menschen, die uns eine Strecke des Wegs begleiten, aber letzten Endes muß jeder seinen Weg für sich allein gehen, und das Bewußtsein unserer Unvollkommenheit ist ein wichtiger Meilenstein auf diesem Weg. Auch ich bin vor dem Ende meiner Reise wieder so allein wie damals, als ich vor vielen Wochen in Madras aus dem Flugzeug stieg.

Belinda ist aufgebrochen zu ihrem Seminar in ayurvedischer Massagetechnik, wir haben uns in Zuneigung voneinander verabschiedet, wahrscheinlich war es ein Abschied für immer.

»Sri Shuka Nadi« steht über dem Eingang des unscheinbaren Neubaus im Stadtteil Chamarajpet, vor dem mich der Motorscooterfahrer absetzt. Das große Eisentor ist noch geschlossen, ich bin ein wenig vor der vereinbarten Zeit gekommen, deshalb setze ich mich auf die Steinstufen und warte. Kurze Zeit später steigt ein indisches Ehepaar in den Dreißigern aus einer Autoriksha, sie trägt den klassischen Sari, er ist in einen weißen Dhoti gekleidet: Mr. und Mrs. Murthy, der Palmblattleser und seine Frau. Sie begrüßen mich herzlich in hervorragendem Englisch, dann führt Gunjur Sachidananda Murthy mich ohne Umschweife in sein Büro.

An der Wand hinter dem Schreibtisch hängt das lebensgroße Foto eines alten Mannes: Narayan Shastri, Gunjur Sachidananda Murthys Vater, der Mann, dessen Sanskritkenntnisse, verbunden mit seherischen Fähigkeiten und großer Weisheit, die Palmblattbibliothek von Bangalore legendär gemacht haben.

»Ich habe Sie für heute erwartet«, beginnt der Palmblattleser unser Gespräch. »Die meisten unserer Palmblätter enthalten nämlich nicht nur das Geburtsdatum unserer Besucher, sondern auch den Tag, an dem sie hier vorsprechen werden. Ich vergleiche die Angaben und überprüfe sie dann mit Hilfe eines Fragebogens, den ich meine Besucher ausfüllen bitte.«

Mit diesen Worten schiebt er mir den Fragebogen hin, den ich schon als Abbildung in der *Esotera* kenne. Außer nach Name, Anschrift, Beruf, Geburtsdatum, Familienstand, Kinderzahl et cetera wird darin auch nach wichtigen Ereignissen aus der Vergangenheit gefragt. Das bedeutet: Wenn der Palmblattleser diesen Fragebogen ausgefüllt zurückbekommen hat, verfügt er über fast alle Informationen, die er für eine erfolgreiche Lesung braucht.

GUNJUR SACHIDANANDA MURTHY
SRI SHUKA NADI INTERPRETER

'NADI GRUHA'
No. 33, 5th MAIN ROAD, CHAMARAJPET
BANGALORE-560 018
PHONE : 91-812-601971

DATE :

NAME : MR / MS _____

ADDRESS : _____

_____

_____

PHONE : HOME_____ WORK _____

TELEX : _____ FAX : _____

DATE OF BIRTH : _____
            DATE   MONTH   YEAR

TIME OF BIRTH : _____
(0-24 HRS)   HOURS   MIN   SECS

PLACE OF BIRTH : _____
            CITY   STATE/PROVINCE   COUNTRY

LATITUDE _____ LONGITUDE_____

TIME ZONE _____ DST _____

ASCENDENT _____ BIRTH STAR_____

PLANETARY PERIOD _____

FATHER'S NAME _____ ALIVE/NOT ALIVE

MOTHER'S NAME _____ ALIVE/NOT ALIVE

NUMBER OF BROTHERS : ELDER _____ YOUNGER _____

NUMBER OF SISTERS : ELDER _____ YOUNGER _____

EDUCATIONAL QUALIFICATION _____

PROFESSION _____

MARITAL STATUS : UNMARRIED/MARRIED/DIVORCED/WIDOWED/_____
                        DATE OF BIRTH   TIME OF BIRTH   PLACE OF BIRTH

NAME OF WIFE/
HUSBAND _____

NAMES OF CHILDREN

a) _____

b) _____

c) _____

NUMBER OF VISITS TO INDIA _____

IMPORTANT EVENTS IN YOUR LIFE _____

SPECIFIC QUESTIONS, IF ANY _____

ENCLOSE : FULL LENGTH PHOTOGRAPH/LEFT & RIGHT HAND PRINTS/HOROSCOPE/OTHERS

Fragebogen aus der
Schicksalsbibliothek von Bangalore

Wieder so einer, denke ich enttäuscht. Dabei wirkt er so seriös und aufrichtig. Aber haben mich nicht alle, die ich unterwegs getroffen habe, vorgewarnt? Erst vorhin hat der Inder, dem ich beim Frühstück im Hotel von meiner vergeblichen Suche erzählt habe, gesagt: »Ich hoffe, Sie werden nicht wieder enttäuscht. Über den Sohn des alten Shastri hat noch niemand viel Gutes gehört.«

Was soll's, denke ich, ziehe einen Kugelschreiber aus der Tasche und beginne, den Fragebogen auszufüllen. Was habe ich schon noch zu verlieren?

Ich habe gerade meinen Namen in Druckbuchstaben eingetragen, da schaut Gunjur Sachidananda Murthy mich an und sagt: »Vergessen Sie den Fragebogen. Ich versuche es so. Sind Sie das zweite von zwei Kindern?«

»Ja.«

»Ihr Vater ist tot, Ihre Mutter lebt noch?«

»Ja.«

»Sie haben beruflich mit Kommunikation zu tun? Entweder Sie schreiben, oder Sie sind Lehrerin?«

»Ja.«

»Sind Sie zum zweitenmal verheiratet, und haben Sie aus dieser zweiten Beziehung vier Kinder?«

»Ja.«

»Dann ist dies Ihr Palmblatt«, sagt Gunjur Sachidananda Murthy mit Gewißheit und reicht mir einige Bögen Papier. »Bitte, schreiben Sie mit, ich werde mit der Lesung beginnen. Ich werde Sie häufig fragen, ob die Aussagen auf dem Palmblatt zutreffen. Sie sind in Sanskrit verfaßt, und in dieser Sprache haben die gleichen Worte oft unterschiedliche Bedeutungen. Bitte korrigieren Sie mich, wenn ich beim Übersetzen Fehler mache.« Dann beginnt er mit der Lesung.

Erst viel später fällt mir auf, daß mein Palmblatt keinerlei

Angaben über meine Kindheit enthält. Es beginnt erst mit dem Ende meiner ersten Ehe. Gunjur Sachidananda Murthy liest mir vor, daß ich mich mit achtundzwanzig Jahren von meinem ersten Partner getrennt habe, um mit einem Mann zusammenzuleben, der aus einem fernen Land stamme, zwei Jahre jünger sei als ich und den ich weder in seiner Heimat getroffen habe noch in meiner, sondern in einem europäischen Land, in dem wir beide als Traveller unterwegs gewesen seien.

(Natürlich, Bill, mein Mann, stammt aus New York, und wir haben uns in Griechenland kennengelernt.)

Erst später sei mir dieser Mann, der von Beruf Lehrer sei, in mein Land gefolgt. Ich hätte insgesamt fünf Kinder geboren, aber zur Mutter wäre ich nur durch meinen zweiten Mann geworden, die lebenden Kinder, zwei Töchter und zwei Söhne, stammten alle von ihm, das letzte Kind sei ein Mädchen, stimmt's?

(Ich kann nur nicken, so sprachlos bin ich, meine Hand fliegt über das Papier, weil ich jedes Wort, das er sagt, mitschreiben will, damit ich mir später nicht sagen kann, ich hätte mir das alles nur eingebildet.)

Trotz meiner Kinder wäre ich berufstätig geblieben, liest mir Murthy vor, ich hätte mich zwar schon immer mit Kommunikation und Medien beschäftigt und dabei auch viel geschrieben, aber das eigentliche Schreiben hätte ich erst mit Mitte Dreißig zu meinem Beruf gemacht, stimmt's?

(Natürlich stimmt das. Ich habe nach meinem Studium fast zehn Jahre in der Medienforschung und in der Werbebranche gearbeitet. Mit fünfunddreißig Jahren bin ich dann Redakteurin geworden und habe danach für verschiedene Zeitschriften geschrieben.)

Mit siebenunddreißig, fährt der Palmblattleser fort, hätte ich begonnen, mich ernsthaft mit spirituellen Dingen zu befassen, aber der Wunsch, über diese Themen Bücher zu schreiben, sei erst viel später aufgekommen.

(Natürlich, ich wußte anfangs ja viel zuwenig darüber.)

Dann nennt er, aufs Jahr genau, den Zeitpunkt, zu dem unsere Ehe in eine tiefe Krise geriet, erklärt, warum diese Krise für meine Entwicklung notwendig war, und teilt mir mit, daß wir, nachdem wir diese Probleme nun schließlich bewältigt hätten, unser künftiges Leben miteinander verbringen würden, für mich sei in diesem Leben kein weiterer Partner vorgesehen. Wir würden beide gemeinsam an unserer spirituellen Entwicklung arbeiten, mein Mann würde allerdings erst viel später anfangen, sich für solche Themen zu interessieren.

(Wie recht er hat!)

Aber eines Tages würde er mich spirituell einholen. Er wäre ein guter Heiler, aber das sei ihm zur Zeit noch nicht bewußt.

Für mich seien drei Berufe in diesem Leben vorgesehen. Bücher schreiben sei nicht die erste Tätigkeit, aber auch nicht die letzte. Allmählich käme es zu einer Steigerung des Schreibtalents, und da wären, vor allem, wenn ich über spirituelle Dinge schreiben würde, auch einige Erfolge zu erwarten.

(Schön wär's.)

Aber die nächste Lebensaufgabe sei »psychic healing«, Heilen – eine Aufgabe, die mich glücklicher machen würde. Ich hätte die Gabe, mit den Händen und mit Worten zu heilen – durch Berühren wie durch Schreiben –, und darin würde auch meine künftige Aufgabe liegen.

(Ich blicke ihn etwas ratlos an, weil ich nicht genau weiß, was er mit diesen Worten meint.)

»Ich darf Ihnen noch nicht mehr darüber sagen«, sagt Gunjur Sachidananda Murthy. All diese Informationen wären wichtig für mich, aber erst nach 1996 würde ich genau wissen, worum es geht. Dann würde mir alles klarwerden. Alles, was ich jetzt darüber erführe, würde mich nur verwirren.

»Jetzt sind Sie in erster Linie hier, weil Sie Informationen für ein Buch brauchen«, erklärt der Leser, während ich ihn fassungslos ansehe. »Aber Sie werden noch einmal wiederkommen, nach 1996. Erst dann wird es um Ihre persönliche Entwicklung gehen, und diesmal werden Sie auch Ihren Partner mitbringen. Danach werden Sie wissend sein.«

Die Änderung in meinem Leben würde 1996 beginnen, in einem Haus in einem südlichen Land, nicht weit vom Meer, ein kraftvoller Platz, den ich bereits mit Liebe aufgebaut hätte und an dem ich in einer ländlichen und spirituellen Umgebung die Aufgaben erfüllen würde, über die er mir jetzt noch nichts sagen dürfe. Leben würde ich dort aber erst sieben Jahre später, ab dem Jahre 2003, wenn meine Kinder mich nicht mehr brauchten. Mein Mann käme eines Tages auch dorthin, aber erst Jahre später.

(Ich kann kaum noch mitschreiben, so erstaunt bin ich über das, was ich höre. Wie kann er wissen, daß wir vor vielen Jahren in der Toskana ein altes Bauernhaus gekauft haben, das an einem überaus magischen Ort gelegen ist und das wir mit Liebe wiederaufgebaut haben. Und daß ich hoffe, dort meinen Lebensabend zu verbringen, Hühner zu füttern, den Gemüsegarten zu bearbeiten und Bücher zu schreiben? Wenn er recht behält, werde ich mich dann allerdings nicht mehr mit Schreiben, sondern mit anderen Dingen beschäftigen. Ich würde so gern erfahren, was dann ansteht, aber er hat ja gesagt, daß es dafür noch zu früh ist.)

Schließlich kommt Murthy, wie auch die anderen Palmblattleser, auf frühere Leben zu sprechen. Und obgleich ich auch diesmal die Inkarnationen, von denen er spricht, aus

225

meinen Rückführungen nicht kenne, kommen sie mir auf eine seltsame Weise vertraut vor.

In einem dieser Leben lebte ich in Indien als Lehrer für nondualistische Philosophie und praktizierte Hatha-Yoga. In diesem jetzigen Leben würde ich diese Philosophie wieder erlernen. Hatha-Yoga sei in diesem Zusammenhang wichtig für mich. Dadurch würde sich mein drittes Auge, das bisher immer abwechselnd hell und dunkel sei, endgültig öffnen. Ab April 1996 hätte ich dann »strong vision«. In dieser vergangenen Inkarnation hätte ich mich intensiv mit Mystik befaßt und das geheime Wissen vereinfacht an andere Menschen weitergegeben, in durchaus guter Absicht, aber gegen den Willen meines Meisters, der das Geheimwissen nicht preisgeben wollte, und so sei ich nun von meinem Guru für diesen »Verrat« verflucht worden. Im nächsten Leben hätte ich diese Tat zwar gesühnt und wäre gesegnet worden durch Wissen, aber trotzdem würde ich immer noch keinem Guru trauen, auch heute nicht, und jeden Meister bekämpfen.

(Daran liegt das also!)

Mit meinem jetzigen Partner hätte ich in einer weiteren vergangenen Inkarnation in Spanien gelebt. Mein Mann, ein französischer Edelmann, sei damals von aufbrausendem Charakter gewesen, seine schwarzmagischen Praktiken seien schuld gewesen, daß man uns beide umgebracht hätte. Aus diesem Grunde sei er in diesem Leben, wenn es um esoterische Dinge ginge, überaus zurückhaltend, erst nach 1996 würde sich dieser Block lösen – und in sieben Jahren würde er mich auf spirituellem Gebiet einholen. Ich selbst hätte nach wie vor Probleme mit spirituellen Meistern. Ich würde viele Gurus treffen, aber mit keinem wäre ich recht zufrieden. Erst im Jahre 2003 würde ich einem begegnen, der mich möglicherweise weiterbringen könnte. Die Blokkierung, die über meinem spirituellen Wissen liegt, wird sich lösen, erst dann würde ich wissend sein, ohne Ärger, ohne Frustration. Doch ein einzelner Meister sei dafür nicht notwendig. Mein echter Meister, ein nondualistischer indischer Philosoph, sei ohnehin zur Zeit nicht inkarniert.

Dann spricht er mir mein persönliches Mantra vor. Wie fremd es klingt, und doch aus tiefster Seele vertraut.

Schließlich nennt er mir noch die Berufe, die meine Kinder ergreifen werden. Sie passen erstaunlich gut zu ihren Charakteren, doch darüber wundere ich mich mittlerweile schon gar nicht mehr.

»Sie werden siebenundachtzig Jahre und hundertsechs Tage alt«, sagt er abschließend. »Aber viele Jahre, bevor Sie Ihren Körper verlassen, werden Sie wiederkommen, um mehr über all die Dinge zu erfahren, die ich Ihnen jetzt noch nicht sagen darf, weil der große Shuka sagt, daß die Zeit dafür noch nicht gekommen ist.«

Langes Schweigen. Schließlich lächelt Gunjur Sachidananda Murthy. Ich spüre, daß er mit sich zufrieden ist und sich selbst über diese Lesung freut. Er macht keinen Hehl daraus, daß jedes Palmblatt für ihn noch eine Herausforderung bedeutet und jede gelungene Lesung einen Erfolg. Dann stimmt also, was ich unterwegs habe läuten hören: Eigentlich sei nicht er, sondern sein verstorbener ältester Bruder seit frühester Kindheit zum Palmblattleser ausgebildet worden. Erst nach dessen plötzlichem Tod vor wenigen Jahren war er gezwungen, die Bibliothek weiterzuführen, die seit achthundert Jahren im Besitz der Familie Shastry ist.

»Noch Fragen?« sagt er schließlich.

»Tausende«, antworte ich. »Aber ich weiß nicht, wo ich anfangen soll. Doch, ich weiß es: Lesen Sie die Palmblätter nur, oder sind Sie zusätzlich auch hellsichtig wie Ihr Vater?«

»Nein«, antwortet er mit großem Ernst. »Ich bin in diesem Fall nichts weiter als der Übersetzer. Das Medium, das die Worte des großen Shuka vorträgt. Shuka selbst legt auch großen Wert darauf, daß ich seine Worte nicht als die meinen ausgebe. Im Text steht immer wieder ›Shuka sagt‹ oder ›Shuka sagt dir voraus‹. Meine Aufgabe besteht nur darin, den Sanskrittext angemessen zu übersetzen. Deshalb sind Bescheidenheit und Gewissenhaftigkeit für einen Palmblattleser die wichtigsten Eigenschaften. Jeder Mißbrauch, jede Anmaßung wird dadurch gestraft, daß wir die Fähigkeit verlieren, die Sanskritworte der Palmblätter richtig zu deuten. Auch Geld darf dabei keine Rolle spielen. Ich nehme nur freiwillige Spenden an, von denen ich die Hälfte sozialen Zwecken zuführe.«

»Wie haben Sie mein Palmblatt gefunden?« will ich wissen.

»So, wie ich alle Palmblätter finde«, lächelt er. »Ich vergleiche die Geburtsdaten der Menschen, die einen Termin bei mir haben wollen, mit den Angaben auf den Palmblättern.« Er lächelt verschmitzt. »Ich habe Ihnen vorhin nicht gesagt, daß auf Ihrem Palmblatt neben den biographischen Daten auch eine Charakterisierung stand: *Es handelt sich um eine Frau von großer Ungeduld, deren Ego auf dieser Reise erhebliche Kratzer bekommen hat.* Ich nehme an, das trifft zu?«

Ich gebe ihm zu verstehen, daß das noch eine sehr milde Beschreibung für das ist, was mir auf der Suche nach meinem Palmblatt widerfahren ist. »Sind alle diese Fehlschläge, die ich auf dem Weg zu Ihnen erlebt habe, vielleicht die Strafe dafür, daß ich mein Palmblatt herbeizwingen wollte? Oder gibt es für jeden Menschen nur eine einzige Bibliothek, und wenn er die nicht findet und an die falsche gerät, dann hat er eben Pech gehabt?«

Gunjur Sachidananda Murthy lacht herzlich. »Ich glaube nicht, daß die großen Rishis auch noch die Empfänger ihrer

Botschaften strafen. Sie sind mit der Überwachung eitler, geldgieriger oder eigenmächtiger Palmblattleser, die ihre von Gott geschenkte Gabe mißbrauchen, völlig ausgelastet. Ich halte es zwar für wahrscheinlich, daß es verschiedene Abschriften ein und desselben Urpalmblattes gibt und möglicherweise auch Übersetzungen aus dem ursprünglichen Sanskrit in andere alte Sprachen. Deshalb ist es gut möglich, daß Sie auch in anderen Bibliotheken auf Ihr Palmblatt stoßen. Aber es handelt sich immer nur um Auszüge, Teile oder Zusammenfassungen. Sie werden bemerkt haben, daß auch Ihr Palmblatt nicht vollständig ist. Die ersten dreißig Jahre Ihres Lebens fehlen. Möglicherweise befindet sich dieses Palmblatt irgendwo anders. Aber es trifft wohl tatsächlich die alte Regel zu, daß jeder das Palmblatt vorfindet, das er verdient – und das er zu dem Zeitpunkt, an dem er bei uns vorspricht, braucht. Manche bekommen nur ein Divinationsblatt mit einigen groben Verallgemeinerungen, die für die meisten Menschen gültig sind. Andere finden nur Auszüge vor. Manchmal fehlt das Todesdatum. Oder es sind nur frühere Inkarnationen angegeben und Prognosen für die Zukunft. Die persönliche Vergangenheit und auch die Gegenwart fehlen völlig. Manche Palmblattsucher finden gar nichts. Und nicht wenige geraten auch an das falsche Palmblatt. Ihnen scheint auf Ihrer Suche fast alles begegnet zu sein.«

»Wenn es richtig ist, daß jeder das Palmblatt bekommt, das er gerade verdient«, sage ich nachdenklich, »dann habe ich auf dieser Reise eine Menge dazugelernt, sonst wäre ich heute nicht zu Ihnen gekommen. Dafür bin ich zutiefst dankbar.«

»Ich habe auch eine große Bitte an Sie«, sagte Gunjur Sachidananda Murthy. »Ich weiß ja aus Ihrem Palmblatt, was Sie mir eigentlich gar nicht verraten wollen: Sie haben vor, ein Buch über die Palmblattbibliotheken zu schreiben. Ich weiß, daß in Europa über uns in letzter Zeit Fernsehberichte und Zeitungsartikel erschienen sind – Ihre Kollegen waren ja bei mir. Sie verbreiten manchmal, daß man ein Reading bei mir auch schriftlich anfordern kann, wenn man den Fragebogen ausfüllt, der Sie vorhin mit solchem Mißtrauen erfüllt hat. Es trifft zu, daß ich versucht habe, schriftliche Anfragen mit Hilfe der im Fragebogen enthaltenen Kontrollfragen zu beantworten. Aber ich habe feststellen müssen: Es klappt nur in Ausnahmefällen. Viele werden enttäuscht sein, wenn sie mir ihre Daten geschickt und keine Antwort erhalten haben. Aber inzwischen weiß ich: Wer ernsthaft daran interessiert ist, etwas über sich zu erfahren, der muß sich hierherbemühen.

Ich bitte aber darum, vorher schriftlich oder telefonisch Termine auszumachen und dabei das Geburtsdatum und den Beruf anzugeben. Zur Zeit beträgt die Wartezeit nämlich mindestens drei Wochen. Angeblich sind in unserer Bibliothek 3650 Bände mit jeweils 365 Palmblättern gelagert, aber ich habe mir nie die Mühe gemacht, sie nachzuzählen. Auf alle Fälle sind es sehr viele. Es passiert häufig, daß Besucher aus Europa hier einen Tag Station für ein Reading machen und dann sehr enttäuscht sind, wenn sie hören, daß sie keinen Termin bekommen können.

Und noch etwas bitte ich Sie zu schreiben: Obgleich unsere Bibliothek umfangmäßig zu den größten des Landes zählt, kann ich in etwa jedem hundertsten Fall kein Palmblatt finden. Dann müssen die Besucher in einigen Jahren noch einmal wiederkommen.«

»Finden Sie denn dann das Palmblatt?« frage ich überrascht.

»In der Regel ja«, antwortet er. »Die Bibliothek füllt sich auf geheimnisvolle Weise immer wieder auf.« Gunjur Sachida-

230

nanda Murthy erhebt sich hinter seinem Schreibtisch. »Ich bitte Sie, mich nun zu entschuldigen. Ich habe heute noch einen zweiten Besucher aus dem Westen. Aber bitte schauen Sie bei meiner Frau vorbei. Ratna kann Ihnen viel mehr über uns erzählen als ich. Sie freut sich auf Ihren Besuch.« Er lacht verschmitzt. »Wir beide werden uns nach 1996 wiedersehen!«

Ratna, warmherzig, klug und so selbstbewußt, wie mir in Indien noch keine Frau begegnet ist, gefällt mir auf Anhieb. »Hat Gunjur dir erzählt«, fragt sie, »wie schwierig es für ihn war, die Bibliothek zu übernehmen?«
Ich schüttele den Kopf. »Nein, aber ich habe unterwegs davon gehört.«
»Das war so«, berichtet sie. »Sein Vater, der ein großer, international berühmter Nadi-Leser war, hatte eigentlich Gunjur, seinen jüngsten Sohn, zum Nachfolger bestimmt. Aber Ramakrishna, sein ältester Bruder, fand, daß er den größten Anspruch hätte. Daraufhin wurde er von frühester Kindheit an von seinem Vater in Sanskrit und in östlicher Mystik unterrichtet und in der Interpretation der Texte geschult. Die Deutung ist eine höchst schwierige Angelegenheit, man braucht sehr viel Erfahrung dafür.
Nach dem Tode meines Schwiegervaters hat mein Schwager, Ramakrishna Shastry, dann die Bibliothek übernommen. Er war ein brillanter Leser und wurde in kurzer Zeit fast ebenso berühmt wie sein Vater. Aber dann hat er etwas getan, was der ungeschriebenen Nadi-Tradition widerspricht: Er hat die Palmblätter mit ins Ausland genommen, nach USA und Kanada zum Beispiel, und dort sehr erfolgreiche Lesungen abgehalten und viel Geld verdient. Shuka, der angeordnet hatte, daß die Palmblätter Indien nicht verlassen dürfen, scheint damit nicht einverstanden gewe-

sen zu sein. Ramakrishna Shastry erkrankte plötzlich schwer und starb mit neununddreißig Jahren.

Gunjur arbeitete zu dieser Zeit längst als Angestellter und hatte kein Interesse daran, das Erbe der Bibliothek zu übernehmen. Aber nun war er der Familienvorstand und damit für den Unterhalt der zehnköpfigen Großfamilie zuständig. Das war mit den vier- oder fünftausend Rupien, die er damals verdiente, völlig unmöglich, und so ermahnte ihn seine Mutter und auch der Rest der Familie immer dringlicher, das Nadi-Reading fortzusetzen.

Da hat mein Mann dann schließlich notgedrungen damit angefangen. Sanskrit konnte er glücklicherweise schon, aber die Deutung der Palmblätter ist ihm anfangs unendlich schwer gefallen. Er hat es abends nach Feierabend gemacht, wenn er ohnehin schon müde von der Arbeit war, und die ungewohnte Anstrengung hat ihn völlig erschöpft. Er machte Fehler, mußte die Lesung am nächsten Tag wiederholen, viele, die kamen, waren unzufrieden. Da hat er eines Tages mit der Meditation angefangen. Seitdem ist es, als würde er geführt. Er hält wunderbare Lesungen ab, und seit langem ist er schon mit seinem Herzen dabei.

Da habe ich angefangen, ihm zu helfen. Ich mache die Termine für ihn, unterstütze ihn bei der Suche nach den Palmblättern und arbeite als seine Sekretärin. Mittlerweile hat er seinen erlernten Beruf aufgegeben und arbeitet bis zur Erschöpfung als Nadi-Leser. Er ist sehr fromm geworden und befolgt die Gesetze des Nadi-Reading mit großer Gewissenhaftigkeit. Und mittlerweile ist er fast so gut wie sein Vater. Du kannst dir nicht vorstellen, was für ein wunderbarer Mann mein Schwiegervater war!«

Ich erzähle Ratna, daß ich viele Geschichten über ihn gehört habe.

»Kennst du auch die?« fragt sie stolz. »Sri Naryan Shastry traf eines Tages einen Fremden, einen Engländer, der unbedingt eine Lesung haben wollte, aber er bestand darauf, daß sie in seiner Sprache stattfinden würde. Mein Schwiegervater, der nur ein paar Worte Englisch konnte, dachte kurz nach, und dann sagte er: ›Ich werde dir dein Palmblatt vorlesen, und du wirst jedes Wort so verstehen, als würde ich in deiner Sprache zu dir sprechen.‹

Und so geschah es. Mein Schwiegervater war nach der Lesung völlig erschöpft, und niemand weiß, ob er in dieser Lesung die Sprache das anderen gesprochen hat oder ob sein Besucher auf geheimnisvolle Weise das Sanskrit der Palmblätter verstand, aber er hat jedes Wort verstanden und ging vollkommen glücklich nach Hause. Ich glaube, eines Tages wird mein Mann auch so weit sein.

Und nun«, sagte sie energisch, »koche ich uns einen Kaffee, und du erzählst mir von deiner Familie.«

Den Rest des Nachmittags haben wir uns gegenseitig Fotos von unseren Kindern gezeigt, über Schulprobleme geredet, über Schwiegermütter, über die Schwierigkeit, einen Kindergartenplatz zu bekommen, und darüber, daß unsere Männer den Kindern immer zuviel durchgehen lassen. Dann hat Ratna versucht, mir beizubringen, wie man einen Sari bindet, aber das lerne ich nie. Ratna hat Tränen gelacht, weil ich mich so dumm angestellt habe.

»Gunjur hat mir gesagt, daß du wiederkommen wirst«, sagt sie zum Abschied herzlich. »Ich freue mich auf dich.«

»Für dich komme ich sogar, wenn in meinem Palmblatt nichts Neues mehr steht«, sage ich. »Wart's nur ab, wenn du dann ein bayerisches Dirndlmieder schnüren mußt!«

Gunjur, ihr Mann, kommt aus seinem Arbeitszimmer, um mir zum Abschied die Hand zu reichen. Er lächelt nachsichtig, aber ein wenig verständnislos, als er seine Frau und mich, kichernd wie zwei Teenager, in der Küche sitzen sieht.

Dieser Punkt war offensichtlich in meinem Palmblatt nicht vorgekommen.

Als ich in der klapprigen Autorikscha zum Hotel fahre, ist im abendlichen Bangalore Rush-hour. Der Fahrer, lebensmüde wie alle seine Kollegen, jagt sein Dreirad, hupend und von einer Lücke in die andere springend, durch die breiten Straßen, in denen es bestialisch nach Abgasen stinkt. Mich stört das nicht im geringsten. Zum erstenmal, seitdem ich indischen Boden betreten habe, bin ich vollkommen glücklich. Nicht etwa, weil ich dem Geheimnis der Palmblattbibliotheken nähergekommen bin, obgleich das natürlich auch guttut. Auch nicht, weil ich bei der Lesung, im Gegensatz zu Mona, ziemlich glimpflich davongekommen bin, obwohl das natürlich beruhigend ist. Aber in erster Linie bin ich glücklich, weil ich nun erlebt habe, daß es das Wunder der Palmblätter wirklich gibt. Ich habe meines gefunden, und es ist ohne jeden Zweifel das meine. Es gibt immer noch eine Reihe von Fragen, die offengeblieben sind. Für einige werde ich in nächster Zeit vielleicht noch eine Antwort finden. Andere werden immer ein Rätsel bleiben, ein Geheimnis, das ich wohl niemals ganz lösen werde. Aber das ist in Ordnung so, denn was wäre das Leben ohne die Geheimnisse?
Sie sind es, die uns immer wieder den Anstoß geben, uns auf den Weg zu machen. Die Hoffnung, sie eines Tages lösen zu können, treibt uns voran auf der ewigen Suche nach der Wahrheit, und wenn es uns gelingt, ein Geheimnis zu entschlüsseln, dann nur, um festzustellen, daß tausend weitere auf uns warten. Das ganze Leben ist voller Wunder!
Vor dem Einschlafen versuche ich mich zu erinnern, was Gunjur Sachidananda Murthy mir über meine Zukunft gesagt hat. Aber sosehr ich mich auch anstrenge – mir fällt nur

ein, daß unsere Ehe halten wird, ich sehr alt werde und im nächsten Jahr etwas geschehen wird, das mit meiner spirituellen Entwicklung zu tun hat, aber darüber darf ich vorläufig noch nichts erfahren. Um das zu hören, bin ich also Tausende von Kilometern geflogen und kreuz und quer durch Südindien gereist!

Aber dann passiert etwas Merkwürdiges: Ich stelle fest, daß ich mit diesen Hinweisen voll und ganz zufrieden bin. Und nicht nur das: Mehr will ich jetzt noch gar nicht wissen. Mir fällt ein, daß mein großer Bruder früher, als wir Kinder waren, in der Vorweihnachtszeit immer heimlich das ganze Haus nach den Verstecken für die Weihnachtsgeschenke durchsucht hat, weil er unbedingt wissen wollte, ob er die Rollschuhe bekäme oder die neuen Skier ... Ich habe nie mitgesucht, weil ich es schon immer besser fand, mich überraschen zu lassen. Im Prinzip hat sich daran nichts geändert. Manche Lebensträume werden in Erfüllung gehen, und andere werden auf immer unerfüllt bleiben. Aber so, wie das Beste an Weihnachten die Vorfreude ist, so ist es auch mit dem Leben selbst.

Sicher, es ist gut zu wissen, daß Bill und ich zusammenbleiben werden. Aber das allein genügt nicht. Jetzt werden wir uns darum bemühen müssen, in Liebe und gegenseitigem Vertrauen zusammenzubleiben, und trotzdem geht jeder seinen eigenen Weg. Es wäre wunderbar, wenn sich, wie der Palmblattleser gesagt hat, mein drittes Auge allmählich öffnete. Aber viel wichtiger ist das, was ich mit diesem Wissen, sollte es mir wirklich zufallen, anfangen werde. Und auch die Aussicht, ein langes Leben vor mir zu haben, ist zwar gut und schön – aber nur dann, wenn es mir gelingt, dieses lange Leben im Alter mit Würde und mit Sinn zu füllen.

Hat sich nun, unterm Strich, die lange Suche nach meinem Palmblatt gelohnt? Ich komme zu dem Schluß, daß ich mit

dem, was ich nun erfahren habe, in der Lage bin, die
Zukunft etwas bewußter anzugehen, besser auf die Signale
zu achten, die das Schicksal stellt. Aber am wichtigsten und
am wunderbarsten ist für mich die Erfahrung, daß es die
Schicksalsblätter wirklich gibt und daß das Leben um vieles
geheimnisvoller ist, als wir es uns vorstellen können.

Weil ich ohnehin nicht einschlafen kann, schlage ich ein
Buch auf, das ich mir am Morgen in Bangalore gekauft habe
– *Shadows of Forgotten Ancestors* von Carl Sagan und Ann
Druyan – und ich traue meinen Augen nicht: Da steht die
Antwort, nach der ich gesucht habe:

»Bei dem Versuch, die Rätsel des Lebens zu lösen und zu
verstehen, wer wir sind, hat jede menschliche Kultur einen
Kranz von Mythen geflochten. Die Widersprüche in uns
werden einem Duell zwischen rivalisierenden, aber gleich
starken Gottheiten zugesprochen, oder einem unvollkom-
menen Schöpfer oder dem noch ungleicheren Kampf zwischen einem allmächtigen Wesen und ungehorsamen Menschen oder zwischen einem Gott und einem gefallenen
Engel. Und es gab auch immer einige Menschen, die glaubten, daß Gott damit überhaupt nichts zu tun hatte. Unsere
schriftlichen Aufzeichnungen reichen nur ein Millionstel
der Strecke zum Ursprung zurück. Wir sind wie Findelkin-
der, die auf den Stufen vor der Kirche abgelegt wurden ohne
einen Zettel, auf dem steht, woher sie kommen, wer ihre
Eltern sind, welche Erbanlagen und Charaktereigenschaf-
ten sie übernommen haben mögen, und wie Adoptivkinder
sehnen wir uns danach, in unsere Geburtsurkunde Einsicht
zu nehmen. Wir erfinden Geschichten über unsere wahre
Herkunft. Wie Waisen schieben wir uns manchmal die
Schuld für unser Schicksal selbst zu, halten uns für schlecht,
verdorben und sagen, wir hätten die Strafe verdient. An die
erfundenen Erklärungsversuche halten wir uns, bestrafen

diejenigen, die an diese Geschichte nicht glauben wollen, denn sie ist besser als gar nichts.«

Viel besser als gar nichts, denke ich. Das ist eine Antwort, die ich mit nach Hause nehmen kann. Und dann treffe ich am nächsten Tag im Flugzeug Martha.

Das Geheimnis entschlüsselt?

Auf dem langen Heimflug von Madras nach London versuche ich, wieder einmal und wie immer vergeblich, zumindest das einfachste der Bücher über Shuka Nadi zu verstehen, die ich in Pondicherry gekauft habe. Ich bin gerade dabei, es frustriert wieder wegzupacken, da fragt mich die hochgewachsene blonde Frau im Sitz neben mir, die schon die ganze Zeit fasziniert auf mein Buch geschaut hat, in akzentfreiem Englisch, ob ich Astrologin sei.

»Leider nicht«, antworte ich bedauernd, auch auf englisch, das ist immer die sicherste Methode, wenn man mit jemandem spricht, dessen Nationalität man nicht kennt. »Denn dann könnte ich mit den ganzen Büchern, die ich über Shuka Nadi gekauft habe, vielleicht eher etwas anfangen. Ich hatte gehofft, darin eine Erklärung dafür zu finden, wie die Palmblattbibliotheken funktionieren. Ich bin fast sicher, daß sie irgend etwas mit Astrologie zu tun haben, aber ich weiß nicht, was.«

»Natürlich haben die Palmblattbibliotheken etwas mit Astrologie zu tun«, sagt meine Sitznachbarin. »Das ist ganz einfach: Die Nadis, aus denen sich die Palmblätter zusammensetzen, sind nichts weiter als astrologische Definitionen, bezogen auf einen bestimmten Geburtstermin und in bestimmte Themenbereiche gegliedert: Herkunft, Verwandtschaft, Beruf, Beziehungen, Kinder, Geld, Rechtsstreit, Krankheiten und so weiter. Wenn du zu diesem Zeitpunkt geboren bist, dann ist dein Vater in deinem jetzigen Leben Zahnarzt, du bist eins achtundsechzig groß, wohnst in einem Reihenhaus und hast zwei Kinder. Das ist dein Schicksal. Punkt.

Ob du das nun Palmblätter nennst oder Nadis oder Shuka Nadi oder Brighu Samhita. Es ist in jedem Fall uraltes astrologisches Wissen. In Nordindien wird es auf den Weisen Brighu zurückgeführt und heißt deshalb Brighu Samhita. Im Süden schreibt man es dem Weisen Shuka Maharshi zu und nennt es Shuka Nadi. Von den ursprünglichen Nadi-Texten, die Shuka Maharshi auf intuitive Weise empfangen haben soll, heißt es, daß sie aus achtzehntausend Versen bestehen, fünfzehnhundert für jeden Aszendenten. Darin wird für alles und jedes eine Definition gegeben, längst nicht nur für menschliche Einzelschicksale, obwohl das viele glauben. Die Zukunftsprognosen, die da in den Palmblattbibliotheken vorgelesen werden, sind nur ein kleiner Teil aus einer riesigen Sammlung astrologischen Wissens für nahezu jedes Gebiet. So konnte man zum Beispiel aus dem Austreiben der Blätter eines bestimmten Baumes auf die Erntebedingungen eines gewissen Getreides schließen, und das steht auch in den Nadis: Wenn ... dann ...

Dieses empirische Wissen ist uns im Westen fast völlig verlorengegangen, allenfalls in den alten Bauernregeln ist noch ein winziger Rest davon vorhanden. Auch von den ursprünglichen Nadi-Texten ist nur noch ein Teil erhalten geblieben. Angeblich versuchen indische Astrologen seit diesem Jahrhundert, anhand der alten Schriften das alte Wissen, das in Palmblattbibliotheken in ganz Indien verstreut ist, zusammenzutragen und wiederzubeleben und das, was fehlt, mit eigenen Definitionen aufzufüllen. Das Problem dabei ist, daß Astrologie in früherer Zeit hauptsächlich in Sanskrit und Alt-Tamil gelehrt wurde. Wer sich mit Astrologie befassen wollte, mußte erst mal die alten Sprachen lernen. Und das gleiche Problem haben auch die heutigen Astrologen, die sich mit den Nadis befassen. Es dauert Jahre, bis man Sanskrit oder auch Alt-Tamil zumindest einigermaßen beherrscht. Deshalb geht die Arbeit nur sehr langsam voran. Es heißt, daß es in Tamil Nadu unzählige Palmblätter mit Nadi-Texten gibt, die noch niemand wieder entziffert hat.«

»Und Sie glauben wirklich«, frage ich ungläubig, »daß es möglich ist, solche Textmengen durch Jahrtausende mündlich zu überliefern? Aber das ist doch ausgeschlossen. Wie kann irgend jemand achtzehntausend astrologische Definitionen im Kopf behalten?«

»Das ist absolut nicht unmöglich«, sagt sie. »Natürlich war das wohl nicht so, daß ein einzelner Mensch sämtliche Texte beherrschte. Das Textmaterial wurde auf verschiedene Schüler verteilt. In Indien gibt es ganze Familien, die über Jahrhunderte oder über Jahrtausende hinweg traditionell die heiligen Texte auswendig lernten und weitergaben. Sie wurden entsprechend geschult und machten ihr Leben lang nichts anderes, als Texte auswendig zu lernen. Was glauben Sie, auf welche Weise uns die Veden überliefert worden sind? Verglichen damit, sind achtzehntausend Nadi-Verse eine Kleinigkeit.«

»Und Sie halten es für möglich, daß diese Definitionen wirklich stimmen? Läßt sich unser ganzes individuelles Schicksal wirklich auf einige Grundregeln zurückführen: ›Wenn du dann und dann geboren bist, dann wird dir dieses und jenes in deinem Leben widerfahren?‹ Ist das tatsächlich so einfach?«

»Die alten Nadis«, sagt sie, »haben damals wie heute ihre Gültigkeit. Wenn wir Westler das nicht glauben können, so liegt das daran, daß in der westlichen und östlichen Kultur eine völlig unterschiedliche Auffassung vom Leben existiert: Bei uns legt man großen Wert darauf, daß der Mensch den freien Willen besitzt; die ganze Philosophie ist von dieser Überzeugung geprägt, auch die westliche Astrologie. Neptun, Pluto und Saturn bieten uns eine Menge Spielraum für

240

freie Entscheidungen. Trotzdem gilt die Astrologie bei uns immer noch als unseriös, zumindest als unwissenschaftlich. In Indien war sie schon immer die Königin aller Wissenschaften, und sie ist es bis heute geblieben, der Inbegriff der Weisheit, weil man sich hier bewußt ist, daß der Mensch ein Teil des Kosmos ist, also eingebunden in die kosmische Evolution.

Die drei Planeten, die den freien Willen einbeziehen, kommen in der indischen Astrologie gar nicht vor. Wir im Westen halten uns Menschen für die Krone der Schöpfung, glauben also, daß wir der Schöpfung übergeordnet sind. Begreifen kann man die Astrologie meiner Meinung nach nur, wenn man eine ganzheitliche Weltanschauung besitzt. Denn echte Astrologie führt unausweichlich zu dem Ergebnis, daß unser Leben völlig mit all unseren früheren, der jetzigen und künftigen Inkarnationen in Beziehung steht – und dementsprechend ist das Karma, das daraus folgt.

Karma, sei es als leidvolle oder freudvolle Erfahrung, wird den Verursacher immer erreichen. Die guten Erfahrungen werden gern akzeptiert, vor den schmerzlichen fürchten sich die meisten Menschen. Durch gründliche astrologische Prognosen kann man erkennen, welche schmerzhaften Erfahrungen anstehen, und manchmal ist es möglich, Leid durch entsprechende vorausschauende Vorsichtsmaßnahmen zu mildern. Deshalb ist es unter anderem gut, wenn wir unser Palmblatt – oder unser Horoskop – kennen. Aber dabei bleibt es dann meist nicht. Solche Erfahrung führt fast zwangsläufig zu einem bewußteren Umgang mit sich selbst und dadurch, wiederum fast zwangsläufig, auch mit anderen Menschen.«

»Woher wissen Sie das alles?« frage ich beeindruckt. »Auf der Suche nach einer so klaren Antwort auf meine Fragen bin ich wochenlang vergeblich durch Indien gereist. Und fragen Sie mich nicht, wie viele Kilo Bücher ich gekauft und kreuz und quer durch Südindien getragen habe. Und nun, auf dem Rückflug, treffe ich Sie.«

»Wahrscheinlich war erst jetzt die Zeit reif dafür, daß wir uns treffen sollten«, sagt sie lachend. »Ich bin nämlich durch halb Indien gereist, um Bücher in englischer Sprache über Shuka Nadi zu finden – ohne Erfolg. Und nun sitzen Sie im Flugzeug neben mir und lesen ein Buch, nach dem ich wochenlang gesucht habe. Ich bin Astrologin und beschäftige mich schon seit langem mit Hindu-Astrologie, sammle auch schon seit Jahren einzelne Nadis, die ich aus der Beobachtung meiner Klienten erhalte. Sie stimmen, wie ich mittlerweile weiß, immer. Aber ich komme einfach nicht weiter. Deshalb bin ich schließlich nach Indien gereist und habe versucht, die Nadi-Astrologie vor Ort zu studieren. Ich habe eine Menge gelernt, aber über die Nadis selbst konnte ich nichts finden. Es gibt zwar stapelweise Bücher darüber, doch sie sind alle in Tamil oder Sanskrit, und diese Sprachen verstehe ich nicht.«

Ich schaue sie an und muß lachen. Manchmal ist es geradezu absurd, was sich das Schicksal alles einfallen läßt, um Menschen zusammenzubringen, die etwas voneinander lernen sollen. Also sage ich, und kann leider nicht verhindern, daß ich mir dabei ein bißchen vorkomme wie der Weihnachtsmann: »Ich habe nicht nur ein englisches Buch über Shuka Nadi, sondern einen ganzen Stapel davon. Und aus anderen habe ich in der theosophischen Bibliothek in Madras ganze Strecken abgeschrieben, aber ich verstehe den Inhalt nicht. Was hältst du von einem Deal? Ich schenke dir die Bücher, und du erklärst mir später mal, was drinsteht.«

Ich krame die gesamte Nadi-Literatur aus meiner Reisetasche unterm Sitz hervor und sage: »Schau mal, ob du damit etwas anfangen kannst!«

Meine Sitznachbarin blättert, liest, ich höre kleine Schreie des Entzückens und des Staunens. »Wenn du mir diese Bücher überläßt«, sagt sie begeistert, »hast du eine Nadi-Leserin fürs Leben, mit Wohnsitz in Hamburg, und brauchst nie mehr nach Indien zu fahren, wenn du etwas wissen willst. Allerdings hole ich meine Nadis nicht von Palmblättern, sondern aus meiner Sammlung. Ich heiße übrigens Martha.«

»Ich danke dir herzlich, aber für mich persönlich will ich eigentlich gar nichts mehr wissen«, sage ich. Mittlerweile reden wir natürlich längst deutsch miteinander

»Der Palmblattleser in Bangalore hat mir gesagt, wie es in großen Zügen mit meinem Leben weitergehen wird. Nun liegt es an mir, diese Etappen mit Sinn zu füllen. Ich glaube, damit bin ich vollkommen beschäftigt. Aber da ist etwas, was ich gern von dir wissen möchte: Wie definitiv ist eigentlich das Todesdatum, das in den Nadis angegeben ist?«

»Haben sie dir gesagt, daß du früh sterben wirst?« fragt Martha besorgt.

»Nein«, sage ich. »Ich habe auf meiner Palmblattsuche vier verschiedene Todesdaten gehört mit insgesamt vierzehn Jahren Unterschied, aber bei allen werde ich mindestens siebzig ... Wenn der Nadi-Leser in Bangalore recht hat, der meiner Meinung nach der einzig echte ist, werde ich sogar uralt. Aber ich habe einen guten Freund, Viktor, dem einmal eine Wahrsagerin prophezeit hat, daß er mit sechsundfünfzig Jahren sterben wird. Er behauptet, daß alles, was ihm damals sonst noch geweissagt wurde, eingetreten ist. Nächstes Jahr wird er fünfzig, und ich habe Angst, daß er sich aufgibt. Ich würde ihm gerne helfen, aber ich weiß nicht, wie.«

»Bei uns im Westen«, sagt Martha nachdenklich, »ist der Tod immer ein Tabu. In Indien ist es dagegen ein ganz wichtiges Thema, über das in aller Offenheit gesprochen wird. In Büchern wird beschrieben, wo man Auskünfte über frühere Leben finden kann, und auch, wo Hinweise über künftige Inkarnationen zu finden sind. Das hat nichts mit Fatalismus zu tun, denn dem dortigen Glauben zufolge ist das, was uns widerfährt, ja immer eine Folge der Handlungen aus früheren Leben, und unser jetziges Leben legt die Saat für das nächste. Der Tod ist nur ein Ereignis im ewigen Kreislauf. Bei uns dagegen scheuen die meisten vor dem Thema Tod zurück. Damit wollen sie nichts zu tun haben.

Trotzdem passiert es bei meinen Beratungen immer mal wieder, daß jemand wie beiläufig fragt: ›Und wann sterbe ich?‹ Wenn ich dann frage: ›Wollen Sie das wirklich wissen?‹, dann sagen sie: ›Klar doch, ich habe keine Angst vor dem Tod.‹ Aber wehe, ich würde es ihnen wirklich sagen und der Termin rückt näher. Ich habe da einige Fälle erlebt …

Dann verfallen sie in Panik oder in Depressionen, sie betrinken sich, oder sie resignieren einfach und ergeben sich in ihr Schicksal. Und dann sterben sie oft tatsächlich – es sei denn, sie wachen noch rechtzeitig auf und sehen sich nach einem seriösen Astrologen um. Und der sagt ihnen dann, daß es gar keinen definitiven Todestermin gibt. Es gibt natürlich ganz bestimmte Planetenkonstellationen, an denen wir möglicherweise sterben dürfen. Aber solche kritischen Transite kommen in jedem Leben einige Male vor, und wenn es uns nicht gelungen wäre, sie zu umschiffen, dann wären wir allesamt nicht mehr hier.

Ich persönlich lehne es ab, einem Menschen zu sagen, wann er sterben könnte. Wenn ich im Horoskop erkenne, daß ein gefährlicher Transit bevorsteht, ist es meine Aufgabe, den Menschen zu warnen und ihm zu sagen, was er tun kann, um diese Klippe zu umschiffen. Mehr zu tun, halte ich nicht für meine Aufgabe. Ein guter Astrologe, ein seriöser Hellseher, sollte von weiteren Aussagen die Finger lassen. Aber wer, wie dein Freund Viktor, an einen Scharlatan gerät, hat sich dieses Schicksal ja auch ausgewählt, zumindest unbewußt; schließlich hat er ja das Schicksal herausgefordert, indem er zu einer Wahrsagerin gegangen ist. Letzten Endes, denke ich übrigens, fast immer in der unbewußten Absicht, zu spirituellen Bereichen Zugang zu finden. Wer sucht denn schon nach geistigen Dingen, wenn es einem gutgeht? Nun hat er die Chance, an seinem Schicksal zu wachsen. Ich hoffe, auch dein Freund Viktor gehört zu denen, die das noch rechtzeitig erkennen.«

Ich glaube, eine bessere Antwort, Viktor, hätte ich für dich nicht finden können. Wenn es denn dein Schicksal war, damals, als du jung warst, der alten Wahrsagerin zu begegnen, die dir den Tod prophezeit hat, dann bedeutet das nicht, daß du dann tatsächlich sterben wirst. Du mußt nicht ihr und dir beweisen, daß sie recht hatte. Dieses Erlebnis mag dich stark geprägt haben. Aber dahinter steckt nicht mehr und nicht weniger als die Aufforderung: Beschäftige dich mit der Frage nach dem Sinn des Lebens. Frag danach, wo wir waren, ehe wir in dieses Leben traten, und wo wir hingehen werden, wenn es eines Tages zu Ende ist. Kann sein, daß du, weil diese Frage so spannend ist, den Spruch der Wahrsagerin völlig vergißt. Kann sein, daß dir unterwegs jemand begegnet, der dir mit größerer Kompetenz versichern wird, daß deine Angst vor diesem Datum unbegründet ist. Kann sogar sein, daß sich eines Tages erweist, daß die Alte recht hatte. Aber wenn du an diesem Punkt deiner Suche angekommen bist, wirst du vor dem Sterben keine Angst mehr haben.

Plötzlich tippt mir eine Amerikanerin aus der Sitzreihe hinter uns auf die Schulter: »Entschuldigen Sie, ich habe gehört, daß Sie sich über die Palmblattbibliotheken unterhalten. Ich war auch in einer. Vorletztes Jahr in Madras. Ich habe meine Tochter besucht, die da klassischen indischen Tanz studiert. Der Palmblattleser hat mir vorausgesagt, daß ich mich Ende des Jahres vor einem Unfall hüten müsse, und zwar vor einem langen Fall: ›As if you fall from the sky‹, sagte er wörtlich, so als ob ich vom Himmel fallen würde. Ich habe natürlich an einen Flugzeugabsturz gedacht. Daraufhin habe ich einen Flug zu meinem Sohn in Ohio abgesagt, obgleich er mir das Ticket schon geschickt hatte. Kurz bevor das Jahr zu Ende war, bin ich mit meinen Rollerblades gestürzt. Ich fahre seit Jahren, und nie ist etwas passiert.

Aber diesmal: einmal falsch belastet, und ich merke, daß ich stürze, rückwärts falle … mein letzter Gedanke, ehe ich in Ohnmacht fiel, war nur noch: Kommst du denn niemals unten an? Ich denke, dies war der Sturz, den der Palmblattleser vorausgesehen hat. Aber die Tatsache, daß ich es gewußt habe, hat den Unfall nicht verhindern können. Der einzige Vorteil für mich ist der: Jetzt steige ich wieder ohne Angst in ein Flugzeug. Denn den Absturz habe ich ja nun hinter mir.«

»Das ist wunderbar«, sage ich begeistert. Endlich habe ich einmal jemanden gefunden, dessen Palmblattlesung eine Weile zurückliegt. Vielleicht finde ich heraus, ob die Prognosen tatsächlich so zuverlässig sind, wie Martha behauptet.

»Hat er Ihnen sonst noch Dinge gesagt, die inzwischen eingetreten sind – oder auch nicht?«

Die Frau schweigt lange.

»Entschuldigen Sie«, sage ich schließlich verlegen, »ich wollte nicht taktlos sein. Ich hätte nur gern von Ihnen erfahren, wie zuverlässig die Aussagen auch für die Zukunft sind. Bei allen, die ich bisher gesprochen habe, liegt die Palmblattlesung erst so kurze Zeit zurück, daß sie noch nicht wissen, ob das, was ihnen der Leser gesagt hat, auch tatsächlich passiert. Bitte vergessen Sie meine Frage.«

Die Frau lächelt mich freundlich an. »Don't worry. Ich antworte Ihnen gern. Ich habe nur eine Weile nachgedacht. Damals, als ich bei dem Palmblattleser in Madras war, ging es mir sehr schlecht. Mein Mann hatte sich scheiden lassen, ich hatte meinen Job verloren, meine Tochter lebte so weit weg von mir, da dachte ich, ich müßte wissen, wie es weiterging. Vielleicht hätte es ja alles keinen Sinn mehr. Da sagte mir der Palmblattleser, ich würde in den nächsten Jahren viel reisen, ein Studium aufnehmen und anfangen, mich für spirituelle Dinge zu interessieren. Lächerlich, dachte ich. Ich war nie auf dem College, ich war Hausfrau und Mutter und habe nebenbei gekellnert, weil das Geld nie reichte. Jetzt war ich arbeitslos, und mein Mann zahlte nur Unterhalt, wenn ich mit der Polizei drohte. Woher sollte ich denn das Geld fürs Studium und für Reisen nehmen?

Inzwischen habe ich zwei Jahre auf dem College hinter mir, Abendstudium. Noch zwei Jahre, und ich mache meinen Abschluß. Tagsüber kellnere ich. Und jedes Jahr besuche ich meine Tochter in Indien, und wir ziehen mit dem Rucksack durch einen anderen Teil des Landes. Diesmal waren wir in einem Ashram im Norden. Nächstes Jahr möchte ich gern länger dort bleiben. Es sieht also so aus, als hätte der alte Palmblattleser recht gehabt. Aber merkwürdigerweise hatte ich völlig vergessen, was er mir da gesagt hat. Erst jetzt fällt es mir wieder ein. Aber an den Unfall, den er mir auch vorausgesagt hat, an den habe ich immer gedacht.«

Genau wie Mona, denke ich. Die hat sich auch nur auf die beiden Punkte ihres Palmblattes fixiert, die ihr angst machen: die Trennung von ihrem Mann und ein weiterer Autounfall. Alles, was ihr an Gutem prophezeit wurde, hat sie vergessen. Aber seitdem ich in Vaithisvarankoil war, bin ich ja nicht mal mehr sicher, ob Poosamuthu ihr tatsächlich das richtige Palmblatt vorgelesen hat.

Ich fange gerade an, die Geschichte von Mona zu erzählen, da unterbricht mich Martha: »Erzähl mir bitte nichts«, sagt sie. »Hast du zufällig das Horoskop von dieser Frau in der Tasche? Wenn's geht, auch das von ihrem Partner?«

Das habe ich natürlich nicht, aber zufälligerweise habe ich ihre Geburtsdaten in meinem Reisetagebuch notiert. Mona hatte mich gebeten, bei Poosamuthu nochmals rückzufragen, ob er sich nicht vielleicht geirrt haben könnte, aber diese Frage hatte ich in meinem Zorn natürlich nicht mehr gestellt.

»Reicht dir auch der Geburtstermin und der Geburtsort?« frage ich. »Sonst faxe ich dir die Radix von den beiden. Was hast du denn damit vor?«

»Monas Schicksal«, sagt Martha, »wird meine erste Palm-blattlesung sein. Sobald ich deine Bücher studiert habe, mache ich das Nadi-Horoskop für Mona und schicke es dir. Dann kannst du überprüfen, ob sich meine Aussage mit der des Palmblattlesers deckt.«

»Und du wirst Deutschlands erste Palmblattleserin!« sage ich begeistert. »Überleg mal, was die Leute da an Reiseko-sten sparen können! Und an Sprachproblemen! Stell dir vor, du kommst zu dem gleichen Ergebnis! Dann wissen wir alle mehr: Du weißt, ob das, was du machst, tatsächlich identisch mit Nadi-Reading ist. Und ich weiß, ob Mona einem Betrüger aufgesessen ist, und kann sie vielleicht in letzter Minute noch warnen.«

»Du magst Mona gern und möchtest sie beschützen, nicht wahr?« fragt Martha lächelnd. »Weißt du nicht mittlerweile, daß jeder …«

»Ich weiß, ich weiß«, sage ich seufzend, »jeder bekommt das

Palmblatt, das er verdient. Aber ich habe auf dieser Reise ja auch mehrmals eine Chance gehabt. Warum soll es Mona nicht auch so gehen?«

»Also gut«, sagt Martha. »Gib mir die Daten. Sobald ich mehr weiß, faxe ich dir Monas Palmblatt rüber.«

»Und danach«, sage ich, »faxe ich dir den Text der Lesung von Poosamuthu. Aber erst danach, damit du dich nicht beeinflussen läßt. Stell dir vor, in deinem Bericht steht dasselbe wie in seiner Lesung!«

»Ich bin ja genauso gespannt wie du«, sagt Martha. »Ich werde wohl die nächsten Nächte durcharbeiten.«

Lächelnd sehe ich ihr nach, wie sie in London in die Maschine nach Hamburg umsteigt, die Nase tief in dem Buch über Shuka Nadi, bei dem ich nicht einmal das Vorwort verstanden hatte.

Bereits zwei Wochen später kommt ihr Fax: »Ich habe nächtelang Nadi-Reading studiert. Manches ist mir klargeworden, einiges habe ich schon vorher gewußt, und einiges habe ich immer noch nicht verstanden. Hier ist mein erster Versuch, Monas Palmblatt:

– Beruflicher Erfolg durch eigene Tüchtigkeit.
– Starkes Bedürfnis, der eigene Herr zu sein.
– Ehrgeizig, materialistisch, in geschäftlichen Dingen knallhart.
– 1. Lebenspartner ein älterer Mann, der den Grundstein für die Lebenssicherung legt und ihre massiven Existenzängste überwinden oder mindern hilft und im Horoskop von Mona äußerst wohltuend steht.
– Gleichzeitig exzessive Verschwendungssucht, durch die die Existenzängste immer aufs neue belebt werden.
– 2. Lebenspartner: Bei Ehe mit gleichaltrigem Mann hätte

Ehevertrag abgeschlossen werden müssen, da Vermögensverlust durch Scheidung möglich ist.

- Im Horoskop des Ehemanns, der vermutlich nur wenig hat anbrennen lassen, bahnt sich die Liebe zu einer jüngeren Frau an, durch die er nicht nur im erotisch-sexuellen Bereich stark angesprochen wird, sondern der er geradezu verfallen wird. Lolita-Problematik!
- Da er diese Frau besitzen will, wird auch der Wunsch nach einem Kind (Sohn) aufkommen. Sein Karma: rasche Rückkehr von weiter Reise! Weltmann wird Spießbürger.
- Karmisch betrachtet, handelt es sich bei seiner Geliebten um eine Tochter, die er wiedertrifft und zu der er in einem früheren Leben eine Liebesbeziehung unterhielt, die noch nicht beendet ist …
- Sollte Mona mit magischen Praktiken (wieder) versuchen, diese Verbindung auseinanderzubringen, bestünde die Möglichkeit, daß sich die Rückwirkung dieser Handlung als Krebserkrankung (Darm) äußern könnte.
- Da Mona ihren Gefühlen nicht traut, deckt sie ihr Bedürfnis nach emotionaler Sicherheit durch Befriedigung mit materieller Sicherheit.
- Seit diesem Frühjahr ist es Monas Aufgabe, ihre bisherige Art, mit ihrer Umwelt umzugehen, und die Form ihrer zwischenmenschlichen Beziehungen in Frage zu stellen. Konkret bedeutet das: Form und Sinn ihrer Beziehung müssen ständig hinterfragt werden, um Automatismen, Fehleinschätzungen und Irrtümer zu beseitigen und eine echtere, intensivere Partnerschaft zu ermöglichen. Sollte sie das ernstlich in Angriff nehmen, ergibt sich daraus eventuell die Erkenntnis, daß die Beziehung zwischen ihr und ihrem Mann zu einer inhaltlosen Hülse geworden ist. Möglicherweise wird sie daraus die Konsequenzen ziehen. Falls sie sich vor ihrer Aufgabe drückt, muß sie ab

Februar 1996 mit viel Streit, Kummer und Leid rechnen sowie einer schweren finanziellen Krise. Karmische Schulden werden dann beglichen – wie auch immer. Aber wenn es ihr gelingt, umzudenken und die Machtkämpfe aufzugeben, die sie unbewußt immer wieder führt, gibt ihr das Schicksal eine Chance. Eine Mantra-Meditation wäre hilfreich!«

Ich rufe Martha in Hamburg an und lese ihr kommentarlos Monas indisches Palmblatt vor. Dann berichte ich ihr, was ich sonst über Mona weiß. Am Schluß schweigen wir beide lange Zeit.

»Ich weiß nicht«, sage ich schließlich zögernd, »was stärker ist, mein Respekt vor deinem Nadi-Horoskop oder mein Mitgefühl für Mona. Ich mag sie gern. Und es sieht so aus, als hätte sie keine leichte Zeit vor sich.«

»Noch hat sie die Chance, ohne große Schmerzen zu lernen«, sagt Martha entschieden. »Und es sieht so aus, als wäre sie schon auf dem richtigen Weg. Das Schicksal hat ihr eine Menge Hilfestellung geboten. Sie ist eine nüchterne, kluge Frau und kann aus den Informationen, die ihr das Schicksal zugespielt hat, eine Menge machen. Auch du gehörst zu denen, die ihr geschickt wurden, um ihr den Weg zu zeigen. Aber gehen muß sie diesen Weg allein, so wie jeder von uns seinen Weg allein gehen muß.«

»Ich weiß«, sage ich. »Nur manchmal treffen wir Menschen, mit denen wir ein Stück des Weges gemeinsam zurücklegen, damit wir aneinander und miteinander lernen können. Nun hat mir das Schicksal plötzlich Martha geschickt. Ich frage mich, ob daraus womöglich auch ein neues Buch entstehen wird. Obwohl – Gunjur Sachidananda Murthy hat ja angekündigt, daß vom nächsten Jahr etwas anderes anstehen wird. Ich kann es mir eigentlich nicht vorstellen, aber …«

Am Telefon höre ich, wie Martha plötzlich an ihrem Computer herumklickert. »Was machst du denn da?« will ich wissen.

»Ich schaue gerade in deinem Horoskop nach, ob der große Palmblattleser in Bangalore richtig gelesen hat«, erklärt Martha und klickert weiter.

»Und?« frage ich gespannt.

»Das würdest du gerne wissen«, sagt Martha lachend. »Aber hat Mr. Murthy dir nicht gesagt, daß du das abwarten sollst?«

»Hat er schon«, sage ich kleinlaut. »Aber ich dachte, vielleicht könntest du mir doch so einen ganz kleinen Hinweis geben …«

»Wart's nur ab«, sagt Martha. »Hat er dir nicht auch gesagt, daß deine Ungeduld sozusagen karmisch bekannt ist? Weißt du immer noch nicht: Jeder …«

»… kriegt das Palmblatt, das er verdient«, vollende ich, ebenfalls lachend, den Satz, der mich auf der gesamten Reise begleitet hat. »Und ob ich das weiß. Aber ich weiß mittlerweile auch aus eigener Erfahrung: Wir bekommen immer wieder eine neue Chance. Also, was geschieht im nächsten Jahr mit mir?«

»Das verrate ich dir nicht«, sagt Martha. »Eins nur: Du brauchst vor dem, was geschehen wird, keine Angst zu haben. Aber wenn du immer noch neugierig bist, kann ich dir sagen, was in diesem Jahr mit deinen Finanzen geschehen wird. Ich hoffe, du hast ein paar Reserven, denn das Finanzamt will …«

»Bitte, verrat mir nichts, Martha«, sage ich entsetzt. »Sonst sagst du mir doch nur, jeder kriegt den Steuerbescheid, den er verdient.«

»In diesem Fall«, lacht Martha, »sieht es jedenfalls so aus, als hätte das Finanzamt, karmisch betrachtet, bei dir möglicherweise noch ein kleines Guthaben.«

Mona

Mona ruft aus Florenz an: »Du mußt mir alles ganz genau erzählen. Ich platze vor Neugier.«

Unser Gespräch dauert dreieinhalb Stunden. Meine vier Teenager stecken ab und zu einmal die Nase in mein Arbeitszimmer und schütteln den Kopf, so wie ich das immer mache, wenn sie stundenlang die Leitung blockieren.

»Das ist Arbeit!« flüstere ich, und sie murmeln »haha« und ziehen sich grinsend zurück.

Mona will alles ganz genau wissen. Ich erzähle ihr von meinen Mißerfolgen, von meinen schlechten Erfahrungen bei Poosamuthu und von Martha, aber ich sage ihr nicht, was Martha mir über sie und ihre Zukunft geschrieben hat. Ich gebe ihr Marthas Telefonnummer und schlage ihr vor, einen Termin mit ihr zu vereinbaren. Meine Aufgabe in Monas Leben ist beendet. Ich kann nichts mehr für sie tun.

»Als ich in Indien war«, sage ich, »hat mir mein Sohn erzählt, daß du angerufen hast. Willst du dich immer noch scheiden lassen?«

»Ach«, sagt Mona ein bißchen verlegen, »das hat sich eigentlich schon wieder erledigt. Aber weißt du, was dieser Dreckskerl diesmal wieder gemacht hat? Da komme ich zufällig mit einer früheren Maschine in Florenz an und will ihn überraschen. Und weißt du, wer aus seinem Bett steigt?«

»Annamaria«, sage ich seufzend. »Natürlich die wilde, rothaarige Annamaria.«

»Rothaarig stimmt«, sagt Mona grimmig. »Aber das war's dann auch schon. Ich hab' dir doch mal erzählt, daß er eine Affäre mit Camilla hatte, unserem Kindermädchen. Und die studiert nun, welch ein Zufall, an der Kunsthochschule in

Florenz Malerei. Natürlich habe ich sie sofort rausgeschmissen und Nico hinterher. Aber ein paar Stunden später ist er dann reuevoll zurückgekommen und hat mir gesagt, daß ich die einzige bin, die er je geliebt hat, das mit Camilla wäre nur eine kleine Dummheit gewesen, so aus alter Gewohnheit. Nun ja, wir haben uns wieder versöhnt. Aber ich habe unsere beiden Töchter für das nächste Schuljahr in einem englischen Internat angemeldet. Wir wollen doch mal sehen, ob er mich wirklich liebt oder ob er uns nur als Familie braucht. Mit Camilla habe ich natürlich noch ein Wörtchen zu reden, stell dir vor …«

»Mona«, sage ich abwehrend. »Ich will's nicht wissen. Aber ehe du zu deiner Louis-seize-Magierin gehst und ein paar kleine schwarzmagische Rituale in Auftrag gibst, ruf doch bitte bei Martha an. Schon in deinem eigenen Interesse. Die kann dir nämlich sagen, wie die Sache ausgehen wird.«

»Louis-quinze, nicht Louis-seize«, verbessert mich Mona. »Ich habe dir doch versprochen«, fährt sie vorwurfsvoll fort, »daß ich so etwas nie wieder machen werde. Aber stell dir vor, als ich neulich in Nicos Atelier kam, stand dort die Skulptur einer jungen Frau mit einem kleinen Jungen im Arm. Noch nicht ganz fertig, aber ich konnte ganz genau erkennen, daß die Frau Camillas Gesichtszüge hat. Nico behauptet, es sei eine Darstellung der Muttergottes, eine reine Phantasiegestalt, und meine Eifersucht wäre geradezu lächerlich, aber ich schwöre dir, wenn ich diese Person noch einmal …«

Übrigens ...

> *»Es ist unmöglich, nicht zu wissen, wie eine Sache*
> *ausgehen wird, wenn man den Anfang kennt.«*
>
> Thomas von Aquin

Als dieses Buch in Satz ging, waren es bis zum Ablauf der Frist, die Poosamuthu Monas Ehe gegeben hatte, noch gut sechs Monate. Bei den letzten Korrekturen der Druckfahnen, im Herbst 1995, sieht der Stand der Dinge so aus: Der Kontakt zu Mona ist in letzter Zeit ziemlich dünn geworden. Sie ist ständig auf Reisen, ihre Töchter hat sie in einem englischen Elite-Internat untergebracht. Wenn ich bei ihr anrufe – in Deutschland oder in Florenz –, meldet sich immer nur der Anrufbeantworter, und meine Bitte um einen Rückruf bleibt unerfüllt.

Ein einziges Mal ist sie selbst am Apparat. Sie gibt sich seltsam distanziert. Sosehr ich's auch versuche, es gelingt mir nicht, das Eis zu brechen. Früher hätte ich fröhlich gesagt: »Mona, ich brauche einen Schluß für mein Buch über dich. Sag mir, daß du ihn immer noch liebst und um ihn kämpfst. Oder daß du ihn zum Teufel schickst – oder was auch immer! Aber laß mich wissen, wie es dir geht. Du bist mir wichtig.« Und Mona wäre auf ihre temperamentvolle Art losgesprudelt, und wir hätten je nach dem Stand der Dinge zusammen gelacht oder geheult. Aber diesmal vermeidet sie es sorgfältig, daß das Gespräch auf Nico kommt. Statt dessen berichtet sie ausführlich von einem geschäftlichen Fehlschlag, der sie scheinbar sehr beschäftigt.

»Ich habe mich von den ganzen Wahrsagern zurückgezogen«, sagt sie schließlich bitter. »Allmählich glaube ich keinem mehr. Sie haben mir alles prophezeit, daß ich das Geschäft in diesem Herbst mit großem Gewinn durchziehen würde. Nun ist der Herbst fast um, und es sieht so aus, als ginge die Sache, in die ich sehr viel Zeit und Geld investiert habe, den Bach herunter. Weißt du, was? Ich will mit der ganzen Sache nichts mehr zu tun haben!«

Das war's. Ich bin ein bißchen traurig, als ich den Hörer auflege. Sentimental und hoffnungslos romantisch, wie ich nun mal bin, habe ich innerlich immer ein bißchen gehofft, daß ihre Liebesgeschichte doch noch zu einem Happy-End käme. Und nun muß ich feststellen, daß das für sie plötzlich gar nicht mehr so wichtig zu sein scheint.

Und dafür bist du Tausende von Kilometern nach Indien geflogen, sagt eine Stimme in mir enttäuscht, aber ich rufe mich sofort zur Ordnung. Das ist natürlich blanker Unsinn. Mona, da bin ich ganz sicher, steckt im Moment den Kopf in den Sand, weil sie Angst vor der Zukunft hat, und ich bin die letzte, die das nicht verstehen könnte. Anstatt sich mit Dingen auseinanderzusetzen, die sie nicht kontrollieren kann, konzentriert sie sich lieber auf solche Probleme, mit denen sie souverän umgehen kann, und das sind nun einmal Geschäft und finanzieller Erfolg. Die meisten von uns täten vermutlich genau dasselbe – wenn auch mit weit weniger Power und Erfolg als Mona.

Ich wünsche dir von Herzen, Mona, daß die Zukunft und das Leben gut zu dir sein werden. Und was mich selbst betrifft: Ich bin natürlich *nicht* nach Indien geflogen, um deine Ehe zu retten. Wir sind einander begegnet, weil wir etwas voneinander zu lernen hatten. Daß ich nach Indien geflogen bin, um mein Palmblatt zu finden, hat einen anderen Grund: Mandi, der Handleser, würde sagen: »Because it was your fate« – weil es mein Schicksal war.